Recherches historiques et critiques sur diverses parties de la Provence, le Comtat Venaissin, la maison de Jarente, &c.

Des motifs de haute convenance, l'intérêt politique mêlé à des intérêts de famille ont fait supprimer cet ouvrage avant même que l'impression n'en ait été achevée. Toutes les feuilles tirées jusqu'à **Mm** ont été complètement détruites, toutes, excepté le présent exemplaire, que l'auteur s'est réservé pour lui seul, et comme copie de son manuscrit. Cet auteur est l'abbé d'Estrées, qui s'est fort occupé de généalogie, de critique historique et littéraire, et dont les écrits imprimés ~~sont choisis~~, sont d'ailleurs bien connus, quoiqu'ils ne portent pas son nom.

L'abbé d'Estrées écrivit ce livre à l'occasion des preuves de noblesse faites par M. de Jarente, évêque d'Orléans, pour sa réception dans l'ordre du St Esprit. C'est ce qu'indique le 1er titre de l'ouvrage à la date de 1765, dont le corps principal se borne aux mots : Discours historique, généalogique et critique, sans addition immédiate du nom de Jarente#. Mais il paraît que l'intention secrète du critique était moins de servir la maison de ce nom, que de faire valoir les prétentions du Saint-Siège à la propriété incommutable du Comtat Venaissin, prétentions que nos rois toléraient depuis des siècles, sans les reconnaître*. Cette intention se décèle dans un 2me titre de 1768, qui, en présentant l'ouvrage comme un Discours historique et critique sur la Maison de Jarente, annonce pourtant une discussion de quelques points des plus intéressants du Comté Venaissin, de « ceux de Provence, de Forcalquier et du royaume de Naples, par rapport « au droit public, et pour l'éclaircissement..... des titres de la maison de « Jarente. » Cette dernière phrase est, enfin, supprimée dans un 3me titre du livre, dont le développement ne rappelle que les recherches historiques d'intérêt général. Ces trois titres font partie de notre exemplaire.

qu'on ne lit que dans le développement.

Quoiqu'il en soit, l'ouvrage n'a dû être arrêté à la presse que là où la question politique allait être abordée par l'application des faits recueillis sur le droit ancien à l'état actuel de la possession..... C'est cette 2me partie, la plus piquante sans doute, qui n'a jamais paru. Mais l'introduction n'en est pas moins curieuse par une foule de particularités historiques puisées dans les archives publiques et privées, qui n'avaient pas encore été étudiées, qu'on ne trouverait point ailleurs présentées au même point de vue, et qui donnent une valeur réelle au seul exemplaire existant du livre où elles se révèlent sous la garantie d'autorités irrécusables. L'auteur, en effet, n'avance rien qui n'ait sa preuve dans un document manuscrit ou imprimé, inédit ou peu connu, religieusement cité.

Cet exemplaire m'a été donné, comme gage d'un sentiment qui m'est cher, par M. Hutteau d'Origny, ancien membre du Conseil d'État et Maire de Paris, qui l'avait reçu de son père un de nos plus célèbres avocats au Parlement, mort en 1807.

C. E.

* V. sur ce sujet, l'arrêt du 26 juillet 1663, par lequel, d'après l'insulte faite à Rome au Duc de Créqui, le parlement de Provence déclare que la ville d'Avignon et le Comtat Venaissin faisaient partie de l'ancien domaine du Comté de Provence, et comme tels, les réunit à la Couronne.

Histoire critique
de la Maison de Jarente, en Provence, &c...

Des motifs de haute convenance, entre autres l'intérêt de position et les susceptibilités aristocratiques que blessait cet ouvrage, l'ont fait supprimer avant même que l'impression n'en eût été achevée. Toutes les feuilles tirées jusqu'à **Mm** ont été complètement détruites, excepté le présent exemplaire, que l'auteur s'est réservé pour lui seul et comme copie de son manuscrit. Cet auteur est l'abbé d'Estrées (ou Destrées), qui s'est fort occupé de généalogies, de critique historique et littéraire, et dont les ouvrages, sauf celui-ci, sont d'ailleurs bien connus, quoiqu'ils ne portent pas son nom.

L'abbé d'Estrées a écrit ce livre à l'occasion des preuves de noblesse faites par M. de Jarente, évêque d'Orléans, chargé de la feuille des Bénéfices, pour sa réception dans l'ordre du Saint-Esprit, preuves dont le critique croyait pouvoir attaquer l'exactitude.

C'est ce qu'indique le 1er titre de l'ouvrage, à la date de 1765, portant qu'en substance il est résultat de la combinaison « des pièces comprises tant dans la collection des titres de « la Maison de Jarente que dans le supplément qui y a été « ajouté, et des extraits ..... rassemblés par le généalogiste des « ordres du Roi dans la preuve de noblesse dressée pour la réception « de M. l'évêque d'Orléans au cordon du St. Esprit. »

Un 2me titre d'une date postérieure (1768), et qui fait supposer des recherches plus étendues, annonce l'éclaircissement de quelques points des plus intéressants ..... dans leur rapport avec le droit public et les prétentions de la même maison de Jarente.

L'auteur a cru devoir, enfin, atténuer dans un 3me titre moins explicite, la déclaration d'hostilité qui perce dans les deux autres, tant il craignait de provoquer l'opposition immédiate de ceux qu'il menaçait, et de se voir condamné avant d'être entendu.

Quoiqu'il en soit, l'ouvrage porté à son plus haut degré d'intérêt historique, en ce qui touche le pays, n'a pu être arrêté à la presse que lorsqu'on vit l'attaque directe des personnes, l'humiliation d'une famille alors puissante, devant commencer par l'application des faits anciens qui heurtaient son orgueil actuel. C'est cette 2me partie, la plus piquante sans doute, qui n'a jamais paru. Mais l'introduction n'en est pas moins curieuse par une foule de particularités historiques, puisées dans les archives publiques et privées, qui n'avaient point encore été explorées, qu'on ne trouverait point ailleurs, et qui donnent une valeur réelle au seul exemplaire existant du livre où elles se révèlent sous la garantie d'autorités irrécusables. L'auteur ne pose pas un fait qui n'ait sa preuve dans un document manuscrit ou imprimé, inédit ou peu connu, religieusement cité.

Cet exemplaire m'a été donné par M. Hutteau d'Origny, ancien membre du Conseil d'État, qui l'avait reçu de son père, un des plus célèbres avocats au Parlement de Paris, mort en

c'est ce qu'indique le 1er titre de l'ouvrage à la date 1765, [illegible] résultat [illegible]

[illegible] le travail [illegible] résulte d'un [illegible]

[illegible]

160.

DISCOURS
HISTORIQUE ET CRITIQUE
SUR LA MAISON
DE JARENTE.

DISCOURS
HISTORIQUE ET CRITIQUE SUR LA MAISON DE JARENTE EN PROVENCE,

Où l'on traite quelques points des plus intéressans de l'histoire du Comté Vénaissin, de ceux de Provence & de Forcalquier & du Royaume de Naples par rapport au droit public, & enrichi de plusieurs pièces précieuses imprimées pour la première fois.

Gloria majorum posteris lumen est. Salluſt. in Jugurthino bello cap. 85.

A PARIS,
De l'imprimerie de la Veuve BALLARD Imprimeur du Roi pour la musique, rue des noyers.

M. DCC. LXVIII.

DISCOURS
HISTORIQUE, GÉNÉALOGIQUE ET CRITIQUE,

Dont la substance est le résultat d'une combinaison exacte des pièces comprises tant dans la collection des titres de la maison de Jarente que dans le supplément qui y a été ajouté, & des extraits de titres & faits historiques qui ont été rassemblés par le Généalogiste des ordres du Roi dans la preuve de noblesse dressée pour la réception de M. l'Evêque d'Orléans en celui du St Esprit.

Gloria majorum posteris lumen est. Sallust. in Jugurthino bello cap. 85.

DE L'IMPRIMERIE
DE BALLARD seul Imprimeur du Roi pour la musique & noteur de la chapelle de SA MAJESTÉ, rue des noyers.

M. DCC. LXV.

DISCOURS
HISTORIQUE, GÉNÉALOGIQUE ET CRITIQUE,

Dont la substance est le résultat fidèle d'une combinaison exacte des pièces comprises tant dans la collection des titres de la maison de Jarente que dans le supplément qui y a été ajouté, & des extraits de titres & faits historiques qui ont été rassemblés par le Généalogiste des ordres du Roi dans la preuve de noblesse dressée pour la réception de M. l'Evêque d'Orléans en celui du St Esprit.

§ I.

Origine de la famille, & ceux de ses premiers ancêtres qui sont connus avec certitude.

LE premier homme du nom de JARENTE dont l'existence soit établie par des monumens d'une vérité non équivoque, est un PONS JARENTE qui paroît avec divers Co-seigneurs du bourg & de la châtellenie de Caderousse au Comté Vénaissin, & qui est qualifié FRERE DE BERTRAND DE CADEROUSSE l'un de ces Co-seigneurs, dans une *charte du cinquième jour avant les nones de Juillet* (c'est-à-dire du 3 de ce mois) *de l'an 1236*, par laquelle Raymond VII & dernier Comte de Toulouse, après avoir reçû leur serment de *féauté* ou de vasselage, les *confirme* tous conjointement (comme leur suzerain immédiat) *dans la possession des droits de seigneurie*

Pons Jarente Co-seigneur de Caderousse en 1236.

Supplém. à la collection page 509. de la maison de Jarente *directe & de justice civile & criminelle dont ils jouissoient déjà par concession des Empereurs*, alors possesseurs *du Royaume d'Arles & de Vienne*, & en cette qualité h. .ts suzerains des pays qui sont situés non seulement à la gauche du Rhône en descendant de Lyon à la mer méditerranée, mais même à la droite de ce fleuve autant que le diocèse de Viviers y a d'étendue. *Pons Jarente & Bertrand de Caderousse* ne pouvoient être que *frères utérins*; Ou le nom de *Jarente* auroit été incontestablement en la personne de *Pons* une espèce de second nom qui se joignoit anciennement au premier (souvent sans aucune différence dans les terminaisons), & que plusieurs familles se sont constitué pour nom propre, lorsque ceux de cette dernière espèce se sont introduits ou que l'usage en est devenu général. Les chartes des provinces méridionales du Royaume contiennent tant de preuves de ce principe, qu'il peut être regardé comme une vérité constante; Mais les parties les plus essentielles du monument qui intéresse *Pons Jarente* & de quelques autres qui le précèdent ou qui le suivent dans l'ordre des dates, ont besoin d'être éclaircies par un récit succint de quelques traits de l'histoire générale de ces provinces, sans lesquels ils seroient difficilement entendus.

Collection pag. 2 & 4; Supplém. p. 509; Et cy-après p. 555, & 560.

Histoire de Languedoc tom. III pag. 2, 52, 95, 101 & 135; Et Lettre des Consuls de Toulouse à Pierre II Roi d'Aragon, aux preuves du même tome, col. 232 & suivantes.

Lettre du Pape Innocent III au Comte Raymond VI, brefs aux Prélats & Barons de France & actes du 18 Juin 1209, même tom. pag. 150, 154 & 162; Item lettre de l'Abbé de Moissac au Roi, preuves du même tom. col. 237 & suiv.

Lettres du Roi Philip. aug. du mois de Mai 1208, preuves du même tom. col. 210.

Raymond VI Comte de Toulouse, Duc de Narbonne & Marquis de Provence, père du Comte Raymond VII de qui est ce monument, n'ayant point cessé de protéger les *Albigeois* que la puissance ecclésiastique & la puissance séculière avoient depuis long-tems condamnés & proscrits de concert comme une secte dangereuse pour le repos des peuples, ni d'entretenir ou de favoriser des troupes de brigands qui sous les noms de *routiers* & de *menades* ou de *menées* couroient & pilloient les provinces, ayant lui-même emprisonné ou chassé plusieurs Evêques & Abbés sur les diocèses & territoires desquels il vouloit étendre sa suzeraineté, tels que les Evêques de *Carpentras*, de *Vaison* & d'*Agen*, celui de *Maguelonne* dont le siège est aujourd'hui à Montpellier, l'Abbé de St *Guilhem* au diocèse de Lodève, celui de *Moissac* en Quercy & plusieurs autres, ayant envahi ou ravagé les fonds & les possessions de plusieurs églises & monastères, & vexé l. plûpart des Seigneurs voisins de ses terres, ses propres vassaux & tout le public par des actes d'hostilité, des concussions ou des péages imposés de sa propre autorité *sans permission du Roi ni de l'Empereur* (ses suzerains) & dont le joug étoit aussi odieux que contraire au bien général de leurs sujets, après avoir été averti par le Roi *Philippe-auguste* de prévenir les suites fâcheuses d'un droit de protection dont sa couronne lui fesoit un devoir, après avoir juré souvent de réparer les torts qu'il avoit faits, & livré à des commissaires du Pape pour gage de ses sermens divers châteaux & bourgs qu'il possédoit sur les deux rives du Rhône, & spécialement

ceux

ſimplement la *paix*. Des Légats du Pape Innocent III qui occupoit alors le ſiège Pontifical, avoient procuré l'acceptation de cette loi dans la province; Et le peuple en ſouhaitoit l'exécution, comme ſi elle avoit dû être le terme de ſes ſouffrances. Raymond & les ſectaires réſiſtoient ſeuls à un établiſſement ſi utile, parce qu'il tendoit à mettre un frein à leur cupidité. Sous prétexte de conceſſions obtenues des Empereurs dans des tems de trouble, ou de droits de ſuzeraineté, de co-ſeigneurie & d'enclave que Raymond étendoit beau-coup au de-là de leurs limites, il entreprit de ſub-juguer les armes à la main tous ceux qui refuſèrent de ſe prêter à ſes iniques deſirs, & ne reſpecta pas plus la ſouveraineté de l'Empire ni celle de la couronne de France, que l'immunité de l'Egliſe. La ville de Carpentras (chef-lieu du pays qui a été poſtérieurement appellé le *Vénaiſſin*), fut une des premières places qui éprouvèrent ſes violences. Vers la fin de l'an 1206, il en chaſſa l'Evêque qui étoit le ſeul ſeigneur direct de cette ville & de tout ſon reſſort, força les habitans de le reconnoître lui-même pour leur maître, & y fit bâtir une forterеſſe pour les tenir ſous le joug qu'il leur impoſoit. Le Pape Innocent III informé de ces violences, l'en reprit par un bref auſſi nerveux que pathétique. Il feignit d'être touché des remontrances du Pontife, & ne fit que renchérir ſur ſes premiers excès. L'Evêque de Vaiſon dans le voiſinage de Carpentras, fut encore plus mal-traité que ſon confrère ne l'avoit été. Raymond ſe ſaiſit de ſa perſonne & de celles de divers eccléſiaſtiques qui lui étoient attachés, les empriſonna, s'empara du quartier de leur ville qu'on appelloit le *château* ou la *ville haute*, & fit dès-molir le palais de l'Evêque avec pluſieurs maiſons de ſon chapitre, pour en employer les matériaux à conſtruire une citadelle ou d'autres fortifications. Quelques écrivains François dont le plus accrédité eſt l'hiſtorien de Languedoc, prétendent que le canton où ſe paſsèrent ces ſcènes ſcandaleuſes, appartenoit depuis long-tems à Raymond VI & à ſes ancêtres, & que la poſſeſſion qu'en a au jour-d'hui le St Siège, a été peu légitime dans ſon principe, & eſt conſéquemment peu ſolide, quoique ſçellée (pour ainſi dire) par le laps de près de cinq ſiècles. C'eſt une erreur qu'il ſeroit facile de deſtruire de la manière la plus victorieuſe; Mais une diſcuſſion de cette nature excèderoit les bornes qu'on a dû ſe preſcrire dans le préſent diſcours. On ne s'y arrêtera qu'aux faits eſſentiellement inſéparables de l'objet qu'on a en vûe.

Même bref que cy-deſſus.

Même bref.

Même bref; Et actes du 18 Juin 1209. Baluze tom. II, pag. 346 & ſuiv.

Même bref que cy-deſſus.

Actes du 18 Juin 1209, dès-jà cités.

Hiſt. de Lang., tom. II, notes xiv & xv, pag. 553 & ſuiv.; Et tom. III, note xxix, pag. 583 & ſuiv.

Feinte ſoumiſſion de Raymond, & nouveaux excès pour leſquels il eſt deſpouillé.

Il y avoit dès-jà pluſieurs années qu'Innocent III ſentoit qu'une croiſade ſeroit l'unique moyen efficace de réprimer le brigandage des ſectaires ou de leurs fauteurs. Les derniers excès du Comte Raymond VI le convainquirent de la néceſſité de recourir à cet expédient. Il le propoſa au Roi Philippe-

Bref du 17 Nov.

1207, Bal. tom. II, pag. 86 & suiv.; Et autres de Fév. & Mars 1208, pag. 147 & suiv.

auguste & aux trois ordres de son Royaume qui n'étoient pas moins scandalisés que lui de l'audace des brigands, ni moins persuadés que le remède imaginé par Innocent étoit le seul qui pût être appliqué avec succès aux maux de la province. Une

Lettres du mois d'Octob. 1206, collection de Rymer tom. I, pag. 141 & suiv. de l'édition de Londres, ou 45 de celle de Hollande.

guerre sanglante contre l'Angleterre (qui n'étoit suspendue que par une trève depuis que Philippe-auguste avoit saisi sur Jean-sans terre la Normandie avec une partie des autres pays qu'il tenoit en fiefs de la couronne de France) & quelques autres circonstances qui n'étoient pas moins délicates, empêchèrent sagement le Monarque François de se charger personnellement de l'exécution du projet; Mais il permit à l'ordre des Barons & à celui qu'on ap-

Déclaration du Roi Louis VIII, aux preuv. du tom. III de l'hist. de Lang. col. 293 & suiv.; Et brefs qui seront cités plus bas sous 1217 & 1218.

pelloit *la Chevalerie Françoise*, de se confédérer contre les perturbateurs du repos public, & s'engagea à contribuer *de ses propres deniers* au payement des troupes qui etoient *dès-lors soudoyées*. La confédération fut publiée sous le nom de *croisade;* Et une armée aussi brillante que nombreuse, se mit en marche pour la province. Raymond vit l'orage qui le menaçoit, & songea à l'écarter. Il avoit été poursuivi canoniquement pour ses pre-

Brefs de Février & Mars 1208, dès jà cités; Et autres à la suite, pag. 147 & suiv.

mières entreprises, & ensuite frappé de la censure ecclésiastique dans sa personne, pour avoir tenu une conduite qui l'avoit fait violemment soupçonner d'avoir trempé dans le lâche assassinat du Légat Pierre de Castel-nau. La feinte fut encore sa ressource. Il témoigna en apparence le plus vif desir d'être absous de ces censures, & de réparer ses torts. Au mois de Juin de l'an 1209, un Légat entra en négociation avec lui. Il avoua

Actes du 18 Juin de l'an 1209, dès-jà cités.

ses *usurpations*, & en particulier celles qu'il avoit faites *depuis trois ans* sur les *Evêques de Carpentras & de Vaison & sur leurs églises;* Et le 18 du même mois, avant que le Légat fît la céré-

Mêmes actes; Et autres à la suite, pag. 347 & suiv.

monie de l'absolution, il s'obligea par un serment solemnel non seulement à réparer toutes ses injustices par des restitutions ou par des indamnités, mais à se joindre aux confédérés pour chasser de la province les *sectaires* & les *routiers* qui en étoient le fléau, & à consigner en ôtage de ses engagemens *sept châteaux* dont plusieurs fesoient partie de ceux qu'il avoit usurpés. Quatre de ces châteaux étoient situés à la droite du Rhône en descendant à

Mêmes actes; Et autres, pag. 348 & suiv.

la méditerranée, & trois à la gauche. Ces trois derniers étoient *Mornas* au dessus de la ville d'Orange, *Baumes* entre Vaison & Carpentras, & *Oppède* sur le flanc occidental de la mon-

Compte rendu au Pape par ses Légats, pag. 373 & suiv.; Et lettre de Simon de Mont-fort au Pontife, pag. 374 & suiv.

tagne de *Léberon*. Les confédérés entrèrent dans la province vers le milieu de Juillet, & après avoir réduit *en moins de deux mois* Béziers & Carcassonne avec beaucoup d'autres villes considérables & *plus de deux cens forteresses*, confièrent *provisoirement* l'administration générale de leurs conquêtes au fameux Simon de Mont-fort qui étoit un des chefs de l'armée, & en fa-

Bulle, pag. 380 & suiv.

veur de qui ces dispositions furent confirmées par une bulle du 12 Novembre suivant, avec réserve expresse *du droit des souverains.* A l'arrivée des confédérés dans la province, Raymond les y avoit joints, & ne tarda point à se montrer tel qu'il étoit. Bien loin qu'il satis-fît à ses sermens, ils éprouvèrent tant de sourdes trahisons de sa part, qu'ils furent sur le point de *les lui faire expier par le dernier supplice.* Une prompte fuite l'ayant seule dès-robé à la vindicte publique, de nouvelles censures furent l'unique châtiment qui put lui être infligé. Il osa venir à la cour pour s'y plaindre des confédérés, & ayant été très mal reçû du Roi, passa à Rome, y accusa de préventions & de partialité les Légats qui étoient dans la province, *demanda d'autres commissaires*, en obtint, joua visiblement leur indulgence & celle du St Siège *durant plus de cinq ans* par des actes de collusion ou de mauvaise foi & par des offres qu'il n'effectuoit point, ne signala son retour en France que par des meurtres, des incendies ou de nouvelles violences, & jugé *relaps & contumace* (de *l'avis des Prélats ; des Barons & de plusieurs autres personnes notables de la province* assemblées avec eux en divers lieux), fut despouillé *provisoirement* de toutes ses villes & de toutes ses terres depuis le Rhône jusqu'à la Garonne, après avoir inutilement intéressé à sa cause par des fourberies ou par des impostures & armé contre sa patrie ou contre le Souverain même, les Roix d'Angleterre & d'Aragon, & l'Empereur Othon de Brunswick ou Othon IV, ennemi juré de Philippe-auguste, qui n'avoit dû son élevation au trône de Germanie qu'à une prédilection du Pape Innocent III fort mal placée en sa personne, & qui s'étoit à peine vû la couronne Impériale sur la tête qu'il étoit devenu un des plus fougueux adversaires de l'Eglise & de l'ordre public, mais qu'une sentence canonique & l'indignation de la plus saine partie de l'Empire avoient dès-jà puni de ses iniquités, & qui mourut peu de tems après, mèsprisé de toute l'Allemagne & des sujets mêmes de son petit état héréditaire.

Second compte rendu au Pape, pag. 365 & suiv. ; Et autre, pag. 366 & suiv.

Bulles, rescripts & brefs des 23, 25 & 28 Janv., 2 & 4 Fév. 1210 & autres, pag. 393 & suiv.

Compte rendu au Pape par ses commissaires, Rayn. sous 1213, n° 36 & suiv. ; Et Bal., tom. II, pag 762 & suiv. Item Procès-verbaux & autres pièces, mêmes pages & suiv. ; Et lettres des Prélats au Pape, pag. 763 & suiv., & autres pièces à la suite.

Mêmes lettres ; Et bref au Roi d'Aragon du 1 Juin 1213, pag. 770 & suiv.

Bref aux Milanois du 21 Octob. 1212, Bal. tom. II, pag. 692 & suiv. ; Et notice d'autres à la suite, pag. 695 & suiv.

Jugement diffinitif rendu contre Raymond VI, premiers mouvemens de Raymond VII, invasion du Vénaissin, révolte de Toulouse, & mort de Simon de Montfort.

Un jugement diffinitif, aussi juste que nécessaire & d'ailleurs conforme au vœu de tout ce qu'il y avoit d'ames honnêtes non-seulement dans la province mais dans tout le Royaume, punit de même à la fin les parjures de Raymond VI & ses autres crimes. Son procès instruit avec toutes les formalités que prescrivent les loix & la raison, & toutes les pièces de la procédure portées à Rome où elles existent encore, au mois de Décembre de l'an 1215 Innocent III en fit faire le rapport *devant lui* dans le quatrième concile général de Latran qu'il avoit assemblé pour *concerter* solemnellement les moyens de remédier aux maux de l'Eglise, entendit Raymond dans ses défenses *contradictoirement* avec Guy de Mont-fort frère cadet de Simon qui l'avoit chargé de comparoître pour lui, & termina les séances de ce concile par un décret où (*de l'avis de l'assemblée*) il

Bulle, au Spicilège

déclaroit Raymond *valablement privé* (comme *sectaire* & comme *brigand*) de la *partie de ses domaines dont il avoit été despouillé par les armes des confédérés*, & lui en fermoit l'entrée pour toujours, en les adjugeant à Simon de Mont-fort en récompense de ses travaux, mais sous condition de les *tenir des souverains de qui ils devoient être tenus de droit*, & avec *dépôt du reste pour en pourvoir le jeune Raymond VII* lorsqu'il auroit atteint l'âge prescrit par les loix & montré par sa conduite *s'il seroit du bien public qu'il fût pourvû du tout ou seulement d'une portion de ce qui lui étoit réservé*; Et aux mois de Mars & d'Avril 1216, le Roi Philippe-auguste mit le sçeau à ce jugement de la puissance ecclésiastique; en ne traitant plus Raymond VI que comme un sujet *mort civilement*, & en recevant les sermens de Simon de Mont-fort pour les dignités de *Duc de Narbonne* & de *Comte de Toulouse* comme pour les domaines qui y étoient annexés & qui relèvoient de sa couronne. Raymond VI parut souscrire lui-même à sa condamnation, en s'éloignant de la province. Dans ses fausses protestations d'obéissance, il avoit plusieurs fois offert de la quitter sans retour (pourvû que son état fût conservé à son fils), & se retira dans le Comté de Roussillon qui étoit dès-jà devenu une province du Royaume d'Aragon, quoique la France n'en ait cédé la souveraineté à cette couronne que par un traité fort postérieur; Mais son fils prit bien-tôt sa place. La ville d'Avignon, l'un de ses principaux domaines de mouvance Impériale où les confédérés n'avoient point porté leurs armes, ayant ouvert son sein au jeune Raymond sur le motif de la réserve que contenoit en sa faveur le décret du St Siège (quoiqu'elle ne fût que *conditionnelle*), ses partisans dont le nombre grossissoit chaque jour, en firent son premier boulevart. D'autres villes des environs, subornées par les Avignonois, suivirent leur exemple; Et en peu de tems, son parti fut le maître de tout le cours du Rhône depuis l'Isère jusqu'à la méditerranée. Aidé de leurs forces jointes à celles de plusieurs communautés des pays voisins que des traités d'association ou de commerce unissoient avec les Avignonois, il fondit lui-même sur le pays qu'on nomme aujourd'hui le *Vénaissin*, & en étoit en possession dès le commencement de Janvier de l'an 1217, date du premier monument certain où le *Vénaissin* soit appellé de ce nom. Il y avoit même établi dès-lors ainsi que *dans les autres domaines que son père avoit possédés au de-là du Rhône*, un *Chancelier* qui en étoit tout-à la fois le *Juge supérieur*; Et quelques années après, il le remit aux magistrats municipaux d'Avignon à titre *d'engagement* (avec Beau-caire & sa recette, Malaucène & l'*autre terre qu'il tenoit à la gauche du Rhône*), comme un bien dont il étoit le légitime propriétaire, lorsque son père avoit avoué si solemnellement au mois de Juin 1209 les *usurpations* qu'il

[...]ge du Père Luc d'Achery Bénédictin, tom. VII, pag. 210; Et Conciles, édition du P. Labbe Jésuite, tom. XI, pag. 234; Itèm édition du Louvre, tom. VII, pag. 79; Et preuv. du tom. III de l'hist. de Langued., col. 251.

Lettres patentes de la fin de Mars 1216, aux preuv. du tom. III de l'hist. de Langued., col. 252; Et autres du mois d'Avril, col. 253.

Requête en faveur de Raymond VI. Bal. tom. II, pag. 765; Et acte du 9 Octobre 1218, aux preuv. du tom. III de l'hist. de Langued., col. 261 & suiv.

Acte du 13 Juin 1226, aux preuv. du tom. III de l'hist. de Lang., col. 309 & suiv.

Charte du 4 Janv. 1217. col. 254 & suiv.

Acte du 27 Mai 1226, au trésor des chartes, layette cotée Toulouse, sac 5, n° 4 : Et preuv. du tom. III de l'hist. de Lang., col. 308 & suiv.

qu'il avoit faites *depuis trois ans* ſur les *Evêques de Carpentras & de Vaiſon* & ſur leurs égliſes, & que long-tems avant cet aveu le Comte Raymond V (père de Raymond VI) avoit reconnu encore plus poſitivement (de *l'avis* & ſous *le ſerment* de pluſieurs ſeigneurs *ſes vaſſaux*) que depuis *les tems les plus reculés* les Evêques de Carpentras *jouiſſoient ſeuls de la juriſdiction territoriale de leur ville & de ſes émolumens ;* Que *nul autre qu'eux n'avoit droit d'établir un juge dans aucun bourg, village ou autre lieu du pays renfermé entre les rivières d'Ouvèſe & de Sorgue* (qui ſont les limites du vrai Vénaiſſin) ; Et qu'*il ne ſouffriroit lui-même jamais que perſonne fît conſtruire aucune tour ou forteresſe dans la même ville & dans ſon reſſort, contre le gré de l'Evêque ou de ſes ſucceſſeurs ;* Ou qu'*il prendroit les armes pour l'empêcher.* Le Pape Honorius III qui venoit de ſuccéder à Innocent, fut inſtruit des mouvemens du jeune Raymond & de ceux de ſa faction, & envoya un Légat extra-ordinaire pour les calmer. Ce Légat arriva à l'entrée du pays des nouveaux ligueurs, & ne put y pénétrer. Ils en fermoient toutes les avenues, & eurent la lâcheté de l'inſulter juſques dans ſa propre perſonne. Simon de Mont-fort le joignit dans le lieu qu'on nomme aujour-d'hui le *Pont-S^t Eſprit.* Dès les premiers mouvemens des villes liguées, il avoit volé à la défenſe de ſes conquêtes ; Et ils paſsèrent enſemble ſur les bords de l'Isère, pour eſſayer de ramener à l'ordre public les mutins qui s'en écartoient ; Mais tandis qu'ils étoient occupés au de-là du Rhône, la ville de Toulouſe rouvrit ſes portes à un nouveau déluge de ſectaires & de routiers, ayant dès-jà oublié que peu de mois après le décret du St Siège ſes magiſtrats municipaux avoient juré en ſon nom fidélité à Simon de Mont-fort, & ſans penſer qu'en violant leurs ſermens elle ſe révoltoit également contre les deux puiſſances. Le Légat s'y rendit, & n'y trouva qu'un peuple en fureur. Pluſieurs ſeigneurs du pays y étoient entrés à la tête des routiers qu'ils commandoient, & s'y étoient liés avec la magiſtrature & avec les autres corps de bourgeoiſie par un ſerment de *chaſſer de la province tous les François qui y étoient, ou de les égorger.* Le Légat auſſi peu reſpecté de ces bourgeois ſéditieux qu'au de-là du Rhône, renouvella des cenſures dont ils avoient été pluſieurs fois frappés & abſous ; Et Simon de Mont-fort marcha contr'eux, mais perdit la vie devant leur ville le 25 Juin de l'an 1218, après un ſiège de neuf à dix mois.

Chartes de l'an 1155, aux preuv. du tom. I du Gallia chriſtiana, pages 148 & ſuiv.

Bulle de commiſſion du 19 Janv. 1217, Rayn. ſous même an, n° 52 ; Et notice de brefs à la ſuite.

Bref du 23 Octob. mêm. an, n° 55 ; Et autres du 28 Déc. n° 56 & ſuiv.

Actes des 7 & 8 Mars 1216, aux preuv. du tom. I des annales de Toulouſe par la Faille, pag. 121 & ſuiv.

Bref au Roi du 30 Déc. 1217, Rayn. ſous mêm. an, n° 62. It. Duchesne, collect. des hiſtoriens de France, tom. V, pag. 851 ; Et autres des 11, 12 & 13 Août 1218, mêm. pag. & ſuiv.

A peine Simon de Mont-fort avoit-il quitté les bords du Rhône pour aller contraindre les perfides Toulouſains à rentrer dans les voies de l'obéiſſance & de la fidélité qu'ils lui avoient jurée par l'organe de leurs magiſtrats, que les funeſtes conſéquences de leur parjure avoient produit une révolte preſque générale dans la partie de la province qui avoiſine ce fleuve.

Condamnation de Raymond VII, & néceſſité où eſt réduit Amaury de Mont-fort fils de Simon.

Le Légat ſe préſenta pour l'appaiſer, ne reçût que des outrages pour prix de ſes ſoins, & lança ſur les rébelles des cenſures dont ils ſe moquèrent. Honorius ne laiſſa pas de leur écrire encore avec bonté, & adreſſa en même tems au jeune Raymond les remontrances les plus touchantes, mais les plus infructueuſes. L'indulgence du ſouverain chef de l'Egliſe ne ſervit qu'à irriter la fureur & l'audace des factieux. Elles n'eu plus de bornes. Guillaume de Baux Prince d'Orange, vaſſal immédiat du St Siège & de l'Empire pour diverſes terres qu'il poſſédoit au de-là du Rhône, qui avoit pris les mêmes engagemens que Raymond VI au mois de Juin de l'an 1209 & y avoit été fidèle, fut *poignardé* comme un traître, & ſon *corps coupé par morceaux* comme celui d'un criminel de lèſe-majeſté; Et des routiers ramenèrent Raymond VI dans la province comme en triomphe. Tant de crimes & d'attentats ne pouvant être tolérés ſans le plus grand danger, ni le jeune Raymond mèsconnu pour en être le principe & le moteur, le Légat (après une information, des citations & des délais tels que les requiert l'ordre judiciaire), uſant *de la plénitude de ſes pouvoirs*, prononça contre lui, & le déclara *dès-chû du bénéfice de la grace conditionnelle qu'Innocent III lui avoit faite* en jugeant diffinitivement la cauſe de ſon père. Pendant ce tems-là, Amaury de Mont-fort fils aîné de Simon, (qui lui avoit ſuccédé dans tous ſes titres de dignités comme dans tous ſes domaines), ſoutenoit la guerre avec les ſecours qu'Honorius III lui fourniſſoit & avec ceux que lui continuoit Philippe-auguſte, mais ſans que ce Monarque voulût s'écarter beau-coup du plan que ſa ſageſſe ou ſa politique s'étoit fait d'abord. Sur de vives peintures que lui fit Honorius du péril que couroit autant dans ces déſordres *l'honneur de ſa couronne* que la foi (ſi le *décret de l'Egliſe* étoit anéanti), le Prince Louis VIII, ſon fils unique & ſon ſucceſſeur, (qui étoit pour lors ſon héritier préſomptif & le ſeul rejetton légitime du ſang des Roix Louis le gros & Louis le jeune), partit pour la province avec une armée, & en revint preſque auſſi-tôt, rappellé par des objets qui lui paroiſſoient exiger en ce moment la préférence; Et le brigandage y prit un tel aſcendant, qu'Honorius ſe vit forcé de confirmer par un décret du 25 Octobre de l'an 1221 *la ſentence que ſon Légat avoit rendue contre Raymond VII.* Quelques négociations ſuccédèrent à ce décret, & furent de la même inutilité. Après des périls ſans nombre que de fauſſes lueurs de victoire ou de conciliation rendoient de jour en jour plus urgens, Amaury de Mont-fort fut réduit à la fatale néceſſité d'offrir au Monarque une ceſſion des conquêtes qui avoient coûté la vie à ſon père, & autant d'argent au St Siège que d'hommes au Royaume, quoique les rébelles en euſſent égorgé bien des

Brefs du 28 Déc. 1217, Rayn. ſous mêm. an, n° 56 & ſuiv.; Et autres du 29, n° 58 & ſuiv.

Actes du 18 Juin 1209, Bal. tom. II, pag. 349 & ſuiv.; Et autres du 19, pag. 367 & ſuiv.

Bref du 11 Août 1218, Rayn. ſous même an, n° 55; Et autres des 12 & 13, DuCh. tom. V, pag. 851 & ſuiv.

Sentence citée en une bulle de décret du 25 Oct. 1221, Rayn. ſous même an, n° 45.

Lettre à Amaury, aux preuv. du tom. III de l'hiſt. de Langued., col. 258; Et autres actes.

Bref du 5 Sept. 1218, Rayn. ſous mêm. an, n° 56 & ſuiv.; Et autres DuCh., tom. V, pag. 852, 855 & ſuiv.

Acte du 28 Juin 1219, aux preuv. du tom. III de l'hiſt. de Lang., col. 263 & ſuiv.

Bulle de ce jour, Rayn. ſous même an, n° 45.

Lettre au Roi du 2 Déc. 1221, aux preuv. du tom. III de l'hiſt. de Lang., col. 276; Et bref du 14 Mai 1222, Rayn. ſous même n 44 & ſuiv.

milliers. Philippe-auguſte qui avoit dès-jà tant accrû le domaine royal, y auroit très volontiers ajoûté la partie de la province où il n'avoit qu'un droit de ſupériorité ſouvent mal reſpeƈtée, & encore plus le Prince Louis qui n'étoit pas moins jaloux que lui de la puiſſance du trône ; Mais pour s'aſſûrer avec plus de certitude les avantages qu'ils ſe promettoient tous deux d'une acquiſition des droits d'Amaury de Mont-fort, ils demandèrent au St Siège des conditions qui ſouffrirent longtems de très grandes difficultés.

Même bref ; Et déclaration de Louis VIII, dès-jà citée.

Ces difficultés ne pûrent être entièrement levées que lorſque Raymond VI (père de Raymond VII) & Philippe même eurent terminé leur carrière, & que Louis VIII fut ſur le trône de ſes ancêtres. Amaury de Mont-fort ayant abandonné tout-à-fait la province au mois de Janvier de l'an 1224 & conſommé dès le mois de Février ſuivant la ceſſion des droits qu'il y avoit, après deux ans de vaines tentatives pour amener Raymond VII à un accord *qui ne bleſſât point l'honneur des deux puiſſances*, & de mauvaiſe foi dans ſes offres de ſoumiſſion ou de violences & de perfidies dans toute ſa conduite, entendu à Bourges *contradictoirement* avec Amaury de Mont-fort dans *une aſſemblée générale du clergé de l'intérieur du Royaume* à laquelle préſidoit *un Légat extra-ordinaire* envoyé par Honorius pour lever tous obſtacles à la paix ou à la punition des rébelles, il fut jugé unanimement *n'avoir point rempli les offres de ſatisfaction qu'il avoit faites*, & *ne s'être nullement mis en état d'être abſous de la cenſure dont il étoit frappé ;* Et le Légat vint à Paris avec une partie du clergé ſupplier le Roi de ne plus refuſer ſon appui à ſes peuples, en lui accordant les principaux chefs de ſes demandes, dont le plus difficile à obtenir avoit été qu'il *jouiroit pendant cinq ans du dixième de tous les revenus eccléſiaſtiques de ſon Royaume* (*ſi l'affaire duroit ce tems-là*), & ſeulement avec quelques légères exceptions qui diminuoient peu le produit de la contribution. Les Barons de France & le Conſeil du Monarque aſſemblés par ſon ordre dans la capitale & ayant à leur tête Philippe Comte de Boulogne & de Clermont en Beauvaiſis *ſon frère naturel & légitimé*, applaudirent eux-mêmes au deſſein de marcher contre Raymond VII, en déclarant par des lettres patentes qui ſont *intitulées de leurs noms* & datées du mois de Janvier 1226 (ſelon notre comput aƈtuel), que par attachement à la foi chrétienne & *pour l'honneur de Louis* comme *pour celui de ſa couronne*, non ſeulement *ils approuvoient qu'il ſe chargeât de l'affaire*, mais qu'*ils le lui conſeilloient*, & lui promettoient (*ſur la fidélité qu'ils lui devoient*) de *l'aider de bonne foi juſqu'à ce qu'elle fût terminée, ou au moins tant qu'il en ſeroit occupé ;* Et il fit ſes préparatifs pour ſe rendre dans la province. Dès qu'ils y furent ſçûs, beau-coup de ſeigneurs & de corps

Réſolution priſe par Louis VIII de marcher contre Raymond VII.

Aƈtes des 13, 14, 15 & 23 Janvier 1224, aux preuv. du tom. III de l'hiſt. de Lang., col. 285 & ſuiv. ; Et autre de Fév., col. 290 & ſuiv.

Jugement énoncé en une ordonnance du Légat du 17 Mai 1227, col. 323 & ſuiv.

Même ordonnance ; Et autres du mois de Janv. 1226, col. 300 & ſuiv.

Bulle de légitimation du 2 Novemb. 1201, Bal. tom. I, pag. 684 & ſuiv.

Lettres pat. du jour, au tréſ. des chart., layette cottée Albigeois, n° 1 ; Et aux preuv. du tom. III de l'hiſt. de Langued., col. 299 & ſuiv.

Lettres & actes de soumission au Roi, registre origin. du trés. des chart. & en la biblioth. du Roi, n° 8407; Et aux preuv. du tom. III de l'hist. de Lang., col. 301 & suiv.

Ordonnance du Légat du 5 Juin 1226, col. 309 & suiv.; Et lettres de plusieurs Prélats & des Barons de France à l'Empereur Frédéric II, col. 310 & suiv.

de bourgeoisie, excédés des maux que leur avoient attiré les *sectaires & les routiers*, s'empressèrent de lui protester de vive voix ou par des députations, qu'*ils s'estimeroient au comble du bonheur de vivre sous son gouvernement immédiat dont la modération & l'équité leur étoient connues*. Les Avignonois mêmes imitèrent cet exemple, quoiqu'ils eussent été les premiers auteurs de la révolution, & que leur ville fût dans les limites de l'Empire. Des députés vinrent *en France* de leur part *vers le Légat* pour l'assurer de leur soumission *aux ordres du St Siège*, lui demandèrent absolution des censures sous le lien desquelles leur ville étoit *depuis plus de dix ans*, protestèrent qu'ils étoient prêts à restituer quelques *châteaux & bourgs qu'ils détenoient injustement*, supplièrent en même tems le Monarque de préférer la route de cette ville à toute autre comme *la plus sûre & la plus commode*, & lui promirent le libre usage d'un pont de pierre qui en fesoit la communication avec la province & qui étoit muni de fortifications considérables, avec *des vivres pour son armée*, & des ôtages qui garantiroient leur obéissance au Légat & leur fidélité à remplir leurs promesses. Le Monarque, de son côté, répondant à leur empressement, leur fit expédier des lettres patentes où il s'obligeoit formellement de protéger leurs personnes & leurs biens & jusqu'*aux murailles de leur ville*, de manière qu'il ne leur fût fait aucune insulte, ni aucun tort, par son ordre ou par celui d'aucune personne de l'armée; Et *de l'avis des Barons & Chevaliers* qui s'étoient engagés à le suivre dans son expédition, il prit le chemin des provinces que lave le Rhône. Arrivé à Montelimar (ville du Dauphiné qui étoit pour lors *mouvante du St Siège*), les *Podestà* de celle d'Avignon (qui en étoient les premiers magistrats municipaux) & d'autres bourgeois y ré-itérèrent devant lui & devant le Légat qui l'accompagnoit, les protestations d'obéissance & les promesses qu'étoient venus leur faire à Paris les premiers députés de leur ville, & jurèrent au nom de tous leurs concitoyens d'y être fidèles; Mais ces députations & ces sermens n'étoient qu'un jeu concerté avec Raymond VII pour faire échouer l'expédition du Monarque.

Même ordonnance du Légat; Et mêm. lettre des Prélats & Barons de France.

Même lettre des Prélats & Barons.

Acte du 12 Juillet 1209, Bal. tom. II, pag. 469 & suiv.

Même lettre des Prélats & Barons que cy-dessus.

Réduction & dépôt de la ville d'Avignon, & soumission de la province.

La perfidie des Avignonois éclatta dans le moment que l'armée royale fut au Pont-de Sorgue, château situé sur la rivière de ce nom environ à deux lieues au nord d'Avignon, & qui avoit été dès-lors construit pour défendre le passage de cette rivière. Ce fut *le jour de la Pente-côte* (7 Juin de l'an 1226) que le Roi Louis VIII & les Barons de France arrivèrent à la la vûe d'Avignon; Et dès le même jour, ils y éprouvèrent une résistance à laquelle ils n'avoient nul lieu de s'attendre. Les Avignonois ne se contentèrent point de violer les sermens de leurs députés,

Même lettre des Prélats & Barons que cy-dessus.

Ordonnance du Légat,

députés, en ne livrant qu'une partie des ôtages qu'ils avoient offerts, & en ne remettant au Légat que les châteaux qui n'étoient point en état de soutenir le moindre choc des armes du Monarque. Ils laissèrent malicieusement passer les premières troupes sur un *pont de bois qu'ils avoient exprès construit au dehors de leur ville*, mais le rompirent sur le champ pour empêcher ces troupes de rejoindre le corps de l'armée ou l'armée de les suivre, & leur refusèrent toute fourniture de vivres. Des officiers de *la maison* du Monarque ou de *son service* & d'autres gens de l'armée étant entrés dans la ville pour y en achetter, ils retinrent *leur argent & les vivres;* Et le peuple animé par sa magistrature, *en égorgea plusieurs.* Ils couvrirent leur résistance du prétexte de la fidélité qu'ils devoient à l'Empire; Mais leur vrai motif étoit que quelques jours au par-avant, Raymond VII leur avoit fait l'engagement de Beau-caire, de Malaucène, du *Vénaissin & de toute l'autre terre qu'il possédoit au de-là du Rhône,* & qu'en acceptant ce dépôt de sa part, ils lui avoient juré de le garder avec zèle. Le Légat essaya envain de les rappeller à l'amour de la paix par la médiation de quelques religieux de l'ordre de St Dominique ou d'autres ordres, pour qui leur état & la pureté de leurs mœurs auroient été des titres de vénération, si l'hétéro-doxie & les passions humaines savoient respecter ce qu'il y a de plus sacré. Ils ne reçûrent qu'avec insulte les médiateurs & leurs remontrances, & fournirent la preuve de leurs dispositions à l'égard du Monarque & de son armée, en leur fesant *tous les maux qu'ils pouvoient leur faire.* Le Légat prit alors *l'avis de plusieurs Prélats & religieux* qui avoient suivi l'armée (selon l'usage de ces tems-là) pour y distribuer aux troupes le produit de la contribution ecclésiastique, remplir les fonctions du ministère sacré & inspirer la paix & l'humanité par tout où l'on alloit, & *avec leur suffrage* prononça que le Monarque & ses Barons pouvoient assiéger la ville infidèle, sous condition que *les droits de l'Eglise & ceux de l'Empire n'en souffriroient aucune atteinte*, conformément à un ordre exprès qu'il avoit de faire cette réserve; Et le Monarque l'assiégea. Une ordonnance du Légat fut aussi-tôt expédiée pour justifier cette entreprise, en attestant toutes les circonstances de la conduite odieuse qu'avoient tenu ses perfides habitans. Les Prélats qui étoient dans l'armée & les Barons & Chevaliers qui en commandoient les divers corps, attestèrent pareillement les mêmes faits, non seulement *en apposant leurs sçeaux à l'ordonnance du Légat*, mais par une relation qu'ils en addressèrent conjointement en leurs noms à l'Empereur Frédéric II qui avoit remplacé Othon IV & qui étoit aussi pour lors Roi de Jérusalem & de Sicile; Et après trois mois de siège ou de blocus, la ville rébelle fut contrainte d'ouvrir ses portes à l'armée, cédant

gat, & lettre des Prélats & Barons, dès-jà citées.

Même lettre des Prélats & Barons.

Ordonnance du Légat, dès-jà citée; Et même lettre des Prélats & Barons.

Acte du 27 Mai 1226, dès-jà cité pag. 8.

Ordonnance du Légat, dès-jà citée.

Même ordonnance du Légat.

Commission, Rayn. sous 1226, n° 33.

Même ordonnance que cy-dessus, en date du 13 Juin 1226.

Même ordonnance du Légat; Et même lettre des Prélats & Barons.

Actes de Juin, Juillet, Août & Sept., aux preuv. du tom. III

III de l'hist. de Langued., col. 311 & suiv.; Et déclaration de Louis VIII, col. 293 & suiv.

Bref à l'Empereur du 22 Nov. 1226, Rayn. sous mêm. an, n° 30 & suiv.

Acte de dépôt du 29 Déc. 1229, aux preuv. du tom. III de l'hist. de Lang., col. 346 & suiv.

probablement autant à des ordres de Frédéric, qu'aux efforts de Louis VIII qui avoit plusieurs fois déclaré qu'il *n'entendoit nullement violer les droits de l'Empire.* Elle fut livrée sans délai avec ses dépendances au Légat, comme chargé par le Pontife de *retenir à titre de dépôt* & de faire exactement *garder au nom du St Siège* jusqu'à la fin des troubles, toutes les villes & terres *où la foi seroit exposée à quelque naufrage* ou *dont la propriété seroit litigieuse*; Et en 1229, il en remit le dépôt à des officiers du Roi St Louis, sous condition expresse de ne pouvoir *ni s'en dessaisir que trois mois après que des lettres patentes auroient notifié au St Siège les intentions de ce Prince, ni les confier à d'autres mains que celles qui seroient désignées par le souverain Pontife.* La soumission des Avignonois ayant ouvert à Louis VIII le passage du Rhône, il entra dans la province. Son expédition n'y fut qu'une prise de possession très paisible. Tout y applaudit à ses succès, excepté Toulouse & quelques autres villes & châteaux qui persévéroient dans leur attachement à la secte & dans leur révolte; Et de principaux officiers de justice que Simon de Mont-fort y avoit établis sous le titre de *Sénéchaux* à mesure qu'il en avoit conquis quelque canton considérable, devinrent ceux du souverain. L'entrée de Louis VIII dans la province se fit vers le milieu de Septembre de l'an 1226. Ses opérations y furent à peine l'ouvrage d'un mois.

Actes des 18 Juill. & 24 Août 1215 & 29 Déc. 1229, col. 248, 250 & 346; Et autres de Sept. & Oct. 1226, col. 317 & suiv.

Nouveaux troubles, & mesures prises pour les calmer.

Actes de Janvier 1226, col. 300 & suiv.; Et lettres de plusieurs Prélats & Barons, au trés. des chartes, layette étiquettée couronnement de St Louis, n° 3 & autres.

Lettre de Guillaume Archevêq. de Bordeaux au Roi d'Anglet., Rymer tom. I, pag. 278 & suiv., ou 95 & suiv.

Bref à St Louis du 25 Mai 1227, Rayn. sous même an, n° 54 & suiv.

Malheureusement pour ses peuples, il voulut s'éloigner d'eux au moment où sa présence & la fermeté de son caractère pouvoient leur faire espérer un repos durable. Il ne s'étoit chargé personnellement de l'affaire que sous la condition de rester maître de la suivre ou de l'abandonner à son gré, & ayant pris la route des montagnes, fut retenu à son passage au château de *Montpensier* dans la basse Auvergne par une maladie aussi fâcheuse que subite, qui le mit au tombeau dans les premiers jours de Novembre. La grande jeunesse du Roi St Louis son fils aîné qui lui succédoit sous le nom de *Louis* IX, fut une conjoncture avantageuse aux rébelles. Des esprits factieux tramèrent un complot contre lui avec les Anglois qui depuis la conquête de la Normandie n'avoient pû obtenir de la France que des trèves humiliantes, & brûloient du desir de trouver une occasion d'effacer leur honte. Quelques jeunes gens de l'âge du nouveau Monarque, lui inspirèrent aussi qu'il devoit saisir l'instant de ces mouvemens pour chasser à jamais du continent une nation inquiette & cupide, qui sembloit dès-lors envier à la France les avantages que la nature & sa paisible constitution lui ont donnés sur un gouvernement né de révoltes contre le souverain & perpétuellement orageux; Et le Comte Raymond VII profita du même instant pour rallumer dans la province un nouvel incendie. Il y eut même des compagnies eccléſiaſtiques qui co-opérèrent indirectement à ſes ſuccès, en ſe ſervant du prétexte de la mort de Louis VIII pour refuſer leur part de la contribution à laquelle le clergé de l'intérieur du Royaume s'étoit ſoumis; Mais le Pape Grégoire IX qui ſuccéda dans ce tems-là à Honorius III, inter-poſa ſon autorité ou ſa médiation, & prévint par l'activité & par la ſageſſe de ſa conduite les nouvelles playes que l'irréligion & la révolte alloient porter de concert au Royaume comme à la foi. La trève avec l'Angleterre fut prolongée, & l'oppoſition au payement de la contribution déclarée contraire au *bien public*, à l'engagement qui avoit été pris par le corps entier du clergé, & au reſpect dû à la perſonne du Légat qui avoit approuvé cet engagement, ainſi qu'au caractère dont il étoit revêtu. Grégoire condamna en même tems les oppoſans à fournir leur cottiſation aux termes ſtipulés par la convention du clergé & preſcrits par les ordonnances du Légat qui l'avoient confirmée. Le Légat qui avoit été forcé de retourner à Rome pour y défendre ſon honneur attaqué par des calomnies de quelques députés des compagnies appellantes, fut renvoyé en France, non ſeulement avec ordre de mettre tout en œuvre pour rendre la paix à la province & au Royaume entier, mais avec un pouvoir ſpécial d'accorder les diſpenſes de conſanguinité qui pourroient être néceſſaires, s'il arrivoit qu'en traitant on réuſsît à conclurre une alliance conjugale entre la famille royale & Raymond qui n'avoit dès-lors qu'une fille née de mariage légitime. D'un autre côté une nouvelle armée marcha contre Raymond par ordre du jeune Monarque au moyen de la continuation des ſommes que payoit le clergé & d'autres beaucoup plus conſidérables que le St Siège s'étoit engagé de fournir de *ſes propres fonds* dès le tems de l'accord fait avec Louis VIII; Et Raymond ne tarda point à reconnoître que l'in-égalité de ſes forces & la raiſon même ne lui laiſſoient point d'autre parti à prendre que celui de la ſoumiſſion. Il forma *divers projets d'accord*, tint un *plein conſeil de ſes Barons & ſpécialement des officiers municipaux de la ville de Toulouſe* pour conférer avec eux ſur ſon deſſein, donna procuration à l'Abbé de Grand-ſelve près de la même ville pour traiter en ſon nom tant avec le Légat qu'avec le jeune Roi & avec la Reine Blanche de Caſtille mère du Monarque, mais *en préſence, par l'avis* & *du conſentement* de Thibaud Comte de Champagne (depuis Roi de Navarre) qui intercédoit en ſa faveur, & à la fin éprouva que ſi puiſſant que ſoit un ſujet qui s'eſt élevé contre toute autorité ſupérieure, il n'y a d'avantages ſolides pour lui que ceux qu'il obtient en s'humiliant.

Requête du chapitre de Paris au Pape, ſous mêm. an, n° 56 & ſuiv.; Et bref en réponſe, n° 59 & ſuiv.

Traité, Rym. tom. I, pag. 295 ou 101; Et bref à St Louis du 13 Novemb. 1227, Rayn. ſous même an, n° 61.

Même bref; Et ordonnances de Janv. 1226, dès-jà citées, & autres.

Requête du chapitre de Paris, dès-jà citée; Et bref à la ſuite, Rayn. ſous 1227, n° 59 & ſuiv.

Bulle aux preuv. du tom. III de l'hiſt. de Lang., col. 339 & ſuiv.; Et brefs à même ſujet, Rayn. ſous 1228, n° 20 & ſuiv.

Acte du 16 Juin 1229, aux preuv. du tom. III de l'hiſt. de Lang., col. 340 & ſuiv. It. déclarat. de Louis VIII, dès-jà citée; Et brefs relatifs.

Miſſive de Raymond du 25 Avril 1229, col. 340 & ſuiv.; Et procuration du 4 Déc. 1228, col. 326 & ſuiv.

Les évènemens juſtifièrent bien-tôt la vérité de ce principe, qui a été celui de tous les âges du monde comme de toutes les nations régies par la raiſon & par des loix. Raymond, après

Traité avec St Louis, & ſes premiers articles.

Lettres pat. du Légat du 12 Avril 1229, col. 335 ; Et traité du même jour, col. 329 & suiv.

diverses négociations, vint lui-même à Paris, y demanda humblement *non à être jugé*, mais *miséricorde & grace*, & souscrivit sagement à un traité dont les premiers articles principaux portent que Raymond voulant *conserver les liens de l'unité avec le St Siège* & servir le Roi avec la fidélité qu'il lui devoit, promettoit au St Siège en la personne du Légat, d'être *dévoué à l'Eglise, au Monarque & à ses héritiers* comme il y étoit tenu, & de leur demeurer fidèlement attaché *jusqu'à la mort* ; Que dans *la partie de la province dont il étoit resté en possession* & dans *celle qui lui seroit rendue*, il combattroit de tout son pouvoir les sectaires & leurs *dupes* ou fauteurs & refuges (a), sans épargner ses propres parens, ses vassaux, ses cognats, ni ses confédérés, & aideroit au Roi à en purger la *partie de la province qui demeureroit sous le gouvernement immédiat du Monarque* ; Qu'il contribueroit de même dans l'une & dans l'autre partie au maintien de *l'ordre public*, à la défense des églises & des ecclésiastiques, & au soutien de leurs *droits, libertés & immunités*, & *ne s'éleveroit jamais contre les censures dont il pourroit être frappé*, ni ne protègeroit ceux qui le seroient, mais au contraire qu'il les poursuivroit comme ennemis, si *dans un an à compter du jour des censures*, ils ne réparoient leurs injustices & les dommages qu'elles auroient occasionnés ; Que personnellement il restitueroit lui-même sans délai aux églises & aux ecclésiastiques les *effets* & les *droits réels dont il les avoit dèspouillés* ; Et que pour indamnité des pertes dont avoient été suivis son brigandage & ses usurpations, comme pour *fortifier & faire garder* Narbonne & un certain nombre *de châteaux qu'il seroit tenu de livrer au Roi en ôtage de ses sermens*, il payeroit en *quatre ans* diverses sommes qui formoient un capital de *vingt mille marcs d'argent*, sans en compter quelques autres qui devoient être employées à d'autres usages ; Que *par égard pour la soumission & pour les promesses de Raymond* comme *pour lui faire grace*, le Monarque vouloit bien *agréer la proposition d'un mariage entre la fille de Raymond & l'un de ses propres frères*, & lui *délaisser* Toulouse & tout son diocèse tel qu'il étoit pour lors (c'est-à dire avec les territoires de Pamiers, Mont-auban, Lavaur, St Papoul, Rieux, Lombèz & Mire-poix, qu'il comprenoit encore & qui n'ont été que postérieurement érigés en sièges épiscopaux) ; Qu'une partie de la terre de Mire-poix (que Simon de Mont-fort avoit donnée dès l'an 1209 à *Guy de Lévis* Chevalier du voisinage de sa terre de Mont-fort-l'Amaury & son parent ou son ami, en l'instituant *Maréchal héréditaire de ses nouveaux domaines*), seroit seule exceptée de la mouvance de Raymond, & *releveroit nûement du Roi* ; Qu'à la mort

Actes des mois de Sept. & Nov. 1209. col. 217 & suiv. ; Et autres des mois d'Août 1215 & Sept. 1220, col. 249 & 266.

(a) Texte de l'acte : *Hæreticos, & eorum credentes, fautores & receptatores.*

mort de Raymond, Toulouse & son diocèse entier appartiendroient à celui des frères du jeune Monarque qui auroit épousé la fille du même Raymond, ou aux enfans qui seroient nés de ce mariage; Et que si le nouvel époux n'en laissoit point, ils reviendroient au Roi & à ses héritiers, sans que *la fille de Raymond* ou *les enfans qu'elle auroit eus d'un autre mari* que le frère du Monarque, ou *ceux que Raymond pourroit avoir lui-même* dans la suite, *eussent aucun droit à y réclamer*; De sorte que dans tous les cas possibles, Raymond à son décès n'auroit pour successeurs dans la possession de Toulouse & de son diocèse, que le frère du Monarque qui auroit épousé la fille de Raymond & les enfans nés de leur mariage, ou le Roi même; Que le Monarque lui *délaissoit* également les diocèses d'Agen & de Rhodèz avec la partie de celui d'Alby qui étoit en de-çà de la rivière de Tarn du côté de l'abbaye de Gaillac, & celui de Cahors, excepté la ville épiscopale de ce nom avec les *mouvances* & les *domaines* que *le Roi Philippe* (ayeul de St Louis) *possédoit dans ce diocèse au moment de son décès*; Mais que Raymond mourant sans enfans légitimes, les mêmes diocèses appartiendroient *au frère du Roi qui auroit épousé la fille de Raymond ou à leur commune postérité seulement*, sous les mêmes *clauses & conditions que Toulouse & son diocèse*. Pour l'exécution de ces articles, la fille de Raymond qui n'étoit encore qu'un enfant, devoit être remise au Roi pour demeurer entre ses mains jusqu'à ce qu'elle eût atteint l'âge nubile, & le mariage se célébrer aussi-tôt que *la puissance ecclésiastique* auroit accordé dispense des liens de consanguinité qui y mettoient obstacle.

Même traité du 12 Avril 1229.

Ces points réglés, il étoit pourvû avec la même précision & avec la même sagesse à *l'honneur de la couronne* comme *à celui du Monarque*, à la conservation de son domaine dans la province, & au sort de ceux que Raymond possédoit à la gauche du Rhône dans les limites de l'Empire. Dès le commencement de la négociation, il avoit été arrêté que Raymond feroit *hommage lige & serment de fidélité* au Monarque *selon la coûtume des Barons du Royaume de France*, pour toute la terre dont la possession & jouissance lui seroit conservée; Et il étoit ajoûté par l'accord diffinitif qu'il y auroit comme *vrai seigneur & maître* tout droit de *pleine justice* & *libre seigneurie*, sous la seule réserve des clauses & conditions auxquelles il s'étoit soumis, avec faculté à sa mort d'y faire *les legs pieux qu'autorisoient les usages & coûtumes des autres Barons du Royaume*; Que quant au reste de la terre qui étoit située *à la droite du Rhône dans les limites de la France*, si Raymond *y avoit ou pouvoit avoir quelque droit*, il en fesoit la cession *la plus précise & la plus absolue* au Monarque & à ses héritiers à perpétuité; Et que de même à l'égard de celle qui étoit située *au de-là du Rhône dans les limites de*

Autres articles relatifs au domaine du Roi dans la province & aux terres situées au de-là du Rhône.

Traité sommaire du mois de Janvier 1229, col. 327 & suiv.

Traité du 12 Avril, dès-jà cité.

l'Empire, supposé *qu'il y eût ou pût avoir des droits réels*, il en fesoit une pareille cession à perpétuité *au corps général de l'Eglise* en la personne du Légat. Ce traité fut conclu le 12 Avril 1229 (selon notre comput actuel); Et le même jour qui étoit le *Jeudi saint* ([a]), Raymond comparut devant le Légat dans le parvis de l'église de Notre-Dame de Paris, y confessa publiquement son tort de s'être révolté *contre les deux puissances* & d'avoir été si *opiniâtre dans sa révolte*, jura d'être fidèle à ses engagemens, reçût l'absolution des censures dont il étoit frappé, fit son hommage au jeune Monarque, entra dans une légitime jouissance du titre de *Comte de Toulouse*, & s'estima très heureux d'avoir obtenu *des conditions beau-coup plus avantageuses qu'il n'auroit osé espérer*, comme il en convient lui-même dans une lettre qu'il écrivit le 25 Avril au Comte de Foix l'un des complices de son brigandage, en l'y exhortant à imiter son exemple, & en s'y louant du *zèle*, de l'*activité*, des *soins*, de *l'honnêteté* & de la *charité* d'un des Chapellains Apostoliques qui avoit secondé le Légat dans cette négociation. Pendant le cours du même mois, Amaury de Mont-fort réduit au seul patrimoine de ses ancêtres, renouvella en faveur du Monarque à perpétuité sa cession des droits qu'il avoit eus dans la province, sans en prétendre d'autre récompense que celle qu'*il plairoit au jeune Roi d'accorder par grace & libéralité au fidèle service qu'il lui avoit fait*; Et les ôtages furent livrés. Alphonse Comte de Poitiers, l'un des fils cadets de Louis VIII & de la Reine Blanche de Castille, fut celui des frères de St Louis à qui la fille du Comte Raymond VII fut destinée pour femme. Elle se nommoit *Jeanne de Toulouse*, & n'étoit née qu'en 1220 ou 1221 (si l'on en croit les historiens, ou en supposant qu'il y en ait sur qui l'on puisse compter.) La dispense sans laquelle leur mariage n'auroit pû se faire, fut accordée par le Légat dès le mois de Juin; Mais il ne fut consommé qu'au bout de quelques années. Dans cet intervalle, Raymond remontra au St Siège que pour le mettre en état de satisfaire aux divers payemens dont il avoit contracté l'obligation par le traité fait avec le Roi & avec le Légat, celui-ci lui avoit accordé la faveur spéciale de *pouvoir être secouru* dans ces payemens par les *tenanciers des églises* de la partie de la province qui lui étoit conservée, & demanda *permission de les imposer comme les autres aux tailles ou collectes qui s'y leveroient pour cet effet*, & en même tems qu'il fût *défendu aux Prélats de mettre obstacle à l'imposition*; Et le Pontife autorisa son Chapellain qui étoit resté dans la province avec le titre de *Légat ordinaire*, à accorder la permission & la défense que desiroit Raymond, en joignant

Lettres pat. du Légat, dès-jà citées plus haut.

Missive de Raymond à Roger-Bernard Comte de Foix, col. 340 & suiv.

Même missive; Et brefs ou rescrits des 5 & 13 Sept. 1230, col. 352.

Acte du mois d'Avril 1229, col. 335 & suiv.

Bulle du mois de Juin même an, col. 338 & suiv.

Bref ou rescrit du 13 Sept. 1230, dès-jà cité.

(a) Texte de l'acte : *In die cœnæ Domini.*

gnant à ce pouvoir celui de décerner des contraintes canoniques contre les opposans, *non obstant appel*. La bulle qui contient ces facultés, est datée du 13 Septembre de l'an 1230, & existe à Paris dans la bibliothèque du Roi. Un aveuglement de l'historien de Languedoc (source de l'erreur qu'il défend), est de vouloir que *la terre remise au Légat* par le traité de Raymond avec le Roi St Louis & avec ce Cardinal dépositaire des pouvoirs du St Siège, fut le *pays Vénaissin*, lorsqu'elle étoit entièrement étrangère à ce pays qui n'est nommé en aucun endroit du traité & qu'elle en est même formellement distinguée par la qualification *d'autre terre* dans l'acte d'engagement fait aux Avignonois le 27 Mai de l'an 1226 & en beau-coup d'autres, & que la cession de la même terre ait été faite à *l'Eglise Romaine* (ou au St Siège), lorsque le traité porte expressément que Raymond la fait à l'*Eglise* en général, c'est-à dire *à sa puissance*, *à sa liberté* & *à son immunité*, termes qui sont presque synonymes & qui forment autant d'attributs de son essence. Mais en quoi consistoit donc la terre dont il s'agit? C'est ce que la suite du présent discours va développer.

Manuscrits de Colbert, n° 1067.

Hist. de Langedoc, aux tom. cités plus haut pag. 5.

Acte du 27 Mai 1226, dès-jà cité pag. 8 & 13.

§ II.

Quelles furent les terres délaissées à l'Eglise par le traité du dernier Comte de Toulouse avec le Roi St Louis & avec un Légat du Pape Grégoire IX, ultérieurs efforts de ce Comte pour y rentrer, circonstances d'une concession qui lui est faite du Vénaissin par l'Empereur Frédéric II, substance du monument qui intéresse la maison de Jarente, & suite de l'histoire de la famille jusqu'aux troubles de Provence & du Royaume de Naples sous la Reine Jeanne Iere.

Il semble qu'après un traité aussi solemnel & aussi clair que celui qui venoit de règler le sort de Raymond & de sa postérité, toutes difficultés devoient être bannies à jamais des pays qui lui avoient obéi. Néant-moins il s'en éleva bien-tôt une très grande entre lui & le St Siège comme *chef de l'immunité & son indispensable conservateur*. La terre que Raymond avoit cédée par le même traité en reconnoissant qu'il y avoit *peu de droit*, fut le sujet de la contestation. A peine la ville d'Avignon avoit-elle été contrainte d'ouvrir ses portes au Roi Louis VIII & au Légat, que l'Empereur Frédéric II, pour conserver à Raymond VII une ressource dans sa disgrace, entreprit d'exercer son propre droit de souveraineté sur toutes les terres qu'il avoit occupées dans les limites de l'Empire, en demandant au Pape Honorius III qui vivoit encore, que les cités ou villes, les châteaux ou bourgs & tous les autres lieux *qui dépendoient de l'Empire dans les quartiers de Provence &*

Ruse de l'Empereur Frédéric II pour conserver à Raymond VII les terres qu'il tenoit dans les limites de l'Empire.

Requête ou missive de Frédéric à Honorius énoncée un un bref du 22 Nov. 1226.

1226, Rayn. sous mêm. an, n° 31 & suiv.

du Royaume d'Arles, & nommément *ceux qu'en avoit tenu le feu Comte de Toulouse Raymond VI*, fûssent mis *en sa main Impériale*, soit qu'ils fûssent tombés ou près de tomber en celles du Légat ou en toute autre, *sous prétexte* de l'expédition qui se fesoit dans ces quartiers-là pour les purger du fléau de l'hétéro-doxie. Raymond VI ayant été regardé en France comme *mort civilement* après le jugement diffinitif rendu contre lui par le Pape Innocent III dans le quatrième concile général de Latran, & Raymond VII n'ayant que trop mérité par sa révolte & par ses crimes d'être déclaré *dès-chû du bénéfice de la grace conditionnelle* que le même jugement lui avoit faite, il est certain que leurs causes ne pouvoient être plus favorables aux yeux de tous les ordres de l'Empire, qu'elles l'avoient été en Mars & Avril 1216 à ceux du Roi Philippe-auguste, & même à ceux des Barons de France assemblés à Melun au mois de Juillet de la même année & à Paris en Janvier 1226 avec une partie des Prélats de l'intérieur du Royaume, *Pairs & non Pairs*, d'autant que les principes de droit public sont pour le moins de la même sévérité dans l'Empire que dans le Royaume en matière d'obéissance dûe au souverain; Mais Raymond VII témoignoit du penchant pour les intérêts de Frédéric dans la querelle qui naissoit pour lors entre la puissance ecclésiastique & cet Empereur; Et Frédéric, pour servir efficacement Raymond, prenoit une voie qui sembloit se concilier avec l'état de proscription où étoit Raymond en ce moment. Honorius vit le piège, & l'éluda. Il répondit à Frédéric par un bref datté du palais de Latran le 22 Novembre de l'an 1226 que la demande que lui fesoit *sa sollicitude Impériale*, n'étoit point indiscrette ou déplacée; Qu'il étoit beau-coup plus occupé du soin *d'augmenter les droits de l'Empire & ceux de son chef, que de les diminuer*; Que lorsqu'il avoit fait partir le Légat pour la province où il étoit, il l'avoit fait venir *en sa présence*, lui avoit déclaré de vive voix qu'il n'entendoit la purger du fléau dont elle étoit affligée qu'en *conservant les droits de l'Empire sans aucune atteinte*, & lui avoit postérieurement addressé des *lettres Apostoliques qui contenoient les mêmes ordres*; Que ses vûes & le desir de Frédéric ne se combattoient nullement; Que cependant il croyoit devoir différer d'y acquiescer, jusqu'à ce que le Légat eût discerné & lui eût mandé *quelles terres appartenoient à l'Empire dans les quartiers dont il s'agissoit*, & l'eût instruit de toutes les circonstances de l'affaire; Qu'il venoit d'envoyer dans le moment au même Légat un nouvel ordre de retenir en sa main & en celle de la *puissance ecclésiastique* toutes les terres de mouvance ou de domaine Impérial, en les fesant soigneusement garder par les Evêques & par les autres Prélats des églises, qui n'en auroient la garde qu'avec *réserve du droit de Frédéric* & en lui fesant rendre à lui-même *la fidèle obéissance qui lui étoit dûe ainsi qu'à*

Lettres pat. de Philippe-aug. des mois de Mars & Avril 1216, dès-jà citées pag. 8; Et sentence avec décret du 25 Octob. 1221, citée pag. 10.

Jugement des Pairs & autres Prélats & Barons du mois de Juillet 1216, au trés. des chartes, cartulaire de Phil.-aug. cotté registre 34 bis, partie II, fol. 60 recto, col. 1; Et lettres des Barons, dès-jà citées pag. 11.

Bref à l'Emp. Frédéric II, Rayn. sous 1226, n° 31 & suiv.

qu'à l'Empire; Qu'aussi-tôt que le St Siège seroit instruit des faits par un exact rapport de son Légat, les droits qui se trouveroient appartenir à Frédéric, seroient restitués aux *envoyés* ou *commissaires* qu'il chargeroit de ses ordres, en prenant de justes mesures pour empêcher que *la paix générale de la chrétienté & la foi ne souffrissent de cette restitution*; Et que Frédéric étoit trop sage pour s'offenser d'un délai *si nécessaire au bien public*, si utile pour la tranquillité d'un pays nouvellement pacifié, & qui devoit être *aussi conforme à ses desirs* qu'il l'étoit *au devoir du siège Apostolique.* Le Pontife récrivit effectivement au Légat en des termes qui s'accordoient avec ces arrangemens; Et le dépôt subsista sans aucune difficulté jusqu'au traité de Raymond avec St Louis & avec le Légat.

Notice d'autre bref, n° 33.

Rétabli dans la communion de l'Eglise par ce traité & sans crainte des suites d'une nouvelle procédure qui ne pouvoit être que très longue (comme il l'avoit éprouvé lui-même) & qu'il sauroit éluder ou rendre inutile, il ne se borna point à vouloir rentrer dans sa moitié de la seigneurie d'Avignon qui étoit & est peut-être encore au jour-d'hui foncièrement un vrai fief de l'Empire, ni dans le pays que ses ancêtres avoient possédé *le long de la Durence & du Rhône* depuis la montagne de *Lèberon* jusqu'aux bords de l'Isère, à l'exception de quelques enclaves telles que la ville épiscopale de *Cavaillon* & son district qui appartenoit si incontestablement à son Evêque & au chapitre qu'on ne voit point que Raymond y ait jamais formé la moindre prétension, *Mornas* qui étoit du temporel de l'Archevêque & de l'église d'Arles, *Orange* dont le domaine étoit partagé entre l'Evêque de cette ville & ses Princes, *Montelimar* & beau-coup d'autres lieux qui étoient des mouvances du St Siège. Il osa embrasser dans ses desirs toutes les terres & châteaux ou bourgs que son père ou lui avoient usurpés sur les églises & sur des particuliers depuis les derniers mois de l'an 1206, quoique par son traité il eût solemnellement renoncé en faveur de *la puissance ecclésiastique* à tout ce qu'il avoit possédé *au de-là du Rhône dans les limites de l'Empire*, en avouant que *s'il y avoit eu des possessions légitimes, elles étoient assés modiques, & ses droits peu solides*; Et pour réussir dans le dessein de recouvrer ce qu'il appelloit *ses pertes*, il employa tous les moyens que peuvent fournir l'hypocrisie & l'*astuce* la mieux caractérisée. Les terres qu'il cédoit à la puissance ecclésiastique ayant été livrées à des officiers du Roi St Louis par des lettres du Légat qui sont datées de *Mornas* le 29 Décembre 1229 & ce Monarque n'en ayant accepté le dépôt ou la garde qu'avec faculté *de le remettre au St Siège quand ce fardeau lui seroit à charge*, il ne fut pas difficile à Raymond de le porter à protéger ses vûes auprès de Grégoire IX; Et il y eut un grand

Sollicitations de de St Louis auprès du St Siège en faveur de Raymond.

Charte de l'an 1194, dès-jà citée pag. 3; Et autre de 1171. Bouche, hist. de Provence, tom. II, pag. 1059.

Autre de 1153, aux preuv. du tom. I du Gallia christ., pag. 97 & suiv.; Et acte du 20 Juin 1209, Bal. tom. II, pag. 348 & suiv.

Traité du 12 Avril 1229, dès-jà cité plus haut, pag. 16.

Lettres pat. du Légat en date de ce jour, aux preuv. du tom. III de l'hist. de Lang., col. 346 & suiv.

Lettres énoncées en

autre du 13 Mars 1234, Rayn. sous même an, n° 14 & suiv.; Et notice d'autres à la suite.

Mêm. lettre du 13 Mars 1234.

nombre de dépêches addressées au Pontife sur ce sujet tant par ordre de St Louis que par celui de la Reine Blanche de Castille sa mère. Une de ces dépêches pressoit même très vivement la restitution que desiroit Raymond VII. Il y étoit remontré à Grégoire que les ancêtres de Raymond *possédoient depuis si long-tems la terre dont il s'agissoit*, que c'étoit une raison pour croire qu'il mettroit tous ses soins à y maintenir l'ordre & la paix & qu'il en feroit *plus disposé à servir le Roi comme il le devoit*; Que Grégoire n'ignoroit point que dans ce moment Raymond n'avoit point d'autre postérité qu'une fille qui devoit épouser dans peu Alphonse l'un des frères du Monarque, en vertu de dispense de consanguinité dès-jà obtenue du St Siége; Qu'ainsi la faveur qui étoit demandée pour Raymond, opéreroit *l'avantage du Monarque & celui de sa famille*; Que c'étoit le motif principal qui lui fesoit solliciter *les bontés du St Siège*; Que d'ailleurs les Evêques du pays rendoient les témoignages les plus favorables du soin que prenoit Raymond de faire rechercher & punir les sectaires, conformément aux loix civiles; Et que pour ces raisons, le Monarque & *son conseil* pensoient qu'il étoit bon & qu'il seroit utile de lui accorder une grace à laquelle il seroit sensible & qui l'attacheroit de plus en plus au service de Dieu & de son Eglise. Des lettres patentes notifièrent en même tems à Grégoire (selon la convention faite entre St Louis & le Légat au moment du dépôt) que ce Monarque *n'étoit plus dans la disposition de garder le pays situé au de-là du Rhône dans les limites de l'Empire*. Ces lettres patentes sont expressément dattées *du mois de Mars de l'an* 1234 (selon notre comput actuel), & conséquemment accompagnèrent la dépêche dont le contenu vient d'être rapporté, ou la suivirent de près, la date qui y est apposée, étant *du lendemain de la fête de St Grégoire*, fête qui dans le rit Romain se célèbre le 13 du même mois. La seconde moitié de la seigneurie d'Avignon qui avoit appartenu aux Comtes de Forcalquier, étoit pour lors au pouvoir du dernier Comte de Provence de la race des Roix d'Aragon; Et ce Comte étoit dès-jà en guerre avec Raymond à qui la ville de Marseille s'étoit donnée de *sa propre autorité* par acte du 7 Novembre de l'an 1230, & qui s'étoit presqu'aussi-tôt ligué contre lui tant avec cette ville qu'avec celle de Tarascon & avec beaucoup d'autres de la province.

Lettres pat. du mois de Mars 1233 c'est-à dire 1234. Rayn. sous 1233, n° 61.

Autres de Fév. & Mars 1234 aux preuv. du tom. III de l'hist. de Lang., col. 365; Et actes des 7 Nov. 1230 & 17 Juill. 1231, col. 352 & suiv.

Rétablissement de Raymond dans la dignité de Marquis de l'Empire, avec une concession équivoque du Vénaissin.

Grégoire IX répondit vraisemblablement aux diverses instances de St Louis ce qu'Honorius III avoit répondu à la feinte réclamation de l'Empereur Frédéric II, ou objecta que Raymond VII ne fondoit ses desirs que sur des titres vicieux, & ne pouvoit en avoir d'autres; Ce qui étoit certain. Par exemple, le Comte Raymond V (père de Raymond VI) ayant formellement reconnu dans son tems que l'Evêque de Carpentras étoit *le seul seigneur direct du vrai Vénaissin*, & Raymond VI ayant avoué lui-même au mois de Juin de l'an 1209 qu'il n'y occupoit rien que *par des usurpations*, les choses ne pouvoient y avoir changé de face que depuis le quatrième concile général de Latran & par des concessions émanées de l'Empereur Othon IV dont la cause devoit être jugée diffinitivement dans ce concile avec celle de Raymond VI & y eut le même sort ; Et de fait, c'est ce qui paroît être arrivé. Othon étoit alors dans une entière impuissance de se présenter en personne à Rome. Si vaillamment escorté qu'il eût pû être, il n'auroit point traversé l'Allemagne & l'Italie, sans risquer que la main de quelque furieux ne punît toutes ses iniquités par un attentat que le St Siège auroit vainement condamné avec l'exécration la plus marquée, (comme il avoit fait à l'égard de Philippe de Souabe son compétiteur, quoique rejetté par la plus saine partie de l'Empire & personnellement *frappé de la censure canonique.*) Dans ce danger, Othon s'étoit contenté d'envoyer au concile des députés qui y soûtinssent son intérêt ; Et le Comte Raymond VI y avoit mené avec lui son fils Raymond VII, pour exciter la pitié du St Siège qui n'en eut que trop. Or le jugement des deux causes ayant été le même, il est très probable qu'Othon voulut s'en vanger par des dispositions qui ne servirent qu'à justifier sa condamnation ; Et il l'est encore plus que c'est sous la seule protection d'un titre impétré d'Othon depuis le concile, que Raymond VII s'empara du Vénaissin dans les derniers mois de l'année d'après ; Mais comme son titre étoit évidemment caduc, il chercha à en couvrir le vice, & réussit facilement. Il eut recours à Frédéric II, & obtint de lui un *édit* en forme de *charte* ou de *bulle Impériale*, dont le contenu & les circonstances méritent d'être pesés. Cet édit est datté de *Monte-fiascone* dans le Patrimoine de St Pierre au mois de Septembre 1234. Le magistrat municipal de Rome qui y est qualifié le *Sénateur* & qui étoit dès-lors unique, le conseil de ville qui se décoroit orgueilleusement du titre de *sacré Sénat* ou de *Sénat Impérial* & la plus grande partie des bourgeois (juris-consultes & marchands), aveuglés par le préjugé ou par de fausses impressions, ayant entrepris de faire valoir des privilèges Impériaux qui étoient aussi contraires à l'honneur de l'Eglise qu'aux attributs de son essence, & ayant réduit par leurs entreprises & par des violences Grégoire IX & tout le sacré collège à la fâcheuse nécessité d'abandonner la capitale du monde chrétien, Frédéric II de qui étoient émanés les nouveaux privilèges, avoit *de lui-même* offert au Pontife le secours de ses forces contre cette audacieuse bourgeoisie, *s'étoit rendu auprès de lui à Riéti* dans l'Ombrie, avoit paru très résolu de punir les mutins, & s'étoit ensuite jetté

Charte de l'an 1155, dès-jà citée pag. 9 ; Et actes du 18 Juin 1209, cités pag. 6.

Brefs des 16 Janv. & 13 Nov. 1209. Bal. tom. I, pag. 761, & tom. II, pag. 379 ; Et autres à la suite.

Bref du 29 Déc. 1217, dès-jà cité pag. 10.

Charte du 4 Janvier 1217, citée pag. 8.

Acte de pacification, Rayn. sous 1235, n° 4 & suiv.

Même acte ; It. bref aux villes de Lombardie du 7 Juillet 1234, sous même an, n° 4 ; Et autre à l'Arch. de Rouen du 5 Déc., n° 7 & suiv.

Mêmes brefs des 7 Juillet & 5 Déc. 1234 ; Et autre du 29 Déc., sous 1235, n° 1 ; It. lettre de Fré-

déric à Grégoire IX, sous 1235, n° 7; Et bref à Frédéric, sous 1236, n°. 3.

Traité du 12 Avril 1229, dès-jà cité pag. 16; Et bref à Raymond du 28 Avril 1236, sous même an, n° 39 & suiv.

tout-à coup avec ses troupes sur le patrimoine du St Siège qu'il leur avoit laissé en proie. Raymond VII l'y avoit joint en appareil de guerre, comme prêt à remplir une des clauses de son traité qui l'obligeoit de marcher au secours de la Terre-sainte avec un corps de troupes composé de *bourgeois* & de *noblesse* de son Comté (ou de gens de pied & de gent-d'armerie) & d'y demeurer cinq ans de suite, mais beau-coup plus pour faire illusion au Roi St Louis comme à la puissance ecclésiastique, & ne pouvoit ni choisir un moyen plus sûr de plaire à Frédéric, ni arriver dans un moment plus favorable à ses propres vûes & à celles de cet Empereur qui dit dans sa charte que la Majesté Impériale lui sembloit relever également son trône, lorsque, *réservée dans ses dons & ne donnant qu'avec des réserves*, elle récompense la fidélité de ses serviteurs, ou en acquiert de nouveaux par une prodigalité bien-faisante; Qu'il étoit de notoriété publique que les Princes que Dieu avoit appellés au *double sceptre des Romains*, avoient moins obtenu le nom d'*Augustes* & l'onction sainte pour s'être montrés disposés à enrichir le trésor de l'Empire par des acquisitions de terres & de couronnes, que *pour avoir étendu ses limites par des accroissemens de fiefs en faveur de ses anciens vassaux* ou *par des sermens qui lui en attachoient d'étrangers*; Qu'il avoit fait ces réflexions, en pesant les preuves de fidélité & d'attachement que lui avoit donné *l'illustre seigneur* Raymond Comte de Toulouse *son cher parent d'affinité* & *son féal*; Et qu'après avoir reçû *au nom de l'Empire* le serment de fidélité & d'hommage que Raymond devoit, par un effet de la muni-ficence avec laquelle sa bonté aimoit à prévenir par quelques graces les services qu'on pouvoit lui faire & le dévouement qu'on lui marquoit, il *donnoit*, *octroyoit* & *confirmoit* à Raymond pour lui & pour sa postérité *la terre Vénaissine & toute l'autre terre que ses ancêtres ou lui avoient coûtume de posséder dans l'Empire ou autrement dans le Royaume d'Arles & de Vienne*, avec les cités ou villes, les châteaux ou bourgs & les villages, *la pleine justice*, les fiefs ou mouvances, les péages, les salines & tous les autres droits qui en dépendoient ou qui y étoient annexés, & *le rétablissoit* en même tems *dans l'ancienne dignité de Marquis de Provence qu'avoient pareillement possédé ses ancêtres*.

Collection des titres de Jarente, pag. 505; Et aux preuv. du tom. III de l'hist. de Lang., col. 368 & suiv.

Lettres du même Frédéric par lesquelles il donne clairement à Raymond le Vénaissin & plusieurs autres terres sises au delà du Rhône.

Il n'est point d'expressions qui puissent distinguer plus clairement deux objets différens, que l'édit de Frédéric II ne distingue, non seulement *la terre Vénaissine & l'autre terre que ses ancêtres avoient occupée au de-là du Rhône dans les limites de l'Empire*, mais même cette autre *terre* & *la dignité* (personnelle) *de Marquis de Provence* dont ils avoient été revêtus. Cependant cet édit est un peu obscur dans la plus essentielle de ses dispositions, en ce que *la terre Vénaissine & l'autre terre que les ancêtres*

ancêtres de Raymond avoient possédée dans cette partie de l'Empire, y sont artificieusement enchapsées sous les mêmes termes de *don, octroi & confirmation*; Et conséquemment il pouvoit à cet égard éprouver de la contradiction, soit du côté de la puissance ecclésiastique, soit de celui des seigneurs & des habitans du pays. Aussi ne voit-on pas que dans les premiers tems de l'expédition du même édit, il ait été suivi d'aucun acte de seigneurie ou de juris-diction territoriale de la part de Raymond sur le pays Vénaissin; Mais Raymond sçut encore trouver le moyen de remédier à l'obscurité ou à l'équivoque de son titre. Il eut une seconde fois recours à l'autorité suprême de Frédéric II, & le porta sans peine à lui en accorder un qui fît disparoître les nuages du premier. Une grande partie de l'Allemagne s'étant liguée contre Frédéric avec son fils aîné le Prince Henri qui étoit dès-jà couronné Roi de Sicile & élu Roi des Romains & qu'il privoit de la jouissance du Royaume des deux Siciles (quoique Henri n'en eût reçû la couronne qu'avec son consentement, & que par une bulle Impériale du 1 Juillet de l'an 1215 il se fût expressément engagé à lui abandonner les rênes du gouvernement dès qu'il seroit lui-même couronné Empereur), pour dissiper cette ligue que la puissance ecclésiastique avoit solemnellement frappée de la censure comme *coupable d'attentat*, il avoit invoqué le secours du St Siège qui lui fut bien plus utile que la voie des armes; Et devenu maître de la personne de son fils, il avoit aussi-tôt levé le masque. Après avoir *fait brûler en sa présence* sous le nom d'*hérétiques* des milliers de victimes malheureuses de son ambition, de sa cupidité ou de sa haine (malgré les cris de Grégoire IX qui ne cessoit de lui écrire que *de tels spectacles de férocité flétrissoient son honneur & la majesté du trône*, & qu'*il devoit épargner jusqu'au sang des sectaires, s'ils ne troubloient point le repos des peuples en dogmatisant ou par des actes de violence*), il fesoit gémir toute l'Italie sous la tyrannie la plus odieuse, fouloit les églises & les ecclésiastiques par d'horribles concussions, emprisonnoit les Prélats qui l'avertissoient de ses injustices, souffroit que *des édifices sacrés fussent convertis en mosquées par d'anciennes colonies de Sarazins qui occupoient encore plusieurs cantons des deux Siciles*, & se conduisoit en toutes ses actions comme s'il eût juré d'anéantir le christianisme & l'ordre public. Raymond VII l'avoit suivi en Allemagne, au lieu de passer en Palestine; Et au mois de Décembre de l'an 1235, étant à sa cour *à Haguenau en Alsace*, il se fit expédier des lettres Impériales qui mettent dans le plus grand jour les vraies causes de leur union, en développant clairement le système qu'ils s'étoient fait l'un & l'autre. Frédéric dit dans ces lettres que lorsqu'il écoutoit avec bonté & générosité

Bref du 13 Mars 1235, Rayn. sous mêm. an, n° 9; Et autre du 10 Nov. 1220, sous mêm. an, n° 29.

Bulle Impériale du 1 Juillet 1215, sous mêm. an, n° 58.

Même bref du 13 Mars 1235; Et autre du 1 Août mêm. an, n°. 10.

Bref à Frédéric du 15 Juillet 1233, sous même an, n° 34; Et autres.

Autre du 28 Févr. 1236, sous même an, n° 15.

Même bref; Item autre du 3 Novemb. 1232, sous même an, n° 42; Et autre du 27 Août 1233, sous même an, n° 24.

Collection des titres

de Jarente, pag. 507 & suiv.

les suppliques *des vassaux qu'il affectionnoit* & sur-tout ceux qui avoient pour titres de recommandation à ses yeux *un dévouement agréé & des services reçûs encore plus favorablement*, c'étoit pourvoir à son propre avantage & à celui de l'Empire, parce que l'exemple multiplioit les graces que sa main bien-faisante versoit sur la tête d'un sujet, & qu'une *adroite libéralité* en attachoit d'autres à sa personne & à son trône; Qu'en fesant ces réflexions, il avoit considéré l'attachement *sincère & dèsintéressé* que lui avoit marqué *l'illustre seigneur* Raymond Comte de Toulouse *son cher parent d'affinité & son féal*, les *gracieux services qu'il avoit rendus à l'Empire & à son chef, & ceux qu'il pouvoit leur rendre dans la suite avec encore plus de fruits;* Et que par un attrait du plaisir que sa muni-ficence trouvoit à prévenir les mérites de ses sujets, il *donnoit & octroyoit à Raymond & à ses descendans à perpétuité* LA MOUVANCE *des seigneurs du lieu de l'Isle, & celle de la cité de Carpentras, du château ou bourg d'Entr'-eigues,* DU LIEU DE CADEROUSSE, *& des châteaux ou bourgs des Métamis, de Pierre-lapte & d'Entre-chaux,* (tous lieux situés dans le Vénaissin ou qui en dépendoient pour lors), avec *pleine & entière juris-diction sur tous ces lieux* & injonction aux seigneurs & habitans & à leurs descendans d'obéir en tout *à Raymond & à sa posterité*, sans autre réserve que de *son droit de* SEIGNEURIE SUPREME ET DE CELLE DE L'EMPIRE. Raymond eut aussi un très grand soin de faire notifier ces dispositions aux parties qu'elles intéressoient. Un rescrit Impérial qui est datté du 31 du même mois de Décembre, les leur notifia, en leur commandant de ne point hésiter *de faire serment à Raymond* ni *de le reconnoître à l'avenir* pour *leur seigneur immédiat* (ou territorial). Sur ce commandement les seigneurs de Caderousse traitèrent avec Raymond qui étoit dès-jà retombé sous le lien des censures pour avoir violé ses sermens, en souffrant que les sectaires qui étoient restés dans la province, fûssent favorisés & soutenus par les officiers locaux ou municipaux des villes, & en autorisant ou en approuvant des oppositions formées par les uns & par les autres à l'exécution de divers jugemens ecclésiastiques, des outrages faits à la personne d'un commissaire du St Siège & *des meurtres ou des assassinats commis sur plusieurs prêtres*; Et c'est alors que fut rédigée la charte précieuse qui intéresse Pons Jarente & sa famille.

Rescrit du jour, au om. II de l'hist. de Provence par Honoré Bouche, pag. 1066.

Sentence énoncée en un bref à Raymond du 28 Avril 1236, Rayn. sous même an, n° 39 & suiv.

Observation critique sur une mèsprise de sécrétaire qui se trouve en quelques-uns des monumens cy-devant mencionnés

Avant que d'entrer dans la discussion de ce monument, on a deux observations à faire sur ceux qui le précèdent. La première de ces observations est que le château ou bourg *des Métamis* est appellé *castrum de Nometamiis* dans les lettres Impériales & dans le rescrit du mois de Décembre 1235, au lieu qu'il auroit dû y être nommé *de Metamiis*; Mais ce n'eſt viſiblement que par une mès-priſe de ſécretaire, qui ne doit pas même étonner, les deux pièces étant l'une & l'autre dattées de *Haguenau* dans le Land-graviat d'Alſace. Un ſécretaire de nation étrangère à nos provinces méridionales, à qui l'état des lieux aura été fourni en langage du pays & le nom *des Mètamis* préſenté ſous celui de *los Métamis* ou de *Los métamis* (ſuivant une vicieuſe manière d'écrire qui n'eſt encore au jour-d'hui que trop commune pour l'honneur des philo-logues François), a pû aiſément prendre le nom de lieu & ſon article pour un ſeul mot, & le corrompre. Pluſieurs noms de lieux & de perſonnes ſont ainſi corrompus dans la collection de pièces qui ſert de preuves à l'hiſtoire de Languedoc, & ne peuvent l'avoir été que par de ſemblables mès-priſes, quoique l'auteur fût Bénédictin & pourvû de plus de ſecours littéraires qu'on n'en avoit en 1235. La ſeconde obſervation à faire, eſt auſſi beau-coup plus importante que la première. Elle eſt relative au compte des années d'*empire* & de *règne* qui ſe trouvent jointes à celles de l'ère chrétienne tant dans l'édit du mois de Septembre 1234 que dans les pièces ſubſéquentes, comme elles s'y joignent ordinairement dans toutes lettres publiques émanées de mains vraiment ſouveraines. Au mois de Septembre 1234, l'édit ne compte que *la quatorzième année de l'empire de Frédéric II*; Et au mois de Décembre 1235, ſes lettres Impériales en comptent *la dix-ſeptième*. Les années de ſon règne de Jéruſalem ſont *la neuvième* dans le premier des deux monumens, & *la dixième* dans le ſecond; Et ils ne comptent l'un & l'autre que *la trente-ſeptième année de ſon règne en Sicile*, quoiqu'il y ait quinze mois de diſtance du mois de Septembre 1234 au mois de Décembre 1235. Un intervalle de quinze mois ne pouvant opérer une différence de quatre années dans aucune manière de les compter, ni en produire une moindre que d'un an (en ſuppoſant que les années qu'on compte n'ayent point leur commencement & leur fin dans le même intervalle), à la première combinaiſon des deux monumens on a penſé qu'il s'étoit gliſſé des erreurs de nombre dans l'une ou dans l'autre des copies qui en ont été faites; Mais les originaux revûs & conſidérés avec l'attention la plus ſcrupuleuſe, on a reconnu que dès le premier examen qui en avoit été fait, on n'y avoit vû que ce qu'ils contiennent réellement; Et conférés avec d'autres de tems antérieur ou poſtérieur, la manière de compter les années *de l'empire de Frédéric II* & celles *de ſon règne en Sicile*, s'eſt trouvée double par-tout, tandis que la manière de compter les années *de ſon règne de Jéruſalem* eſt uni-forme depuis le moment où il a commencé à prendre le titre de ce Royaume. D'où peut donc être dérivée une ſi étrange varia-

& ſur les différentes ères qui y ſont ſuivies.

Exemple, charte des 25 Mars & 5 Avr. 1220, au tréſ. des chartes, Toulouſe, ſac 7, n° 71; Et aux preuv. du tom. III de l'hiſt. de Lang., col. 270 & ſuiv.

Bulle Impériale, dès-jà citée pag. 24; Et lettres, citées pag. 26.

tion dans les époques principales de la vie d'un souverain du rang de Frédéric II ? A-t-elle été un vice de clerc dans les diplomes expédiés en forme publique au tems de la concession de ses graces ? Ou a-t-elle une autre cause ? C'est la double question qu'on s'est proposée. Quelques principes sûrs qui sont la substance ou le résultat d'un nombre infini d'actes publics recueillis avec soin & médités long-tems avec poids & mesure, lèveront la difficulté, & ne seront peut-être pas jugés contraires au point de vûe qu'on s'est fait, n'ayant été nullement éclaircis par les plus célèbres publicistes qui ayent paru jusqu'ici, tels que *Grotius*, *Pufendorff* & *Leibnitz*. A l'exception de ce dernier dont le génie profond a pénétré & vû (du sein des préjugés & de l'erreur) toutes les vérités accessibles à l'esprit humain, nul d'eux n'a seulement réflêchi que comme dans les tribunaux de justice on n'a égard qu'aux titres & pièces que produisent deux parties collitigantes & non aux faits qu'elles allèguent chacune à son avantage, de même en matière d'histoire la vérité ne doit se chercher que dans les actes originaux rédigés ou expédiés au tems des évènemens dont il s'agit. Ils se sont tous contentés de compiler, de découper & de ré-unir sous un vêtement moderne (& quelquefois dès-pourvû de raison) des écrits souvent supposés & presque tous pseud'-onymes. Les fictions de l'ignorance ou de la passion ont été multipliées. Plus on a écrit & imprimé, plus la somme des mensonges ou des inepcies s'est accrûe dans l'univers, au lieu de diminuer ; Et le droit public est resté dans les ténèbres avec la vérité de l'histoire.

Premiers principes du droit public de l'Empire.

On doit savoir d'abord qu'il n'en est point du St Empire Romain comme de quelques autres grands pays de l'Europe qui se régissent par des principes différens. En France par exemple, nous tenons pour maxime sacrée que le droit de succéder à la couronne & la plénitude de la puissance suprême sont tellement unis & indivisibles, qu'au même instant où la succession est ouverte au profit de l'héritier qui doit succéder, il entre en une pleine jouissance de tous les attributs de la royauté & de toutes les parties de l'autorité souveraine. Dans l'Empire au contraire, la plénitude du titre même ne s'acquiert que par le couronnement du Prince que des suffrages *libres* & *dès-intéressés* ont porté sur le trône avec toutes les formalités prescrittes par les loix. Jusques-là le Prince n'a que le titre d'*Elû en Empereur*; Et il n'en prend point d'autre dans ses propres actes publics. Ce n'étoit même que par degrés qu'anciennement il entroit en jouissance des attributs du trône ; Et chaque degré avoit (pour ainsi dire) son moment propre. Aussi-tôt que le trône vaquoit, les trois Archevêques (au jour-d'hui *Electeurs*) & les Princes

Traité de la majorité des Roix par Pierre DuPuy, in-4°, pag. 119 & suiv.; Et décision du Conseil, aux mémoires de Torcy, tom. III, pag. 291 & suiv.

Princes séculiers qui fesoient les fonctions de *Vicaires de l'Empire*, notifioient l'évènement (chacun dans son district) aux autres Princes ecclésiastiques & séculiers qui avoient droit de suffrage dans les diettes d'élection, & leur assignoient un terme pour se rendre dans le lieu où elles devoient se tenir. Chacun s'y trouvoit au jour marqué. On y procédoit à l'élection; Et le sujet sur qui tomboit le choix, étoit qualifié du titre d'*Elû en Prince*. On le conduisoit sans délai à Aix-la chapelle; Et il y étoit sacré & couronné *Roi* in-définiment c'est-à dire *sans addition d'aucune qualité locale*. L'acte d'élection, de consécration & de couronnement étoit ensuite envoyé à Rome, pour y être *examiné par le souverain Pontife* comme chef de l'unité ecclésiastique & premier conservateur des libertés de l'Empire & des droits du Prince. S'il le trouvoit conforme aux loix, il le confirmoit; Et le Prince jusques-là qualifié *Elû en Roi*, recevoit le titre de *Roi des Romains*. Il commençoit aussi pour lors à datter de-là les années de son règne. S'il arrivoit que les voix des Princes électeurs eussent été partagées & que chaque contendant voulût soûtenir son élection, le titre demeuroit pareillement suspendu jusqu'à ce que le Pontife eût prononcé laquelle des deux causes devoit prévaloir. Lorsque l'élection étoit jugée vicieuse à l'égard des deux contendans, on en fesoit une nouvelle; Et elle subissoit les mêmes épreuves que la première. Comme les terres Impériales d'Italie & quelques autres parties de l'Empire ne doivent de *collecte* ou d'*aide* à l'Empereur que pour la cérémonie du couronnement Impérial, le Pontife prenoit des mesures pour obvier aux concussions que l'Empire n'éprouvoit que trop souvent sous le vain prétexte des droits de l'Empereur, & conserver l'immunité des villes & des corps ecclésiastiques ou séculiers qui devoient en jouir. Il fixoit un terme pour la cérémonie du couronnement; Et alors le Prince recevoit, avec une bulle de confirmation, le titre d'*Elû en Empereur*, mais sans changer encore la manière de compter qu'il avoit suivie tant qu'il n'avoit eu que le titre de *Roi des Romains*. Au moment où tout étoit consommé par l'acte de son couronnement en qualité d'Empereur, la plénitude du titre lui étoit dévolue; Et il comptoit *ses années d'empire*, quelque-fois en continuant le compte des années de son premier règne, & tous-jours en y joignant les dates de son avènement aux autres Royaumes dont il étoit ou maître ou seulement titulaire. Il semble résulter d'une lettre de Frédéric II au Pape Honorius III que pour créer un Roi des Romains (au moins durant la vie d'un Empereur), il falloit obtenir du St Siège une *permission* ou *congé d'élire* tel que nos Roix en donnoient pour les élections des Prélatures du Royaume, & que Frédéric *ne con-*

Lettre de Jean Rusca au Pape Innocent III, Bal. tom. I, pag. 688; Et autres pièces à la suite.

Brefs au Duc de Zaringhen & à Philippe-auguste, pag. 715 & suiv.

Mêmes brefs; Et autres pièces à la suite.

Lettre de Frédéric à Honorius, Rayn. sous 1220, n° 12 & suiv.

restoit nullement ce devoir. Cependant on n'a point de preuves qu'il ait été rempli dans ces tems-là. Il paroît encore que de tous ces anciens usages, il ne subsiste plus au jour-d'hui que celui des confirmations & des deux couronnemens qui doivent se faire, l'un en Allemagne, & l'autre *à Rome*, à moins que le Pontife n'assigne une autre ville d'Italie pour y faire la cérémonie du couronnement Impérial; Et comme l'Empereur Charles-quint est le dernier en la personne de qui elle ait été faite, il s'ensuit de-là que de tous les Princes qui lui ont succédé dans l'Empire jusqu'à présent, nul n'a été véritablement qu'*Elû en Empereur.* Effectivement tous leurs actes publics ne leur donnent point d'autre qualité.

Droit public du Royaume de Sicile.

Le trône de Sicile avoit de même ses loix & ses conditions dont le vœu principal étoit d'empêcher que ce Royaume ne fût jamais exposé au danger d'être confondu avec l'Empire ou regardé comme une terre Impériale. Dès sa naissance, il avoit été authentiquement reconnu pour une *des propriétés réelles & légitimes du St Siège*, & n'avoit été in-féodé ou octroyé qu'à ce titre à la première famille qui l'ait possédé; Ce qui ne remontoit pas à des tems assés reculés pour être au dessus des bornes de la mémoire humaine, puisque la première concession que les Papes lui ayent faite du *Duché de Pouille* (qui est le vrai siège de ce qu'on appelle au jour-d'hui *le Royaume de Naples*) n'est que du 30 Décembre de l'an 1127, & que la première concession du *Royaume de Sicile* avec ses principales annèxes (qui étoient la *royauté du même Duché de Pouille & celle de la Principauté de Capoue*) n'est que du 27 Juillet de l'an 1139. Guillaume I & Guillaume II fils & petit-fils du premier feudataire, règnèrent comme lui l'un après l'autre, & au milieu de diverses entreprises contre l'immunité ecclésiastique & contre la religion de leurs sermens, rendirent hommage à la légitimité des droits du St Siège sur toutes les parties qui composent ce Royaume. Le dernier de ces deux Roix étant mort sans postérité en 1189, la couronne passa successivement à deux Princes que les historiens disent n'être issûs du père de Guillaume I qu'en ligne illégitime. Ils étoient reconnus & favorisés du St Siège; Et le Roi d'Angleterre Richard I les soutint tant qu'il vécut, quoique la femme de Guillaume II fût sa sœur. L'Empereur Henri VI père de Frédéric II, s'empara du Royaume en 1194, du chef de l'Impératrice Constance sa femme, qui étoit tante paternelle du même Guillaume II & son unique héritière; Mais à sa mort, quoique personnellement frappé de la censure ecclésiastique pour son usurpation & pour beau-coup d'autres excès, éclairé par l'horreur de l'abîme qui s'ouvroit devant lui, il rendit le même hommage que Guillaume I & Guillaume II à la lé-

Acte du 30 Déc. 1127, aux annales de Baronius, tom. XII, sous mêm. an, pag. 173 & suiv.

Bulle du 27 Juillet 1139, sous même an, pag. 278 & suiv.; Et défense de la monarchie de Sicile par Ellies-du Pin, part. II, pag. 60 & suiv.

Lettres de Guillaume I en Juin 1156, Baronius, même tom. que cy-dessus, pag. 395 & suiv.; Et pag. 531, 605 & 675.

Traités & lettres, Rymer tom. I, pag. 66 & suiv., ou 21 & suiv.; Et Baron., mêm. tom. que cy-dessus, pag. 802 & suiv.

Même jugement ou avis que cy-dessus; Et extrait de testa-

gitimité des droits du St Siège, en ordonnant par *son testament* qui est public, que l'Impératrice Constance sa femme & son fils Frédéric II qui étoit l'unique fruit de leur mariage, seroient *tenus de satis-faire à tous les devoirs* & même *au cens annuel auxquels les Roix précédens avoient été obligés envers le Pape & l'Eglise Romaine*, qu'ils leur donneroient les mêmes sûretés *d'obéissance & de fidélité* que ces Princes, & qu'après qu'ils se seroient réciproquement succédés, *s'il arrivoit qu'ils mourûssent tous deux sans postérité, le Royaume retomberoit au pouvoir du St Siège*; Et depuis cette époque, sa supériorité féodale sur le Royaume entier est établie par une foule d'actes si solemnels, qu'il n'y en a point de plus solides, ni de droits plus légitimes. Les concessions ou in-féodations postérieures (faites successivement à Edmond second fils du Roi d'Angleterre Henri III & à Charles Comte d'Anjou l'un des frères du Roi St Louis ou à d'autres Princes) & les investitures qui les ont suivies, ont été chargées d'un plus grand nombre de clauses que les premières, mais sans que les impétrans ayent eu lieu de s'en plaindre avec fondement, parce qu'on ne peut raisonnablement contester à un suzerain qui in-féode une portion de son domaine le droit d'apposer les conditions qu'il veut à un acte qu'il est le maître de faire ou de ne pas faire. A plus forte raison, auroit-on mauvaise grace de s'élever contre des dispositions qui ne tendent qu'à allier l'amour, la soumission & la fidélité dûs au Prince, avec la liberté des sujets, la conservation des privilèges de chaque ordre, le soulagement du peuple, la sûreté du commerce, une exacte balance dans l'administration de la justice & le repos général du pays, en pourvoyant par un chef-d'œuvre de sagesse à toutes les parties du gouvernement & à tous les cas possibles. Tel a été incontestablement l'esprit du St Siège dans toutes les bulles, constitutions ou loix & remontrances qui en sont émanées relativement au Royaume de Sicile; Et il ne peut ni en avoir d'autre sans vouloir follement se renverser lui-même (ce que nul homme de bon sens ne supposera), ni jouir de moins de facultés qu'un seigneur particulier n'en a dans sa terre, lorsque la constitution ou les coûtumes du pays qu'il habite & les loix du Prince, lui permettent d'in-féoder & lui laissent la liberté d'imposer les conditions qu'il veut. Ces principes établis, il est facile de pénétrer la cause des deux ères différentes qui se trouvent dans les actes publics de Frédéric II par rapport aux années *de son empire* & à celles *de son règne en Sicile*, tandis que l'ère *de son règne de Jérusalem* y est uniforme.

ment. Baronius même tom., pag. 874.

Lettres & bulle des 6 Mars & 14 Mai 1254, Rymer tom. I, pag. 502 & 512, ou 178 & 182; Item Rayn. sous 1255, n° 8 & suiv.; Et autres des 25 Avril & 21 Mai 1264, sous même an, n° 10 & 15.

Exemple, constitution du 17 Sept. 1285, Rayn. sous même an, n° 29 & suiv.

Il suffit d'être médiocrement versé dans la lecture des monumens qui peuvent servir de fondement à l'histoire générale de l'Europe depuis la fin du douzième siècle jusqu'au milieu du siè-

Cause des deux manières différentes de compter les années de l'empire

de Frédéric II. cle ſuivant, pour y découvrir facilement les circonſtances propres à réſoudre la difficulté qu'on s'eſt propoſée à l'égard des deux époques différentes *de l'empire de Frédéric II & de ſon règne en Sicile.* Frédéric II avoit à peine *deux ans*, lorſque l'Empereur Henri VI ſon père l'avoit fait élire Roi des Romains, en employant beau-coup de moyens illicites pour obtenir ou arracher les ſuffrages des Princes de l'Empire, & pour les engager ou les forcer, non ſeulement à s'attacher par des ſermens au berçeau d'un Roi d'âge ſi tendre, mais à en donner *des lettres de reconnoiſſance munies de leurs ſçeaux.* Rien n'étant ſi contraire aux diſpoſitions de toutes les loix eccléſiaſtiques ou civiles que la ſéduction & la violence, Henri ſentit par réflexion que ſon ouvrage ne ſe ſoutiendroit qu'avec peine, & prévint prudemment les atteintes dont il étoit ſuſceptible. Il *releva lui-même les Princes des ſermens qui les lioient*, & leur fit rendre leurs lettres & leurs ſçeaux. Une nouvelle élection plus régulière que la première, en répara le vice, & n'eut pas une iſſue plus heureuſe. Henri mourut avant que Frédéric fût ſorti de l'âge d'enfance, & capable de monter ſur un trône *qui ne ſouffre point de minorité.* Les Princes de l'Empire s'étant partagés preſque auſſi-tôt entre Othon de Brunſwick & Philippe de Souabe qui étoit frère de Henri & conſéquemment oncle paternel de Frédéric, après beau-coup de négociations, de troubles & de ravages, les trois cauſes furent portées à Rome par les parties intéreſſées qui ne s'accordèrent que ſur ce point de droit public, & n'épargnèrent rien pour faire valoir leurs prétenſions reſpectives. Un jugement réflêchi dans ſes principes & dans ſes conſéquences, dès-intéreſſé dans ſon objet & auſſi concis que ſage & juſte dans ſon diſpoſitif, prononça que *l'élection d'Othon pouvoit ſeule ſubſiſter*, comme *ſeule conforme aux loix de l'Empire*; Et Othon fut ſucceſſivement reconnu pour *Roi des Romains*, & couronné *Empereur.* D'illuſtres brigands Allemands qui avoient été attachés à Henri VI & qui s'étoient emparés de pluſieurs parties de ſes pays héréditaires ſous prétexte de les conſerver à Frédéric, ne laiſsèrent pas de lui donner le titre de *Roi des Romains* en un grand nombre de lettres publiques expédiées ſous ſon nom & ſous ſon ſçeau depuis la déciſion du St Siège, au lieu d'être aſſés judicieux pour reconnoître que l'Empereur leur maître s'en étoit abſtenu lui-même juſques dans ſon teſtament où il ne l'appelle que *nôtre fils Frédéric*, & ne pouvoit employer un autre traitement à ſon égard, puiſque l'élection n'étoit point confirmée, ni Frédéric en âge d'être couronné; Mais comme ſa perſonne étoit heureuſement entre les mains d'un Légat extra-ordinaire ſous la protection du St Siège *qui lui ſauva plus d'une fois la vie même contre des attentats de Philippe de Souabe* ſon

Jugement ou avis du St Siége, Rayn. ſous 1200, n° 27 & ſuiv.; Et Fal. tom. I, pag. 697 & ſuiv.

Même jugement ou avis.

Même jugement ou avis.

Même jugement ou avis.

Bref à Frédéric juſtificatif de la conduite du St Siège durant ſa minorité, Rayn. ſous 1226, n° 3 & ſuiv.; Item DuCheſne, tom. V, pag. 887 & ſuiv. où il eſt préſenté à tort comme écrit à Pierre III Roi d'Aragon; Et conciles, édit. de 1671, tom. XI, part. 1, col. 351 & ſuiv.

Même bref à Frédéric.

ſon propre oncle, élevé dans des principes conformes à l'honnêteté publique, dès qu'il fut parvenu au tems d'uſer de ſon autorité, il ſe renferma dans les bornes du droit. Remis ſur le trône de l'Empire après la chûte d'Othon par une nouvelle élection qu'il reconnut cent fois *ne devoir qu'aux bontés du St Siège*, il joignit dans ſes actes publics la mencion *de ſon nouvel avènement à ce trône* aux années *de ſon règne en Sicile*, reçût *à Rome la couronne Impériale* des mains d'Honorius III le 22 Novembre de l'an 1220, compta alors les années *de ſon empire* avec celles *de ſon règne en Sicile*, & conſerva ce ſtyle juſqu'à l'inſtant où il s'éleva autant contre l'ordre public que contre la puiſſance eccléſiaſtique. Dans le deſſein de ſe diſſimuler (s'il l'eût pû) les obligations qu'il avoit au St Siège, ſon imagination dèsréglée le porta à anticiper en quelque ſorte la date de *ſon couronnement*; Et à cette époque véritable des années de *ſon empire*, il ſubſtitua celle des années *de la mort d'Othon* comme s'il lui eût ſuccédé dans un héritage, quoiqu'il l'eût antérieurement réputé très légitimement précipité du trône, & qu'il n'eût obtenu ſa place qu'à force de *ſoumiſſions*, de *promeſſes* & de *ſermens*. Le cœur humain eſt ſujet à ces humiliantes viciſſitudes, lorſqu'il ne ſuit que le mouvement de ſes paſſions. Rampant dans le deſir, rien n'égale ſon orgueil après le ſuccès.

Lettres de Frédéric, Rayn. ſous 1213, nº 23; Et autres ſous 1219, nº 7 & ſuiv. &c.

Bref au Cardinal Evêq. d'Albano Légat en Paleſtine, ſous 1220, nº 21; Et autre du 4 Janv. 1221, ſous 1220, nº 23.

Mêmes lettres de Frédéric que cy-deſſus; Item pragmatique ſanction du 22 Nov. 1220, nº. 24; Et authentiques de Frédéric.

La conduite que Frédéric tint dans ſon Royaume de Sicile & ſa double manière d'y compter les années *de ſon règne*, juſtifièrent une ſeconde fois la vérité de ce principe de raiſon & de mœurs, & l'application qu'on en fait au reſſort ſecret de ſes actions. Après la mort de l'Empereur Henri VI ſon père, comme l'Impératrice Conſtance ſe montroit auſſi docile à la loi ſubie par ſes prédéceſſeurs que Henri y avoit été rébelle en alléguant pour couvrir ſon injuſtice que la *dignité d'un Empereur lui déſend de faire hommage à aucune puiſſance*, un des premiers actes du pontificat d'Innocent III fut d'accorder *le Royaume de Sicile & toutes ſes parties à la mère & au fils conjointement*, en conférant à Frédéric *le titre de Roi qu'il ne portoit point encore*, & en impoſant pour conditions de cette faveur que *l'Impératrice ſe rendroit à Rome en perſonne* (lorſqu'elle en ſeroit requiſe) pour y faire l'*hommage de vaſſal qu'elle devoit au St Siège en ſon propre nom*; Que quand Frédéric ſeroit parvenu à l'âge preſcrit par les loix pour jouir des droits de la couronne, il *ſatis-feroit auſſi perſonnellement au même devoir*; Et que les deux impétrans & leur poſtérité *payeroient annuellement le cens ſtipulé par les premières conceſſions* (ou in-féodations), à moins qu'*un empêchement légitime ne les en diſpenſât de droit*; Mais que dans ce cas, *l'obſtacle ceſſant*, *le*

Cauſe des deux ères différentes de ſon règne en Sicile.

Bulle de conceſſion à Conſtance & à Frédéric, Rayn. ſous 1198, nº 67, & Bal. tom. I, pag. 241 & ſuiv.; Et jugement ou avis du St Siège, dès-jà cité pag. 32.

cens & ses arrérages seroient acquittés en entier. Constance reçût cette loi avec autant de signes de reconnoissance que de preuves de sa docilité, *& en jura l'observation* entre les mains d'un Légat extra-ordinaire que le Pontife avoit chargé d'aller recevoir ce serment avec *celui de fidélité qu'elle devoit faire dès ce moment.* Il en fut dressé deux actes uni-formes qui furent sçellés l'un du sçeau Apostolique en plomb pour rester entre les mains de Constance, & l'autre du sçeau Impérial & Royal en or pour être déposé dans les archives du St Siège où il s'est conservé; Et Innocent fit expédier une bulle de concession dans laquelle tous les faits précédens sont articulés avec exactitude. La même Princesse mourut; Et Frédéric demeuré seul décoré de la couronne sous la tutelle du St Siège, ne fit que continuer l'usage de son premier attribut. Quand il se fut mis sur les rangs pour remonter sur le trône de l'Empire dont il n'avoit point joui, par une suite de la juste crainte qu'a tous-jours eu le St Siège de voir les deux couronnes confondues ou l'une asservie à l'autre, Innocent III exigea de lui une promesse de *céder celle de Sicile au Prince Henri son fils, aussi-tôt qu'il seroit lui-même couronné Empereur;* Et c'est à cette loi qu'il avoit obéi par la bulle Impériale qu'il fit expédier le 1 Juillet de l'an 1215 pour témoignage solemnel de l'engagement qu'il contractoit. Il ne l'en viola pas moins que ses autres sermens; Et après sa révolte contre l'ordre public, il ne voulut plus *avoir régné conjointement avec l'Impératrice sa mère*, mais seulement *depuis la mort de cette Princesse*, comme si un fait aussi constant & aussi notoire qu'étoit celui-là, avoit dû disparoître de la classe des réalités pour passer dans celle des chimères, parce que la réalité humilioit son orgueil & lui en reprochoit la démence. Alors il compta ses années du 27 Novembre de l'an 1199, *jour de la mort de sa mère*; Et c'est la raison pourquoi, au mois de Décembre de l'an 1235 il n'étoit plus que dans *la trente-septième année de son règne en Sicile*, après avoir dès-jà compté le même nombre *quinze mois au par-avant.* Quant à la couronne de Jérusalem, il en avoit dès-pouillé Jean de Brienne qui la possédoit du chef d'une héritière de cette couronne qui avoit été sa première femme. Il n'étoit resté de leur mariage qu'une fille, nommée *Yoland de Brienne.* Frédéric avoit été aussi marié en premières nôces avec une sœur de Pierre II Roi d'Aragon & de la femme du Comte Raymond VII qui étoit par-là son beau-frère. C'est relativement à ce nœud, que dans son édit & dans ses autres lettres Impériales il l'appelle *son cher parent d'affinité.* Devenu veuf de cette Princesse, il épousa en secondes noces Yoland, pour *en être plus empressé* (disoit-il) *de satisfaire à un vœu* qu'il avoit fait plusieurs années au par-avant *de marcher au secours*

Même bulle de concession ou investiture que cy-dessus; Et brefs à la suite.

Même bulle de concession ou investiture.

Bref de consolation à Frédéric, Rayn. sous 1199, n° 1, & Bal. tom. I, pag. 323; Et autres, avant ou à la suite.

Bulle Impériale du 1 Juill. 1215, dès-jà citée pag. 25.

Bref au Comte de Fondi, Bal. tom. I, pag. 322 & suiv.; Et autres à la suite.

Bref à Philippe-aug. du 23 Avril 1209, tom. II, pag. 313 & suiv.

Autre à Pierre II Roi d'Aragon, du 26 ou 27 Mars 1208, pag. 140; Et autre à la suite.

Bref au Roi d'Angleterre, Rym. tom. I, pag. 267 & suiv, ou 91; Et autre à

de la Terre-sainte avec un corps de troupes capable d'en chasser tout-à-fait les Sarazins. En concluant ce mariage, il s'obligea de laisser à son beau-père le titre de *Roi de Jérusalem* avec le Royaume (ou pour mieux dire) avec ce qui en restoit pour lors aux chrétiens, & le força presque aussi-tôt d'y renoncer. Le Pape Honorius III sous qui se passa cette scène barbare, lui en fit vainement les remontrances que lui dictoient l'amour de l'ordre & le devoir Apostolique. Il y fut sourd, & n'a jamais varié dans le calcul des années de son usurpation, non plus que dans le ferme propos d'en retenir le fruit.

Philippe-auguste, Rayn. sous 1223, n°. 1 & suiv.; It. bulle de dispense, n° 7. Et bref justificatif, dès-jà cité.

Mêm. bref; Et autre du 27 Janvier 1227, sous même an, n° 2 & suiv.

De tous les écrivains qui ont parlé des faits qu'on n'a qu'effleurés (soit ceux que le préjugé & le défaut de critique appellent souvent à tort *historiens contemporains*, soit ceux que le bel-esprit ne traite que de *compilateurs*), il n'y en a pas un seul chez qui ils ne forment un cahos de contradictions impénétrables, tandis que l'histoire doit être une source de lumières pour l'esprit & de leçons pour les mœurs. Un écrit qui est connu sous le nom de *Chronique du monastère de Fossa-nuova* dans le territoire de Rome, un autre qu'on attribue à un *Albert Abbé de Stade* dans l'Archevêché (au jour-d'hui Duché) de Brême & Baronius à la tête des modernes, s'accordent tous (celui-ci sur la foi des autres) à placer la mort de l'Empereur Henri VI *le 28 Septembre de l'an* 1197, & celle de l'Impératrice Constance *le 27 Novembre de l'an* 1198. Ils peuvent avoir raison quant au premier de ces deux faits, que l'on n'a point discuté, parce qu'il importoit peu à l'objet qu'on a eu en vûe. Pour le second, il est évidemment erroné; Car si Constance étoit morte le 27 *Novembre de l'an* 1198, au mois de Décembre de l'an 1235 Frédéric auroit été dans la *trente-huitième année de son règne en Sicile*, comme il y étoit réellement en continuant la première manière qu'il suivoit quinze mois au par-avant, c'est-à dire en partant du jour de l'investiture accordée à sa mère & à lui par le Pape Innocent III, jour évidemment peu postérieur à celui du couronnement de ce Pontife qui se fit le 22 Février de la même année 1198. La bulle de concession ou d'investiture est sans date; Mais outre qu'elle se trouve dans le premier registre du pontificat d'Innocent III qui se compte du même jour 22 Février 1198, il falloit au moins que l'ère suivie dans l'édit du mois de Septembre 1234 eût sa révolution annuelle avant le même mois, puisque sans cela Frédéric n'auroit été pour lors que dans la *trente-sixième année de son règne en Sicile;* Et d'ailleurs l'affaire de la concession ou investiture étoit trop essencielle, pour que Constance eût négligé de la faire mettre en règle aussitôt que le St Siège avoit été rempli. Baluze n'a pas douté qu'un bref qui porte que Constance mourut un 27 *de Novembre*, ne

Erreurs de divers écrivains sur plusieurs faits essenciels.

Annales de Baronius, tome XII, pag. 872.

Rayn. sous 1198, n° 12.

Rayn. sous même an, n° 67; Et Bal. tom. I, pag. 241 & suiv.

Bref au Comte de

Fondi, dès-jà cité pag. 34.

fût de l'an 1198, parce qu'il se trouve aussi dans le premier registre du pontificat d'Innocent III, & n'a pas fait attension que ce premier registre (tel qu'il existe au jour-d'hui dans les archives du St Siège à Rome) n'est qu'une compilation comme celui qui est intitulé *Registrum de negocio Romani Imperii*, & qu'ils contiennent tous deux beau-coup de pièces qui sont visiblement de tems différens. L'écrit attribué à *Albert Abbé de Stade*, un autre qui porte le nom de *Conrad Abbé d'Utsberg* en Souabe & tous leurs copistes ou leurs semblables, placent également la mort d'Othon de Brunswick le 19 *Mai de l'an* 1218; Mais la seconde ère Impériale suivie par Frédéric, montre seule qu'Othon ne peut être mort que *depuis le 1 de Janvier de l'an 1219 jusqu'au mois de Septembre de la même année*; Sans quoi (selon cette ère) au mois de Décembre de l'an 1235, Frédéric auroit été dans *la dix-huitième année de son Empire*. Quelques compilateurs peu éclairés (dans le nombre desquels est l'historien de Languedoc), ont trouvé des actes d'ères différentes tels que ceux qui ont occasionné la présente discussion, & ont été probablement embarassés de les accorder les uns avec les autres; Et pour lever la difficulté qui les embarassoit, ils ont imaginé de *réformer les dates de la seconde espèce*, & de les ajuster *à la première manière que Frédéric avoit suivie d'abord*. Ils auroient mieux fait de les laisser telles qu'ils les trouvoient, & de chercher la cause de cette différence, s'ils avoient reçû de la nature l'esprit de discussion & de combinaison. L'historien de Languedoc voulant absolument que la première concession du Vénaissin que contient l'édit du mois de Septembre 1234, ait été une *restitution* d'équité que Frédéric II n'auroit pû refuser à Raymond VII sans injustice, affirme hardiment avec un autre barbouilleur (qu'il traite d'*habile critique*) que Frédéric étoit encore dans la meilleure intelligence avec le Pape Grégoire IX non seulement au mois de Septembre 1234, mais au mois de Décembre 1235, & (sur le fondement de quelques titres visiblement défectueux ou mal combinés) fait entendre que Raymond demeura dans la province une grande partie de l'intervalle de ces deux époques. Au lieu de juger de la prétendue union de Grégoire IX avec Frédéric par les yeux de son *habile critique*, il auroit dû examiner par les siens propres le fait dont il s'agit; Et si sa prévension ou la passion ne l'avoient point aveuglé, il auroit vû que son *habile critique* étoit dans l'erreur. La diversité des deux ères employées par Frédéric dans les deux tems différens, suffit pour démontrer combien l'autorité du *critique* est peu solide. Dans l'intervalle des deux mêmes époques, il y a des brefs de Grégoire IX à Frédéric où ce Pontife le traite *de très cher fils* comme dans les

Exemples, Baluze tom. I, pag. 337 & autres.

Rayn. sous 1218, n° 37.

Exemple, bulle Impériale de Frédéric II en faveur de l'Evêque & chapitre de Viviers, aux preuv. du tom. III de l'hist. de Lang., col. 374 & suiv.; Et trésor des chartes; sac étiquetté Viviers.

Mém. tom. de l'hist., pag. 399 & suiv.; Et note XXIX, pag. 584 & suiv.

Même tome & même note.

Exemple, bref du 1 Août

les momens de leur plus étroite union; Mais le *critique* & l'historien qui le copie, devoient savoir que le style Apostolique ne change qu'après que les personnes à qui les brefs s'addressent, ont été frappées de la censure. A l'égard des actes dont s'appuie l'historien, il faut bien que les dates en ayent été mal lûes ou mal vûes; Car si Raymond n'avoit passé en Italie & en Alsace que pour y faire *sa révérence* à Frédéric II & si dans l'intervalle de ses deux voyages il s'étoit tenu oisif à Toulouse ou ne s'y étoit occupé qu'à *louer* ou *approuver* quelques *actes monastiques*, il n'auroit nullement mérité les éloges emphatiques dont le comble Frédéric dans son édit & dans ses lettres Impériales, & encore moins les *adroites libéralités* qu'y joint *sa bénigne munificence*. Il seroit d'ailleurs assés difficile de trouver un autre jour pour y placer les services que Frédéric avoit reçûs de Raymond, & ceux qu'il se promettoit encore de son *dès-intéressement*.

Août 1235, Rayn. sous mêm. an, n° 10.

Une autre erreur de l'historien de Languedoc qui est beaucoup plus grave que les précédentes, plus liée avec le sujet de la présente discussion & plus importante à son objet, c'est d'avoir embrassé l'absurde opinion de quelques écrivains dont l'imagination chimérique appuyée d'une étymo-logie à la manière du docte Mesnage, a supposé qu'il y avoit *dans le Royaume d'Arles & de Vienne* une certaine étendue de terrain qu'on appelloit *le Marquisat de Provence*, & en a fait la glèbe du titre de *Marquis de Provence* que portoient les Comtes de Toulouse Raymond VI & Raymond VII & quelques-uns de leurs auteurs, tandis que le texte de l'édit du mois de Septembre 1234 démontre évidemment qu'elle n'étoit (comme la Pairie en France) qu'un titre de *dignité personnelle* quoiqu'en même tems héréditaire, sans assiette particulière sur aucune autre glèbe que les fonds que le seigneur revêtu de cette dignité possédoit sous la mouvance du souverain (quels qu'ils fûssent), & seulement accompagnée de quelques prérogatives que les loix ou la volonté du Prince étendoient souvent sur toutes les porcions du domaine tenu de sa souveraineté. Il identifie même fréquemment ce prétendu *Marquisat* avec le *Vénaissin* qu'il dilate ou resserre selon le besoin qu'il a de bornes plus ou moins étendues pour concilier son systême avec les monumens que ses préventions ou sa parcialité emploient pour le soûtenir; Et rempli de cette vision qu'elles lui réalisent, en traduisant l'édit du mois de Septembre de l'an 1234 il y fait dire à Frédéric qu'il avoit reçû le serment de Raymond *pour la porcion de l'Empire que Raymond possédoit*, lorsque l'esprit & la lettre de ses expressions signifient qu'il avoit reçû ce serment *au nom du corps de*

Mauvaise foi de l'historien de Languedoc, & faux jugement qu'il porte des vûes du Pape Gregoire IX au sujet des terres que réclamoit Raymond VII.

Edit ou bulle Impériale, dès-jà citée pag. 24.

Exemple, lettres pat. de Philippe de Valois pour les Comtés de Nevers & de Rethel & Baronie de Donzy, au tom. III de l'hist. des grands offic. de la couronne, pag. 194 & suiv.

Hist. de Langued., tom. III, pag. 400.

l'Empire comme cela se pratique encore au jour-d'hui dans tous les sermens que l'Empereur reçoit en sa qualité de chef suprême de ce grand corps. Le texte de l'édit qu'on a cité, est une preuve suffisante de la vérité de cette assercion. Quant à la traduction qu'en fait l'historien, on croit n'avoir pas besoin de la combattre. Elle est trop évidemment vicieuse & condamnée par le style ordinaire de tous les actes publics soit Latins, soit même François, émanés de la puissance ecclésiastique ou de la puissance séculière ([a]). Il paroît qu'il a connu les lettres Impériales & le rescrit du mois de Décembre 1235, puisqu'il *les cite*; Mais il s'est bien gardé de les insérer parmi les pièces propres à étayer le texte de son histoire, quoiqu'il y ait donné place à la charte du 3 Juillet 1236 qui n'en est qu'une suite peu intelligible si la première n'en éclaircit les obscurités, & que souvent il ait assés gratuitement grossi sa collection d'un grand nombre d'actes particuliers qui en avoient dès-jà grossi d'autres avec aussi peu d'utilité. Son systême n'auroit point soutenu la confrontation d'un témoignage qui le foudroie, malgré son opiniâtreté à le défendre. Le silence s'accordoit mieux avec l'esprit de prévension qui domine dans toute son œuvre. Il n'en faut pour preuve qu'une réflexion qu'il fait au sujet d'un bref où le Pape Grégoire IX marque à Raymond qu'il ne pouvoit *se dessaisir des terres que réclamoit Raymond*, parce qu'elles étoient *revendiquées par d'autres* qui prétendoient *y avoir plus de droit que lui.* » On est en peine de savoir (dit-il) » qui étoient ceux qui pouvoient avoir des *prétensions* sur le » *Marquisat de Provence*, au préjudice *des droits légitimes & in-* » *contestables du Comte Raymond sur ce pays.* Les uns prétendent » que c'étoit Aymar Comte de Valentinois en faveur duquel » le Pape avoit *dès-membré ce Marquisat*, en lui donnant en » fief soixante & treize ou soixante-seize villes ou châteaux » qui en dépendoient. D'autres veulent que Raymond-Béren- » ger Comte de Provence qui étoit alors en guerre avec Ray- » mond, s'opposoit à cette restitution; Mais *supposé que l'un* » *ou l'autre de ces deux Comtes ou tous les deux ensemble ayent* » *formé en effet quelque difficulté là-dessus*, c'étoit SANS AUCUN » FONDEMENT APPARENT. Pour nous, *nous croirions* BIEN PLUS » VOLONTIERS *que le Pape, dans l'espérance de se maintenir en* » *possession d'un domaine si considérable*, FEIGNIT *lui-même ces dif-* » *ficultés pour traîner l'affaire en longueur.*

Mém. hist. & mém. tom., pag. 406.

Aux preuves du même tom., col. 376 & suiv.

Même hist. & mém. tom., pag. 396.

Soupçon d'altération dans un bref

Sans toucher au fond de la contestation que l'historien n'a pas mieux entendue que les écrivains qu'il censure, ni oppo-

([a]) Le texte de l'édit est: *Recepto ab eo* PRÒ PARTE IMPERII *fidelitatis & homagii juramento &c*; Et pour preuve du contre-sens de la traduction, il ne faut que ces mots, en Latin: *Oblata nobis* PRÒ PARTE TUA *peticio continebat &c*, & en François: POUR LA PARTIE D'UN TEL *nous a été remôntré &c.*

ſer à ſon arrêt des monumens qu'il cite lui-même & dont l'autorité eſt un peu moins équivoque que la ſienne, on ſe contentera d'admirer en paſſant la modération d'un des zélateurs de l'ancienne diſcipline de l'Egliſe (& qui devoit l'être également de la ſub-ordination de ſes membres), de n'avoir pas dit nettement que le Pape Grégoire IX *n'en vouloit qu'au bien d'autrui;* Car lorſque par d'autres brefs addreſſés au Roi St Louis, à la Reine Blanche (mère de ce Monarque) & au Comte Raymond même, Grégoire leur proteſtoit qu'il n'entendoit nullement *s'approprier les terres que Raymond réclamoit* & qu'il n'y entretenoit des garniſons que *pour empêcher l'hétéro-doxie & le brigandage d'y trouver un nouvel aſyle au préjudice du repos public*, l'hiſtorien auroit pû l'arguer d'*hypo-criſie* & de *fourberie*, ſans craindre de fournir des armes à la philo-ſophie moderne contre l'état qu'il avoit embraſſé & contre les dogmes que ſans doute il profeſſoit ſincèrement. En effet autant qu'elle eſt éloignée du triomphe dont ſe flatte vainement ſon orgueil, autant en ſeroit-elle voiſine, ſi le chef de l'Egliſe ou des officiers ſoumis & dociles qui n'agiſſent que par ſes impreſſions, étoient des ambicieux inſatiables de domination comme de richeſſes, tous-jours prêts à allumer le feu de la diſcorde parmi les hommes & les ennemis jurés des trônes temporels; Mais heureuſement le St Siège eſt en état de prouver d'un côté que ſa conduite a tous-jours été auſſi droite que ſa morale eſt pure (de l'aveu même des écrivains de nôtre tems qui connoiſſent le moins de frein), & de l'autre qu'une grande partie de l'Europe lui doit l'avantage d'être policée & éclairée, les plus puiſſans états la ſub-ordination qui y règne, preſque tous les peuples l'affranchiſſement de la ſervitude & de la barbarie où ils gémiſſoient avant le ſiècle d'Innocent III & de Philippe-auguſte (peut-être depuis les premiers tems de la population), & pluſieurs couronnes *leur indépendance.* Le bref qui a produit la réflexion de l'hiſtorien, porte expreſſément que le pays que réclamoit Raymond, étoit le *Vénaiſſin* qui y eſt appellé en Latin *terra Venaſcenſis*; Mais comme il eſt le ſeul acte du tems qui contienne une déſignation ſi expreſſe, cette diſſonance n'eſt qu'un motif pour y ſoupçonner au moins de l'altération, quoiqu'il ait été imprimé en la même forme par les ſoins des P. P. Labbe & Gabriel Coſſart Jéſuites, ainſi que par ceux du P. Luc d'Achery Bénédictin ou de ſon continuateur, & encore par ceux d'Honoré Bouche l'hiſtorien de Provence. Celui-ci eſt le premier qui l'ait mis au jour. Les autres n'ont fait que le copier. Il pourroit bien auſſi l'avoir ſuppoſé ou du moins en avoir corrigé le texte, pour n'avoir pas aſſés peſé les lettres Impériales & le reſcrit du mois de Décembre 1235 qu'il rapporte lui-même, &

qu'il cite, & erreur de Leibnitz.

Brefs à St Louis, à la Reine Blanche & à Raymond du 4 Mars 1231, aux tom. XI des conciles, édit. de 1671, part. I, col. 361 & ſuiv.; et ſpici-lège, édit. de 1723, tom. III, pag. 603 & ſuiv.

Lettres du Roi Louis VIII & du chapitre d'Orléans en Janv. & Fév. 1224, theſaurus anecdotorum, tom. I, col. 914 & ſuiv.; It. bref à Philippe-auguſte, Rayn. ſous 1201, n^e 26 & ſuiv.; Et Bal. tom. I, pag. 717.

Conciles, édit. de 1671, tom. XI, part. I, col. 365 & ſuiv.; It. ſpici-lège, tom III, pag. 606; Et hiſt. de Provence tom. II, pag. 1065.

Mém. hiſt. & mém.

tom., pag. 1065 & suiv.

Acte du 20 Juin 1209, dès-jà cité pag. 21; Et autre de Mai 1251, à citer cy-après.

Bouche, mém. hist. & mém. tom. que cy-dessus, page 1069 & suiv.

Bref du jour, au tom. II du Codex juris gentium intitulé Mantissa ou supplément, page 244; Et préface du mêm. tom., pag. 8.

n'avoir point vû qu'il ne pouvoit être question du Vénaissin avant que Frédéric II eût octroyé à Raymond VII le droit de seigneurie territoriale qu'il vouloit y exercer, mais seulement de quelques autres terres situées dans le *Royaume d'Arles & de Vienne* (selon le texte de l'édit) c'est-à dire en Provence ou dans les environs de cette province & dans le Dauphiné, telles que la châtellenie de Mornas que le Comte Raymond VI n'avoit possédée que par *usurpation* & qui ne laissa pas de faire partie des fonds de la succession de Raymond VII. Un certain air d'adulation que respire le livre entier de cet écrivain Provençal, le moment où il l'a publié, la nature même de cette raps'odie & quelques expressions non conformes au style des actes du tems, tout autorise à compter peu sur la fidélité de la pièce. Leibnitz rapporte un bref du 1 de Mai de la sixième année du pontificat de Clément V (c'est-à dire de l'an 1309), qui fait voir clairement qu'on regardoit pour lors *le Royaume d'Arles* comme tout-à fait *différent de celui de Vienne*, & en a conclû que c'est à tort que postérieurement *on les a confondus en un seul*; Mais c'est lui-même qui a été dans l'erreur, pour n'avoir pas connu l'édit du mois de Septembre de l'an 1234, ou quelque autre monument pareil & de même âge. S'il lui étoit tombé entre les mains une partie de ceux qu'on a eus, il auroit vû qu'ils s'accordent tous à ne faire qu'un *seul Royaume* des provinces d'Arles & de Vienne & de celles qui y étoient jointes; Et d'autres actes postérieurs lui auroient appris que la *distinction* de deux Royaumes au lieu d'un seul, n'a été qu'une des suites de la longue an-archie que l'Empire éprouva après la déposition de Frédéric II & sous ses premiers successeurs. De cette discussion il est tems de passer à celle de la charte qui la rendoit nécessaire.

Premiers articles du traité de Raymond VII avec Pons Jarente & les autres seigneurs de Caderousse.

Charte du 3 Juillet 1236, en la collection des titres de Jarente, dès-jà citée pag. 2.

La charte rédigée le 3 Juillet de l'an 1236 par ordre du Comte de Toulouse Raymond VII en faveur de Pons Jarente & de ceux qui partageoient avec lui la seigneurie du bourg de Caderousse & de son ressort, est un acte vraiment syn-allagmatique. Deux parties sont présentes à la rédaction de cet acte; Et chacune d'elles y contracte son engagement. Il y est exposé du côté de Raymond que l'Empereur Frédéric II lui avoit *transporté la mouvance du lieu de Caderousse & de sa châtellenie* qui étoit avant ce transport une mouvance immédiate de l'Empire ou du Royaume d'Arles & de Vienne, & que c'étoit en conséquence du même transport que Pons Jarente & les autres seigneurs de Caderousse lui avoient *fait leur serment de féauté* ou de vasselage; Et de leur côté, ils ne le reconnoissent pour leur suzerain immédiat que sous de certaines conditions qui sont spécifiées dans l'acte. A l'exposé du titre sur lequel

étoit

étoit appuyée la nouvelle suzeraineté de Raymond, succède le détail des conditions du serment qui lui a été fait. Il ne se borne point à reconnoître solemnellement la puissance territoriale des seigneurs de Caderousse & les droits de *pleine juris-diction*, de *mère & mixte impère*, de *ressort* & de *contrainte*, dont ils jouissoient *de tems immémorial en matières civiles* ou *criminelles*, sur le bourg de Caderousse & sur tous ses habitans, *tant au dedans qu'au dehors dans toute l'étendue de la seigneurie*; Droits qui consistoient (selon la charte) dans la faculté de *recevoir les assûrances* (ou gages) de *duel*, de *statuer sur toutes sortes de demandes*, d'*absoudre & condamner*, de *créer les tuteurs des enfans mineurs*, d'*avoir & établir un notaire* avec un sçeau public alors appellé *bulle*, d'*interposer des décrets & des actes d'autorisation*, & généralement d'exercer tous les pouvoirs ordinairement compris sous les noms de *mère & mixte impère* & de *juris-diction*. Non seulement même il confirme ces droits *à perpétuité*, de manière qu'ils s'étendroient à l'avenir jusques *sur les forains qui contracteroient des engagemens dans l'étendue de la seigneurie ou qui y commettroient quelque délit*, & que tous les habitans du bourg (sans distinction d'état ou condition) seroient tenus de *comparoître devant les seigneurs de Caderousse* comme *leurs supérieurs immédiats*, pour répondre aux demandes qui leur seroient faites. Il s'engage en termes formels *à ne jamais céder à aucune personne de rang supérieur ou inférieur au sien, laïque ou ecclésiastique, le droit de suzeraineté que l'Empereur lui avoit transporté sur eux*; Et il consent que nulle reconnoissance féodale qui pourroit avoir été donnée *au Prieur de St Savournin* ou à tout autre par eux & par leurs prédécesseurs ou par aucun d'eux, ni nul accord qu'ils auroient fait avec ce Prieur ou autre, ne puisse à l'avenir lui être opposé ou à ses successeurs, *autant que la suzeraineté de l'Empereur ou la sienne y seroit intéressée*. Le Prieur de St Savournin dont il est ici question, étoit celui du monastère de l'ordre de Clugny qui subsiste encore sous le même vocable dans la petite ville actuellement appellée le *Pont-St Esprit*. Il avoit été plus anciennement le seigneur supérieur du bourg de Caderousse & par conséquent le suzerain des seigneurs territoriaux de ce bourg, & en possédoit le haut domaine avec le temporel & toutes les dépendances de son monastère sous le privilège de l'*alleud ecclésiastique* de l'abbaye de Clugny. Ces seigneurs s'étoient affranchis de sa mouvance, en s'unissant entr'eux par une confédération semblable à celles qui forment les nœuds de chaque canton Helvétique, & en la fesant ériger par les Empereurs en corps de *communauté* ou de *république*, avec attribution de tous les privilèges dont jouissoient les communautés érigées ou confirmées par le souverain; Et par-là ils

Même charte & même collection.

Bulle de l'an 949; au livre intitulé Bibliotheca Cluniacensis, col. 273 & suiv.; Et notice, aux preuv. du tom. VI du Gallia christ. col. 649; It. charte de l'an 1164, Guichenon, au livre intitulé Bibliotheca Sebusiana, page 336 & suiv.; Et aux preuv. du tom. II de l'hist. de Lang. col. 603 & suiv.

étoient devenus vassaux immédiats de l'Empire, sur ce principe de droit public que *toute communauté ou association séculière & toute espèce de fortification ou de défense (quels qu'en fussent les seigneurs territoriaux), ne devoient ni ne pouvoient être que sous les ordres de la puissance séculière.* Les Empereurs accordoient volontiers des graces de cette nature, parce que quelques redevances en étoient tous-jours le prix & une *augmentation de produit pour le trésor Impérial*; Mais la puissance ecclésiastique ne convenoit ni de la vérité d'un principe auquel on donnoit trop d'extension, ni de son application aux lieux qu'elle tenoit sous le privilège de son immunité ou qu'elle en frappoit, après avoir satis-fait aux conditions prescrittes par ses propres loix comme par celles de la puissance séculière, à moins que les églises n'eussent consenti volontairement & librement à l'établissement de la communauté; Et de cette diversité d'opinions sont nées presque toutes les guerres du sacerdoce & de l'empire. Nous soûtenions en France le même principe, en l'étendant moins que ne fesoient les Empereurs; Mais nos Roix se sont tous-jours conduits avec beau-coup plus d'équité & de sagesse que ces Princes. Lorsque le lieu étoit un véritable *alleud* qui ne reconnoît ni ne peut reconnoître de seigneur supérieur sans que sa nature en soit altérée, ils en acqueroient la co-seigneurie; Et l'exercice des droits seigneuriaux y devenoit mixte entre le souverain & le seigneur territorial, ecclésiastique ou séculier. C'est ce qu'on appelloit *paréage* ou *pariage*, & la source de tous ceux qui subsistent encore au jour-d'hui en plusieurs de nos provinces. Le Roi jouit du paréage avec le Prieur de St Savournin, mais en vertu de traités postérieurs à la charte de Raymond VII.

Exemples, dans Baronius, Raynaldi & autres, passim.

Exemples, en actes des 18 & 19 Juin 1209, Bal. tom. II, pag. 347 & suiv.; Et 367 & suiv.; It. autres au trés. des chartes, layette cottée Toulouse 1, n° 1; Et sac cotté Poitou 1, n° 93.

Exemples, Pamiers, Mende & autres; Et acte du 12 Sept. 1265, aux preuv. du tom. VI du Gallia chr., col. 308.

Autres articles du même traité, & conséquences qui en résultent pour le véritable état du Vénaissin avant l'édit & les lettres Impériales de Frédéric II.

Après que cette charte a réglé les premiers principes de droit public qui régiroient à l'avenir la seigneurie de Caderousse, elle pourvoit aux services auxquels les seigneurs de ce lieu seroient tenus envers le Comte Raymond VII, ainsi qu'à ceux des *gentils-hommes* qui possédoient des fiefs dans leur mouvance, & des *roturiers* dont les héritages étoient situés dans leur censive. La différence de ces deux conditions est marquée dans le texte Latin de la charte par les mots *milites* & *homines*. Dans le style des actes de même âge & des siècles précédens, le premier de ces termes désignoit tous-jours *un gentil-homme possesseur d'un fief*, & le second *un censitaire libre.* Cette différence s'exprimoit aussi souvent par les mots de *vassal* & de *tenancier*, sur-tout quand ils s'opposoient l'un à l'autre. Les seigneurs de Caderousse avoient donc en ce moment pour sujets des *gentils-hommes* comme des *roturiers*. » Quand les seigneurs de Cade-» rousse, leur *noblesse* & leurs *censitaires*, tiendront les assemblées

Même charte que cy-dessus en la collection

» générales qui se nommoient *plaids* ou auront guerre (continue le texte de la charte), le Comte *s'y trouvera avec eux.* » Ces seigneurs & *leur noblesse en leur nom*, suivront le Comte » dans les chevauchées, *à ses frais & non autrement.* Les censitaires seront également tenus de l'y suivre *à leurs propres* » *dépens*, mais *une fois l'an seulement*, & *ne pourront être menés* » *plus loin que deux journées d'ost* (ou de marche) *dans l'Empire*, & *une dans le Royaume de France*, ni *retenus au de-là d'un* » *mois par le Comte ou par ses Baillifs.* S'il veut *les mener plus loin* » *ou les retenir plus long-tems*, la dépense demeurera *à sa charge.* » Il se réserve cette suzeraineté *pour le tems de sa vie*, & après lui » *à sa postérité légitime.* S'il meurt sans enfans nés légitimement, » les seigneurs de Caderousse & leurs successeurs à l'infini, leur » *noblesse* & leurs *censitaires*, seront *affranchis de la mouvance du* » *Comte, du serment qu'ils lui ont fait & des services qui leur sont* » *imposés à son profit*, sans que *la libéralité de l'Empereur à son* » *égard, sa suzeraineté sur eux, ni leur serment, les lient à un héritier* » *ou successeur d'un sang étranger, universel ou particulier;* Et ceux » de son sang même seront soumis à cette condition formelle » que les seigneurs de Caderousse ne soient *nullement liés en-* » *vers aucuns successeurs qu'il pourroit avoir, s'ils étoient de sang* » *étranger au sien.* » Il leur accorde enfin à perpétuité tout pouvoir de *vendre, échanger ou aliéner comme ils voudront & à son insçû, la totalité ou partie de leur juris diction, de leurs droits & de leurs biens*, dans toute l'étendue de la seigneurie, sans lui devoir nul droit de *trézein*, de *relief*, ni de *los*, ni *tomber en commise*; Et c'est sous ce corps de stipulations solemnelles qu'ils lui font leur serment, après avoir *autorisé un de ses notaires* (ou sécretaires) *à rédiger l'acte*, comme il l'y avoit autorisé de son côté. Rien de plus honorable sans doute pour les seigneurs de Caderousse que ce traité qui montre qu'en ce moment leur domaine de Caderousse & le Comté de Toulouse même différoient peu l'un de l'autre dans l'ordre féodal, étant également des mouvances immédiates, l'un *de l'Empire* ou *du Royaume d'Arles & de Vienne*, & l'autre *de la couronne de France;* Mais en même tems, rien de plus évidemment opposé aux idées qu'ont inspiré à l'historien de Languedoc ses préjugés ou sa passion. Aussi (de son aveu) ne *commence-t'on que vers ce tems-là à voir un Sénéchal du pays Vénaissin;* Marque certaine que la puissance territoriale de Raymond sur tout le pays n'étoit point antérieure aux privilèges Impériaux des mois de Septembre 1234 & Décembre 1235; Car c'est une vérité constante que les Sénéchaux étoient les premiers officiers dépositaires *de la pleine justice* en même tems que les chefs de la noblesse de leurs ressorts quand les Comtes n'y étoient point en propres personnes, & qu'ori-

tion des titres de Jarente citée pag. 2.

Au tom. III de l'hist. de Lang., note xlv, pag. 606.

ginairement les Comtes n'avoient sous eux (ainsi que les Sénéchaux mêmes) que des *Baillifs* qui étoient les vrais *Lieu-tenans des uns & des autres* ; Et comme les Comtes de Toulouse avoient dès-jà depuis quelque tems des Sénéchaux dans l'*Agénois*, l'*Albigeois*, le *Rouergue* & le *Quercy* (suivant la remarque que l'historien en fait lui-même & les monumens qu'il cite pour constater ce fait), ils en auroient eu également dans le pays Vénaissin, au lieu qu'on voit évidemment par la charte du 3 Juillet 1236 que le Comte Raymond VII n'y avoit encore dans ce moment que des *Baillifs.* » Les censitaires de Caderousse n'iront (dit-il) *en chevauchée* qu'une fois l'an *avec* » *nous ou avec nos Baillifs*, & durant le cours d'un mois «. Ces termes sont positifs. Il résulte aussi évidemment de tout le corps du traité qu'avant l'édit du mois de Septembre 1234, le Comte Raymond VII n'avoit pas même de *titre apparent* pour prétendre à la seigneurie territoriale du pays que Frédéric II lui transporte par cet édit & qu'il définit plus clairement par ses lettres Impériales & par son rescrit du mois de Décembre 1235. C'est tout ce qu'on s'est proposé d'établir.

Même histoire & même note que cy-dessus.

Sort du pays Vénaissin après le traité de Raymond VII avec les seigneurs de Caderousse.

Raymond reconnu pour suzerain par les seigneurs de Caderousse & par la plus-part de ceux que comprenoient avec eux les lettres Impériales de Frédéric II, commença pour lors à user ouvertement des droits de sa nouvelle suzeraineté sur le Vénaissin, en employant les insinuations ou la force selon ce que les circonstances lui permettoient ou exigeoient. Pour gagner ou s'attacher les seigneurs qui tenoient un rang distingué dans le pays ou les bourgeois des villes (de tout tems enclins à la nouveauté & à la dès-obéissance), il accorda aux uns des in-féodations, & aux autres des privilèges propres à flatter leur vanité & leur parcimonie. Il in-féoda ainsi à Guillaume de Baux Prince d'Orange le château & bourg de *Camaret* avec un autre château & leurs territoires & ressorts sous la seule réserve de la *suzeraineté* & des *chevauchées* que les vassaux devoient à leurs suzerains, & gratifia les habitans de la ville de l'*Isle* (qui n'étoit alors qu'une bourgade) d'une concession solemnelle de toutes les *libertés*, *franchises* & *immunités* dont jouissoient les cités les plus riches & les plus mutines. Dans le tems qu'il mettoit tous ses soins à tromper le Roi S Louis & la puissance ecclésiastique, il avoit soumis à l'arbitrage de ce Monarque son différend avec le Comte de Provence, & ne continuoit pas moins de faire la guerre à ce Comte, ni la ville de Marseille de lui résister. Celle d'Avignon ne lui étoit pas plus soumise, quoiqu'il en partageât tous-jours la seigneurie avec Raymond. Un commissaire Impérial étoit venu par ordre de l'Empereur Frédéric II *pour en prendre le gouvernement au nom de ce Prince*

Acte du 20 Mai 1237, aux preuv. du tom. III de l'hist. de Lang., col. 382.

Autre du 31 Juillet même an, en l'hist. de Provence d'Honoré Bouche, page 1066.

Actes de Févr. & Mars 1234, col. 365 ; It. autre du 24 Fév. 1239, col. 388 ; Et autre encore du 10 Nov. suiv., col. 391.

Faits enoncés en un

Prince & y rétablir la tranquillité publique, & s'étoit vû sur le point d'en être chassé ; Et Raymond, pour en-ivrer la bourgeoisie, s'en étoit fait élire *Podestà*. Il étoit encore alors sous le lien des censures, & ne s'en montroit que plus ardent à recommencer ses persécutions contre tous ceux qui résistoient à sa tyrannie, sans épargner ni le clergé inférieur ni la prélature qui éprouvent bien-tôt le même sort, lorsque les vrais principes sont éclipsés par l'erreur, & la voix de la raison étouffée par la passion. Sous l'abri du titre que Frédéric II lui avoit fait, il entreprit de rétablir des *péages* & des *droits de gabelle* auxquels son père avoit renoncé avec serment en reconnoissant *qu'ils ne lui étoient point dûs*, & non seulement refusa de rendre un hommage qu'il devoit à l'Archevêque & à l'église d'Arles, mais leur enleva la fameuse isle de *Camargues* qui fesoit partie de leur temporel. Le successeur de l'Evêque de Vaison que Raymond VI avoit emprisonné dans le cours des six derniers mois de l'an 1206, fut *chassé de sa ville épiscopale*, & celui de *Cavaillon* insulté dans une partie de ses possessions & de celles de son église. Raymond eut aussi le bonheur, dans ses projets de perversité, d'y rencontrer des facilités qu'il n'avoit pas droit de se promettre. Au mois d'Avril de l'an 1239, le Comte de Valentinois qui avoit été avec lui à *Haguenau* & qui participoit depuis long-tems à ses égaremens, aveuglé sur son propre intérêt comme sur sa gloire par la passion qui les dominoit tous deux, lui conféra volontairement *par oblation* la suzeraineté de plusieurs terres considérables qu'il avoit possédées jusques-là en *alleud* soit au de-là du Rhône soit en de-çà dans les limites du Royaume *sans en avoir jamais reconnu* (disoit-il) *aucun suzerain temporel*, s'en constituant *vassal & feudataire libre*, & avec promesse de l'en servir en cette qualité dans les assemblées de solemnité qu'on appelloit des noms de *plaids* ou *d'assises* & dans toutes les occasions de guerre qui se présenteroient à l'avenir; Et le 15 du mois de Mai suivant, l'Evêque de Carpentras lui fit serment *de fidélité* (au nom de *son église* & en celui de *ses successeurs*) tant pour *la cité de Carpentras* & pour son ressort, que pour quelques châteaux & bourgs qui étoient de son domaine ou dans sa mouvance, en lui promettant (avec les *chevauchées* ordinaires) le payement d'une certaine redevance annuelle qu'on appelloit *l'albergue*, & de lui faire *cortège* dans les solemnités ou dans les armées, quand il en seroit requis. Les faits qu'on a cy-devant établis, ne permettent point de douter que cette soumission de l'Evêque de Carpentras ne fût *un sacrifice fait à la paix*. Il y en avoit été fait un pareil en faveur de Raymond même, dès le mois d'Août de l'an 1224, par un Evêque d'Agde qui étoit *Italien de naissance*

Acte du 11 Août 1240, col. 390 & suiv.

Bref à St Louis du 20 Mai 1237. Rayn. sous même an, n° 34 & suiv.

Acte du 14 Mars 1242, aux preuv. du tom. III de l'hist. de Lang., col. 408 & suiv.

Actes du 18 Juin 1209, cités pag. 5 & 6 ; Et bref à St Louis, cy-dessus cité.

Lettres Impériales, cy-devant citées pag. 25 ; Et autres en faveur de l'Evêq. de Viviers, citées pag. 36.

Actes du 9 Avril 1239, aux preuv. du tom. III de l'hist. de Lang., col. 388 & suiv.

Acte de ce jour, col. 390 & suiv.

Acte du 26 Août 1224, col. 296 & suiv.

suiv.; Et autres, avant ou à la suite.

& qui avoit été long-tems *commissaire du St Siège dans la province;* Et le Pape n'avoit fait que l'en louer, lorsque (selon les principes de droit public qui étoient alors en vigueur dans le Royaume comme dans les autres parties de l'Europe), cet Évêque auroit pû soûtenir (*ses titres primordiaux à la main*) qu'il devoit jouir de l'immunité dans toute l'étendue de son diocèse; Ce qui prouve que la puissance ecclésiastique n'est pas à beau-coup près aussi remplie de l'esprit de domination que l'en accusent ses ennemis & ceux du repos public, ni aussi éloignée de se prêter dans le besoin à tout ce qui peut nourrir ou rétablir la concorde parmi les hommes. L'historien de Languedoc donne le nom *d'acte d'hommage* au serment de *fidélité* fait à Raymond par l'Evêque de Carpentras. Il a probablement ignoré la différence essencielle qu'il y a entre ces deux sortes d'actes, & que (selon l'ancienne juris-prudence) les Prélats & les corps ecclésiastiques juroient aux Princes séculiers la *fidélité* qu'il leur doivent incontestablement comme tous leurs autres sujets, mais qu'ils ne fesoient jamais d'*hommage* (même pour le temporel tenu d'eux en fief), parce que ç'eût été se reconnoître personnellement soumis à la juris-diction séculière, & pré-juger (chacun par rapport à soi) une question des plus graves, qui auroit dû n'être jamais élevée, qui n'est née que de l'obscurcissement des anciens principes de droit public, & qui n'a que trop nui à la tranquillité de l'Europe depuis plus de six siècles.

Acte du 15 Mai 1239, dès-jà cité plus haut.

Rétablissement de la paix dans le Vénaissin, & ce qu'il devient après Raymond.

Quelques évènemens qui suivirent, achevèrent de prouver que l'esprit qui animoit les desseins & les actions du Comte Raymond VII, n'étoit pas celui que respiroient toutes les démarches de la puissance ecclésiastique, & qu'il étoit encore plus éloigné d'en avoir la droiture. L'Empereur Frédéric II qui commençoit à le connoître, ayant envoyé à Avignon un second commissaire Impérial avec le titre de *Vicaire général dans le Royaume d'Arles & de Vienne* & ordre exprès d'exiger de Raymond qu'il lui remît l'office municipal de *Podestà* dont il étoit revêtu, Raymond obéit avec beau-coup de regrêt, feignit de vouloir se réconcilier avec la puissance ecclésiastique & remplir toutes les clauses du traité de 1229 *qu'il n'avoit exécutées que très imparfaitement*, souscrivit à une obligation de *servir le St Siège contre l'Empereur* même qui lui avoit donné tant de preuves de faveur & qui venoit d'être déclaré infracteur des loix de l'Empire & de ses propres sermens, ré-itéra le sien d'être fidèle à observer toutes les conditions auxquelles il s'étoit soumis par le traité de 1229, donna de nouveaux ôtages de ses promesses, fit hommage à l'Archevêque & à l'église d'Arles pour le château & bourg de *Beau-caire* avec leurs appartenances & dépendances

Acte du 11 Août 1240, dès-jà cité plus haut pag. 44 & suiv.

Acte du 1 Mars 1241, col. 399.

Acte du 14 du même mois, col. 400.

Acte du 30 Mai 1241, col. 401 & suiv.

qui n'étoient tous qu'une *in-féodation de cette église*, cumula ses sermens dans une maladie où il fut en danger de mort, & se montra prêt à contribuer de tout son pouvoir *à l'extirpation de l'hérésie*; Et pendant ce tems-là, il *concluoit une ligue* qui ne tendoit à rien moins qu'à anéantir le traité de 1229 & tout-à la fois le principe de sub-ordination le plus nécessaire dans un pays policé, & sur-tout dans une monarchie telle qu'étoit alors la France. Il osa même se joindre aux Anglois qui venoient de reprendre les armes contre le Roi St Louis, sous prétexte d'entreprises faites au préjudice de la dernière trève; Mais le Monarque ayant opposé à ces attaques une fermeté à donner lieu de juger qu'il ne souffriroit pas davantage un pareil jeu de soumissions & de révoltes, Raymond éprouva une seconde fois que le seul moyen d'éviter sa ruine étoit de recourir à la clémence de son souverain. L'Evêque de Toulouse & le Prévôt du chapitre qui en est le chef, furent successivement chargés d'apporter à la cour des témoignages de sa soumission. Il protesta au Roi par la lettre la plus humble qu'il n'auroit jamais de *sujet plus fidèle que lui*, fit les mêmes protestations à la Reine mère en la suppliant d'intercéder en sa faveur, se soumit d'avance à toutes les loix qu'il plairoit au Monarque de lui imposer, obtint une permission de venir à la cour, s'y rendit, assûra par des sermens ré-itérés l'entière exécution de ses premiers engagemens & en donna encore de nouveaux ôtages, fit une trève avec le Comte de Provence, reçût l'absolution des dernières censures dont il étoit frappé, passa le reste de sa vie sans aucun écart qui pût avoir des suites, & mourut sans autre postérité légitime que sa fille Jeanne de Toulouse qui étoit pour lors mariée avec Alphonse Comte de Poitiers. Après sa mort arrivée à Milhau en Rouergue au mois de Septembre de l'an 1249, Alphonse & Jeanne lui succédèrent dans la possession du *Vénaissin* comme dans celle des autres terres qui lui avoient été conservées pour le tems de sa vie par le traité de 1229, & en jouirent sans aucune contradiction, vraisemblablement parce qu'ils n'avoient point d'enfans, quoiqu'ils eussent dès-jà plus de quinze ans de mariage. Ces deux époux étant décédés l'un & l'autre sans postérité au mois d'Août de l'an 1271, le Roi Philippe le hardi fils aîné de St Louis à qui il avoit succédé un an au par-avant, recueillit leur succession immobiliaire en exécution du même traité de 1229; Et *le Vénaissin en fit encore partie* avec ses annèxes; Mais le Pape Grégoire X qui occupoit alors la chaire Pontificale, le réclama bien-tôt comme *une des propriétés allodiales de l'Eglise, que le Sr Siège avoit reçûe depuis long-tems sous sa sauvegarde & qui devoit être soumise au Pontife en sa qualité de chef de l'immunité ecclésiastique.* Jeanne de Toulouse en avoit disposé par

Acte du 14 Mars 1242, col. 408 & suiv.; Et autre du 1 Mai, col. 410 & suiv.

Lettre du Comte de Foix à Raymond du 5 Avril, col. 409 & suiv.

Lettres du Roi d'Anglet. en faveur de Raymond du 30 Juin 1242, Rym. tom. I, pag. 407 ou 143; Et convencion des 28 Août & 3 Sept., pag. 410 & suiv., ou 144.

Lettres de Raymond au Roi & à la Reine Blanche du 20 Oct. 1242, aux preuves du tom. III de l'hist. de Lang., col. 415 & suiv.; Et lettres pat. de Janv. 1243, col. 416 & suiv.

Mêmes lettres pat.; Et autres du 21 Novembre, col. 417 & suiv.; Item acte du 29 Juin 1243, col. 425 & suiv.; Et autre du 14 Mars 1244. col. 434.

Extrait de compte du mois de Février 1250, col. 482 & suiv.; Et acte de Mai 1251, au trésor des chartes, Toulouse 7, n° 52.

Testament du Lundi 23 Juin 1270, aux preuv. du tom. III de l'hist. de Lang., col. 591 & suiv.

Edit ou bulle Impériale de Sept. 1234, dès-jà cité pag. 24; Et charte du 3 Juill. 1236, citée pag. 2 & 40.

Dépêche de Philippe le hardi énoncée en un bref de remerciment à ce Prince du 21 Nov. 1273, Rayn. sous mém. an. n° 51; Et actes de Janv. & Février 1274, en la collection des titres de Jarente, pag. 512 & suiv.

Acte du jour, au trés. des chartes du Roi, layette etiquettée Contrats de mariage des grands II, n° 2.

Contrat de vente. layette étiquettée Provence II, n° 14; Et Bouche hist. de Provence, tom. II, pag. 374 & suiv.

testament en faveur de Charles I Comte d'Anjou l'un des frères du Prince son époux & dès lors Roi de Sicile en même tems que Comte de Provence comme gendre du dernier Comte de la maison d'Aragon ou de Barcelonne, mais par une infraction manifeste de la loi de l'in-féodation & de l'accord fait avec les seigneurs de Caderousse, puisque l'une restraignoit la concession du Vénaissin *à la seule postérité légitime de Raymond VII*, & qu'il avoit été stipulé par l'autre que *les sermens des seigneurs de Caderousse ne les lioient envers aucun héritier ou légataire universel ou particulier, qui seroit d'un autre sang que ce Comte.* Philippe le hardi ne laissa pas de vouloir défendre d'abord sa possession; Mais Grégoire ayant convoqué à Lyon un concile général où la contestation pouvoit être portée, Philippe eut la sagesse de prévenir le jugement qui y auroit été rendu. L'affaire *examinée avec maturité dans son conseil*, il envoya ordre aux officiers qui l'avoient mis en possession du pays, de *le remettre à des commissaires que Grégoire X nommeroit pour le recevoir;* Et *la restitution en fut consommée* dans les mois de Janvier & de Février de l'an 1274. A l'égard de la ville d'Avignon & de ses dépendances, comme elles formoient & forment encore aujourd'hui une terre différente du Vénaissin, la partie que Raymond & Alphonse en avoient possédée, resta au pouvoir de Philippe le hardi, & passa après lui à son fils le Roi Philippe le bel. Celui-ci la céda par accord du Mercrédi après Noel de l'an 1289 à Charles II Roi de Sicile, Comte d'Anjou & de Provence, fils & successeur de Charles I, qui étoit dès-jà maître de l'autre moitié par succession de son ayeul maternel; Et elles demeurèrent l'une & l'autre dans sa maison jusqu'au 9 Juin de l'an 1348 que la Reine Jeanne Ière son arrière-petite-fille, les *vendit* au Pape Clément VI *avec autorisation & en présence* de Louis de Tarente l'un des Princes de son sang & *son second mari*, pour une somme de *quatre-vingt mille florins d'or* (*monnoie de Florence*) *qui fut payée comptant.* C'est par cette acquisition que le St Siège est devenu propriétaire d'une ville dont les habitans avoient allumé un si grand incendie dans le Royaume, tandis que Philippe le hardi n'avoit fait que restituer à l'Eglise des fonds qui lui appartenoient évidemment, au moins depuis plusieurs siècles.

Noms des personnes qui partageoient la seigneurie de Caderousse avec Pons Jarente, & ce qu'on fait d'eux depuis la charte qui les intéresse.

Les différens seigneurs du bourg de Caderousse dont les noms sont compris avec ceux de Bertrand de Caderousse & de Pons Jarente dans la charte du 3 Juillet 1236, étoient un particulier appellé en Latin du seul nom d'*Ermitanus* & sa femme aussi appellée *Auda*, Guillaume *Raymond* citoyen de la ville d'Avignon qui avoit été l'un des *Podestà* de cette ville dans le tems que Raymond VII engagea à la communauté de la même ville ses

ses domaines de Beau-caire & de Malaucène avec le Vénaissin & *l'autre terre qu'il possédoit au de là du Rhône dans les limites de l'Empire*, & un Bertrand de *Gicon* qui tiroit son nom d'un fief voisin appellé en Latin de *Jocono* & de *Jucono*, Raymbaud, Guillaume & Raymond d'*Ancézune* tous trois *frères*, Pierre & Guillaume de *Caderousse*, Bertrand de St *Pastour*, Guérin de *Lers*, Béatrix de *Beau-mont*, Raymbaud de *Mamolène* & Raymond *Lautier*. » *NOS Raymundus Dei graciâ Comès Tholose, Marchio Provincie*, (porte le texte Latin de la charte), IN QUEM » DOMINUS FREDERICUS DEI GRACIA ROMANORUM IMPERATOR » SEMPER AUGUSTUS, JHERUSALEM ET SICILIE REX, DOMINOS » CADAROSSE CONTULIT IN VASSALLOS, *confitemur & in veritate* » *recognoscimus VOBIS* Ermitano *nomine vestro & uxoris vestre* » Aude, *& VOBIS Willelmo* Raymundo *de Avinione & Bertrando* de Jocono, *& VOBIS Raymbaudo de* Anceunâ *&* » *Willelmo de* Anceunâ *& Raymundo FRATRIBUS, &* » *Petro de* Cadarossâ *& Willelmo de* Cadarossâ, & *VOBIS* » BERTRANDO DE CADAROSSA ET PONCIO JARENTE FRATRIBUS, » *& Bertrando de S^to* Pastore, *& Garino de* Lers, *& Beatrici de* » Bello-monte, *& Raymbaudo de* Mamolenâ, *Dominis Cadarosse* » *presentibus*, (RECEPTO A VOBIS JURAMENTO FIDELITATIS), » *& per vos eciàm aliis Dominis Cadarosse absentibus &c*, VOS » ET PREDECESSORES VESTROS HABUISSE ET TENUISSE » DOMINIUM ET SEINNORIAM *&c*,... IN VILLA ET HOMINIBUS » CADAROSSE *&c*..., TANTO TEMPORE CUJUS NON EXTAT » MEMORIA, ... EX IMPERIALI MUNIFICENCIA *&c*.... « Leurs noms sont en cet ordre dans le monument original; Et il n'est point indifférent comme on le verra dans la suite. De ces divers seigneurs du bourg & de la châtellenie de Caderousse, il n'y a que *Guillaume & Raymond d'Ancézune & Pierre de Caderousse* qui reparoissent en la même qualité dans un état d'hommages faits à Alphonse au mois de Mai de l'an 1251 pour les fiefs du pays Vénaissin dont il avoit acquis la mouvance, lorsque la mort du Comte Raymond VII l'avoit rendu le maître de ce pays & de toute sa succession conformément aux clauses principales du traité de 1229. Pierre de Caderousse avoit alors une nièce qui se nommoit *Mabilie*. Elle est citée avec lui dans cet état; Et il y est marqué qu'il avoit *le bail de la même Mabilie* (c'est-à dire sa *tutelle* ou *garde-noble* avec l'entière administration de sa personne & de ses biens), outre qu'il étoit lui-même propriétaire d'un château ou bourg appellé en Latin *de Arboribus*, qui paroît être le château d'*Aubres* en la judicature de Vaulréas au dessus de Vaison, diocèse de St Paul-trois-châteaux. » *Hec sunt homagia* (porte le texte) *Domini Comitis Pictavie &* » *Tholose, Marchionis Provincie, de terrâ Venesini, recepta mense*

Charte du 3 Juillet 1236 dès-jà citée pag. 2.

Acte de Mai 1251, dès-jà cité pag. 47.

Même acte que cy-dessus.

» *Maïo anno Domini millesimo ducentesimo quinquagesimo primo.* » *Agoutus Dominus de Balmes, homo ligius de castello de Balmes,* » *de Durbent, de Rochâ & de hoc quod Ysnardus de Murmurione* » *tenet ab ipso &c.....* *Bernardus de S^to Saturnino, de hoc quod* » *habet in castro de S^to Saturnino dyocesis Attensis, & in castro* » *Podii-regalis, & in castro de Jaonson & in castro de Crosanis,* » *& eorum territoriis.....* *Guillelmus de Sabrano, de hoc quod* » *habet in bastidâ veteri & novâ de monte Alvernico.....* PETRUS » DE CADAROSSA, DE HOC QUOD HABET IN VILLA DE CADA- » ROSSA, *& in castro de* ARBORIBUS, & DE BALLO MABILIE » NEPTIS SUE, QUOD EST IN VILLA DE CADAROSSA..... » GUILLELMUS DE ANSADUNA & REMONDUS FRATRES, » *de hoc quod habent in villâ de Cadarossâ & ejus territoriis....* » *Jocelinus de Podio-guigone prò filiis Remondi Elziarii quorum* » *est* TUTOR, *de hoc quod habent in castro Falconis & in valle de* » *Buriâ &c.......* « Au contraire il n'y est fait nulle mencion de *Guillaume* ni de *Bertrand de Caderousse*, non plus que de *Pons Jarente*, ni de personne qui paroisse avoir trait à ce dernier; Et il n'en est pas parlé davantage dans aucun des états d'hommages faits à la puissance ecclésiastique après que le Roi Philippe le hardi eut remis le Vénaissin au Pape Grégoire X & que ce Pontife eut déclaré qu'il en retenoit dans sa main le domaine supérieur; Mais cette éclipse du nom de *Pons Jarente* & de ceux de plusieurs des seigneurs avec qui il partageoit la terre de Caderousse en 1236, n'est qu'une suite de quelques mutations qui y étoient survenues depuis cette époque.

Vente d'une partie de Caderousse faite à Raymond VII par un des seigneurs de ce lieu, & quelles liaisons de consanguinité les autres seigneurs de ce nom pouvoient avoir avec Pons Jarente.

On apprend en effet par un acte du 12 Janvier de l'an 1247 (ou peut-être 1248 selon notre comput actuel) que cette seigneurie étoit pour lors divisée en *vingt-quatre parties*, & qu'une de ces parties étoit au pouvoir d'un *Guillaume de Caderousse* qui étoit tout-à la fois seigneur du lieu *de Vinsobres* au diocèse de Valence en Dauphiné entre Vaul-réas & Vaison (ou qui possédoit au moins une porcion de cette terre), & qui est indubitablement le même *Guillaume de Caderousse* que celui que la charte du 3 Juillet 1236 met au nombre des seigneurs de Caderousse conjointement avec *Pons Jarente* & ses consors. Il étoit aussi pour lors marié avec une Dame qui n'est appellée dans l'acte que du seul nom de *Borgondie*, & dont il avoit hypo-théqué la dot sur sa porcion de Caderousse ou à qui il l'avoit assignée pour sûreté de son douaire. Quoique la terre de Caderousse eût été anciennement une des exempcions du pays que Raymond VII & son père avoient possédé *le long de la Durence & du Rhône*, comme les lettres Impériales du mois de Décembre 1235 lui octroyoient formellement la suzeraineté immé-

Acte du 12 Janvier 1247 ou 1248, au trésor des chartes, Toulouse sac 5, n° 60.

diate de cette terre, assés vraisemblablement il desira d'en ré-unir la propriété au droit de mouvance qu'il y avoit en vertu des mêmes lettres. Guillaume de Caderousse lui en vendit la porcion dont il étoit propriétaire. Borgondie sa femme consentit à la vente; Et pour remploi des droits qu'elle avoit sur cette porcion de la seigneurie de Caderousse, il lui donna ceux dont il jouissoit *dans la châtellenie de Vinsobres*, en étendant la même hypothèque sur *tous les biens qu'il possédoit ailleurs*. Raymond ne comparut point en personne dans l'acte de cette acquisition. Elle fut faite en son nom par un Aymery de *Clermont* qui étoit son *Sénéchal dans le pays Vénaissin* & qui déclara qu'il *n'acqueroit que pour lui*. L'acte où l'on a puisé la connoissance de ces faits, est le propre contrat de vente qui se conserve dans le trésor des chartes du Roi; Et il en résulte qu'on ne doit point être étonné de ne plus trouver le nom de *Guillaume de Caderousse* dans l'état des hommages faits à Alphonse durant le cours du mois de Mai de l'an 1251, ni ceux des autres seigneurs de Caderousse qui n'y sont point rappellés, parce qu'il est très probable que son exemple avoit été suivi par le plus grand nombre des seigneurs du même lieu, si ce n'est pas lui qui avoit plûtôt imité le leur, en vendant son patrimoine & en se fixant ailleurs. Une seconde conséquence qui résulte du même acte de vente faite au Comte Raymond VII par *Guillaume de Caderousse* & de l'éclipse du nom de *Bertrand de Caderousse* & de ceux de la plus-part de ses consorts dans l'état des hommages faits à Alphonse au mois de Mai de l'an 1251, c'est que Mabilie nièce de Pierre de Caderousse dont il avoit *le bail* (ou la *garde-noble*) dans le tems de ces hommages & qui étoit évidemment mineure alors, ne pouvoit avoir eu pour père que le même Bertrand de Caderousse qui devoit être *frère utérin de Pons Jarente*; Car si Mabilie avoit été fille de *Guillaume de Caderousse*, elle n'auroit plus eu de part dans la seigneurie de ce lieu, puisque Guillaume de Caderousse avoit vendu ce qu'il y possédoit. Son patrimoine auroit été la seigneurie de *Vinsobres* ou les biens qu'y possédoit Guillaume de Caderousse, au lieu que Bertrand de Caderousse pouvoit avoir conservé ceux qu'il avoit dans la châtellenie de ce nom au moment où fut rédigée la charte du 3 Juillet de l'an 1236; Et s'il est reconnu que Mabilie fût fille de Bertrand de Caderousse, ce sera un motif pour se confirmer dans l'opinion où l'on est que le même Bertrand de Caderousse n'étoit que *frère utérin de Pons Jarente*, & consanguin seulement de Guillaume comme de Pierre de Caderousse. Nièce de ces deux derniers, Mabilie devoit appartenir à *Pons Jarente* dans le même degré de consanguinité, mais uniquement dans la ligne de la mère de son père; Et lors que son père avoit laissé *un frère ger-*

Même acte.

Même acte.

main ou *consanguin*, c'étoit à ce frère qu'étoit dûe sa garde-noble préférablement à *un frère uterin*, d'autant que (selon les anciennes mœurs) la garde-noble des mineurs ne se décernoit jamais qu'à leur mère ou à un proche parent paternel, soit frère, soit oncle ou (au plus) cousin germain; Ou elle étoit dévolue de droit au seigneur suzerain de qui les mineurs tenoient leur patrimoine principal. Peu de pays avoient des maximes différentes sur ce point de juris-prudence.

Assise de Bretagne dite du Comte Geoffroy, § 3, aux plaidoyers de Frain, édit. de Hévin, pag. 526 & suiv.; Item coûtume de la Marche, titre 12, article 70; Et autres.

Sort de quelques autres seigneurs de Caderousse, & omission importante qui se trouve en une copie de la charte imprimée par les soins de l'historien de Languedoc.

Il est également vraisemblable que Mabilie nièce de Pierre de Caderousse & fille soit de Bertrand de Caderousse soit d'un autre frère, fut mariée à un descendant de *Bertrand de Gicon* que la charte du 3 Juillet 1236 met au nombre des seigneurs de Caderousse, mais dont la famille avoit probablement vendu sa porcion de cette seigneurie avant le mois de Mai de l'an 1251, & en recouvra une autre soit par ce mariage, soit par une nouvelle in-féodation du St Siège depuis que le Vénaissin étoit en son pouvoir. Effectivement on voit d'un côté par l'état des hommages faits à Alphonse dans le cours du mois de Mai de l'an 1251, que nul homme du nom de *Gicon* ne possédoit plus rien alors dans la seigneurie de Caderousse, tandis que de l'autre on apprend par des états d'hommages faits aux Papes que le 27 Décembre de l'an 1317, entre différentes personnes qui partageoient cette seigneurie, étoit un *Ferrier de Gicon* qui fit hommage ce jour-là de ce qu'il y possédoit. Un ancien regiſtre des cens & rentes dûs au St Siège dans cette terre (dont il ne reste que des fragmens sans date, mais qui a été jugé antérieur au 2 Décembre de l'an 1322), fait mencion d'un *Jarente de Gicon* qui y est qualifié en Latin *Domicellus* (c'est-à dire *Ecuyer*) & qui en étoit seigneur en partie dans ce moment; Et un titre original expressément datté du même jour 2 Décembre 1322, établit que le St Siège étoit alors propriétaire d'un domaine noble qu'y avoit possédé le même *Jarente de Gicon*, en même tems qu'il fait mencion de quelques fonds qu'y tenoit encore un *Bérenger de Gicon* qui ne pouvoit être qu'un homme de la même famille. Si ces fonds n'étoient pas de nouvelles in-féodations qui lui eussent été faites depuis que le St Siège étoit en possession du pays, on peut croire sans témérité qu'ils avoient été le patrimoine de *Mabilie nièce de Pierre de Caderousse*, & même que le nom de *Jarente* qu'on y voit être évidemment un pré-nom ou nom de baptême en la personne de *Jarente de Gicon*, n'y avoit été introduit que par une suite de ses liaisons de consanguinité avec *Pons Jarente*. La charte du 3 Juillet 1236 a été imprimée parmi les preuves du troisième tome de l'histoire générale de Languedoc, mais avec omission des mots *ET VOBIS* qui se sont trouvés dans l'original de cette charte entre les noms *de Pierre & de Guillaume de*

Actes originaux, aux archives du château de Caderousse dans le pays Vénaissin.

Regiſtre original, aux mêm. archives.

Acte du jour, aux mêmes archives.

Aux preuv. du tom. III de l'hist. de Languedoc, col. 376 & suiv.

de *Caderousse* & ceux de *Bertrand de Caderousse & Pons Jarente* FRERES, & sans que l'auteur ou éditeur de cette histoire ait fait attension qu'ils ne pouvoient avoir été mis dans le texte sans dessein, qu'ils s'y trouvent trois fois au par-avant tant devant le nom du particulier qui y est appellé en Latin du seul nom d'*Ermitanus*, que devant ceux de *Guillaume Raymond* & de *Bertrand de Gicon*, & encore devant ceux de *Raymbaud*, de *Guillaume* & de *Raymond d'Ancézune frères*, de *Pierre* & de *Guillaume de Caderousse*, & que cette répétition devoit désigner non seulement une différence entre les personnes, mais une division de la terre en quatre parties principales dont chacune étoit possédée en commun par les paragers nommés ensemble; Ce qui n'empêche point que Pierre & Guillaume de Caderousse n'ayent pû être *frères consanguins de Bertrand de Caderousse*, non plus que celui-ci *frère utérin de Pons Jarente*; Car s'il est possible que le père de Pierre & de Guillaume de Caderousse ait épousé en secondes nôces une femme qui étoit dès-jà mère de *Pons Jarente* & de qui il auroit encore eu Bertrand de Caderousse ou que la mère de ce dernier ait eu *Pons Jarente* d'un second mari, il ne l'est pas moins que Bertrand de Caderousse frére consanguin de Pierre & de Guillaume, ait eu pour patrimoine une porcion du domaine que leur père commun auroit eu en vûe de joindre au sien en épousant la mère de *Pons Jarente*, ou le père de celui-ci en épousant la mère de Bertrand de Caderousse.

Etienne Jarente vivant à Boulène en 1274, & Lantelme Jarente député de la ville de Sisteron vers la Reine Jeanne Ière en 1352.

Quant à ce qui regarde personnellement *Pons Jarente*, dès qu'on ne trouve rien qui ait trait à lui dans l'état des hommages faits à Alphonse au mois de Mai de l'an 1251, il est d'autant plus raisonnable de penser que dès-lors il avoit vendu au Comte de Toulouse sa porcion de la seigneurie de Caderousse, qu'aux mois de Janvier & de Février de l'an 1274 lorsque le Pape Grégoire X fit prendre possession en son propre nom du pays Vénaissin que le Roi Philippe le hardi remettoit au St Siège & recevoir les fermens des vassaux & censitaires qui en relevoient, entre plusieurs gentils-hommes & habitans de la châtellenie de Boulène au diocèse de St Paul-trois-châteaux qui prêtèrent ce serment le 6 du mois de Février dans l'église du Prieuré de St Martin du même lieu de Boulène, est un ETIENNE JARENTE qui en signa le procès verbal immédiatement après le Baillif qui étoit tout-à la fois le Juge & le Receveur des droits seigneuriaux de cette châtellenie, & avant beau-coup d'autres personnes de noms anciens dans le pays. » *Nomina juratorum castri* » *de Abolenâ* (porte le texte de cet acte). *In primis Poncius* » *Samelis de castro Abolene Miles*, *Petrus Raynaldus*, *Berengarius Agelini*, *Raymundus Ostelli qui juravit Bailliviam in dicto* » *monasterio exercere prò parte Domini Pape & Romane Ecclesie*,

Acte du jour, en la collection des titres de Jarente, pag. 512 & suiv.

» STEPHANUS JARENTI *&c.* . . . . . Cet *Etienne Jarente* pouvoit bien être fils de *Pons*. Le nombre d'années qu'il y a entre les tems où ils paroissent dans les actes, ne forment point un éloignement qui excède les bornes naturelles du tems d'une génération à l'autre. Il n'y a que trente-sept à trente-huit ans tout au plus; Et il n'est pas même nécessaire de supposer ou que *Pons Jarente* se fût marié dans un âge avancé, ou qu'*Etienne Jarente* eût atteint depuis long-tems les années de majorité. Quoiqu'il en soit, l'éclipse du nom de *Jarente* dans les monumens inter-médiaires entre la charte du 3 Juillet 1236 & l'acte du 6 Février 1274, n'est pas la seule qu'il ait soufferte. A cette lacune en succèdent deux autres encore plus fâcheuses, parce qu'elles tombent sur des tems où les titres sont ordinairement moins rares. La première s'étend depuis le même jour 6 Février 1274 jusqu'au mois de Novembre 1352, qu'un LANTELME JARENTE qui habitoit dans la ville ou au moins dans le ressort de Sisteron, fut d'une députation que cette ville & celles d'Aix, de Tarascon, de Nice & de Grasse envoyèrent à Naples vers la Reine Jeanne Ière & vers le Prince Louis de Tarente son second mari (qu'elle avoit fait couronner Roi & avec qui elle partageoit son trône), pour s'y plaindre de plusieurs cessions de leur droit de *prélation seigneuriale* qui avoient été obtenues d'eux par surprise, & de divers abus dans l'administration de la justice tant de la part des juges de la province que de celle des notaires qui leur servoient de greffiers. Jeanne & Louis étoient jeunes & faciles. Des courtisans avides & insatiables les tournoient sans efforts au gré de leurs desirs, & surprenoient des graces qui nuisoient à toute la province & principalement à l'ordre de la noblesse; Et les officiers de justice y abusoient de leur pouvoir (même en *matière criminelle*) jusqu'au point de *recevoir une délation & la déposition du délateur comme s'il n'avoit été que témoin du délit*. Le Roi & la Reine instruits de ces abus, y remédièrent par un statut qui ne laissoit point de ressource à la cupidité ni à l'injustice, & témoignèrent leur satisfaction des remontrances qui leur avoient été faites, en addressant au Sénéchal & aux autres officiers publics de leurs Comtés de Provence & de Forcalquier, des lettres patentes qui contiennent un détail exact des circonstances de la députation, de son objet & des ordres dont elle fut suivie. Ces lettres sont dattées du 6 Novembre de l'an 1352. Lantelme Jarente y est mencionné en qualité d'*ambassadeur & député de la ville de Sisteron*; Et c'est par-là qu'on a jugé qu'il devoit être domicilié dans cette ville ou dans son ressort. Honoré Bouche parle de la députation envoyée à Naples & de l'ordonnance qu'elle produisit, mais en changeant le vrai sujet des remontrances en de prétendues

Statut énoncé en des lettres patentes citées plus bas; Et préface des mêmes lettres.

Lettres patentes du 6 Novembre 1352, aux archives du Roi à Aix, & non imprimées.

Histoire de Provence, tom. III, pag. 376.

plaintes d'aliénation de domaine dont le but n'est point difficile à pénétrer à la suite de la vente d'Avignon. Il a crû sans doute n'user que d'un ménagement de décence pour la magistrature de son tems, (comme si des descendans ou de simples successeurs avoient à rougir d'une prévarication commise trois cens ans avant eux, lorsqu'ils n'ont rien de pareil à se reprocher), & n'a point vû qu'il violoit la première loi de l'histoire, qui est *de dire la vérité.* La seconde lacune comprend les vingt-cinq ou vingt-six premières années qui suivent immédiatement cette époque; Mais bien-tôt elles sont toutes deux réparées par un éclat qui équivaut pour le moins à l'avantage de quelques degrés de plus dans une généalogie. La filiation de la famille commence alors, & ne souffre plus d'interrupcion; Et elle n'est que le développement, non d'une suite stérile de générations obscurément concentrées dans un hameau inconnu hors de son enceinte, mais d'une longue carrière d'honneurs presque continuels & de services concurramment rendus aux Princes de qui émanoient ces faveurs, & par conséquent à la couronne qui en succédant à leurs droits a recueilli le fruit des mêmes services, quand ils ne lui ont point été rendus directement.

Guigonet Jarente I du nom, d'abord Procureur général & Trésorier de la Reine Jeanne, est fait Gouverneur de la tour de Seyne.

Celui qui ouvre cette carrière honorable, se nommoit GUIGONET JARENTE, & se distingue de quelques-uns de ses descendans par le nom de *Guigonet I.* Il paroît qu'il étoit né aux environs de la ville de *Seyne* qui est située dans les montagnes de Provence, à peu-près à égale distance de Digne & de Sisteron, en tirant au nord vers Embrun. Quoiqu'on n'ait point d'acte qui apprenne quel lien de consanguinité unissoit *Lantelme & Guigonet Jarente* & que la ville de Seyne soit du diocèse d'Embrun ainsi que son voisinage, comme elle est peu éloignée de Sisteron, on ne peut guerres douter que l'un ne fût l'auteur de l'autre. Le rapport de leurs domiciles est une juste présompcion de celui de leurs personnes; Et en effet, outre que Guigonet Jarente posséda d'abord dans le ressort de Sisteron un château assés voisin de Seyne qui se nomme au jour-d'hui *Bel-affaire* & qui pouvoit bien être l'héritage de sa famille, après avoir acquis celui de *Gémenos* dans la viguérie d'Aix par une in-féodation ou autre aliénation de l'abbaye de St Victor de Marseille, il ne tarda point à y joindre par une seconde acquisition la châtellenie de *Mont-clar* qui est au nord de la ville de Seyne & dans son ressort. Il étoit *Procureur général* & en même tems *Trésorier de la Reine Jeanne* dans ses Comtés de Provence & de Forcalquier, lorsqu'on commence à le connoître. Les actes de ce moment ne lui donnent que la qualité de *Procureur de la Reine* avec celle de *Trésorier*, mais unique-

Extrait de registre de la chancellerie de Provence, en un ms. de la biblioth. du Roi qui sera décrit plus bas; Et lettres pat. du 26 Août 1385, en la collect., pag. 586 & suiv.; Item autres du 14 Sept. 1390, pag. 17 ter & suiv.; Et testament du 9 Juin 1438, pag. 90 & suiv.

Lettres pat. du 21 Janv. 1379, page 2 & suiv.; Et autres

du 9 Fév. 1380, pag. 3 & suiv.

ment parce que la qualification de *Procureur général* n'étoit pas encore usitée pour lors en Provence non plus qu'en France. Ce n'est qu'environ vingt ans après cette époque, que le *Procureur du Roi au Parlement de Paris* commença à se qualifier *Procureur général.* On ne croit pas que l'usage de cette qualification soit plus ancien en Provence. Les troubles qui ont affligé cette province vers la fin du même siècle, commençoient aussi à naître; Et l'on y craignoit dès-jà le débordement de maux dont ils ont été accompagnés; C'est pourquoi dans le cours de l'année 1377, le Sénéchal des deux Comtés de Provence & de Forcalquier y fit une visitte générale de toutes les villes & places qu'ils renfermoient. Ce Sénéchal étoit Foulques d'Agout Seigneur de Reillane & de Luc, depuis honoré des titres de *Vicomte du même lieu de Reillane* & de *Marquis de Corfou* dans le golfe de Venise, & frère de Raymond Sire d'Agout & de Sault qui fut successivement Amiral & Grand-Chambrier du Royaume de Naples & investi du Comté de *Gérazzo* dans ce Royaume. Passant par le lieu de Seyne qui n'étoit alors traité que de *bourg* ou de *bourgade*, il trouva *au haut de ce bourg une ancienne tour* qu'*au tems des guerres* du Comte Raymond VII ou autres, les bourgeois de cette ville avoient fait *couvrir d'un comble & ceindre d'un mur extérieur & d'une espèce de casemate* qu'on appelloit *réduit*, de sorte que la tour étoit *regardée comme imprennable;* Mais ni l'un ni l'autre des deux édifices n'*étoit plus habité;* Et comme la ville terminoit la frontière de la province, les bourgeois & la province entière se voyoient exposés à un péril évident, s'il arrivoit que *les gens du Dauphiné s'emparassent de la tour.* Les habitans du pays y étoient obligés aux mêmes devoirs de garde & de guet que les bourgeois des grandes villes & des autres bourgs & bourgades, & ne satisfesoient point à ces devoirs. Pour obvier aux dangers qui paroissoient être à craindre du côté *des gens du Dauphiné* & garantir la province de toute entreprise & de tous dommages, Foulques d'Agout obligea les habitans de la ville & de ses environs à y faire les gardes & le guet qu'ils devoient, & mit à leur tête une manière d'officier qu'on appelloit un *sergent d'armes* ou simplement un *sergent.* Ces mesures prises, en rendant compte à la Reine de la tournée qu'il avoit faite dans les deux Comtés, il lui fit part de l'état où il avoit trouvé le lieu de Seyne, & de ce qu'il en pensoit. Des lettres patentes de Jeanne qui sont dattées de Naples le 28 Octobre de l'an 1378 & le *trente-septième de son règne*, *indiction seconde*, autorisèrent spécialement Foulques d'Agout à remédier à ses craintes selon ce qu'il estimeroit le plus à propos pour le salut général du pays & pour l'intérêt du fisc, *pourvû que la tour ne tombât point en des mains étrangères.* Sur ces lettres & en vertu *du pouvoir qui*

Lettres pat. de Charles VI du 18 Févr. 1406, DuTillet part. III, pag. 299; Et autres des 15 Mai 1408 & 17 Avril 1410, pag. 296 & 324.

Lettres pat. de Jeanne du 28 Octobre 1378, en la collection, pag. 1 & suiv.; Et autres du 21 Janvier 1379, dès-jà citées; Item autres des 21 Nov. 1381, 6 Fév., 25 Mai & 18 Août 1384, pag. 7, 12 & suiv.; Et actes des 25 Mai & 26 Août 1385, pag. 581 & 586.

Mêmes lettres pat. des 28 Octobre 1378 & 21 Janvier 1379, que cy-dessus.

Mêmes lettres pat.

Mêmes lettres du 28 Octob. 1378.

étoit

étoit annexé à son office de Sénéchal des deux Comtés, il donna à Guigonet Jarente le gouvernement de la tour & de son *réduit* par d'autres lettres de provision qui sont dattées du 21 Janvier de l'an 1379 (selon notre comput actuel), en fixant ses gages conjointement avec le *sergent* qu'il avoit dès-jà mis dans la tour, à *cinquante florins d'or par an, chaque florin du prix de quatorze gros de Provence*; Et comme ses charges de Procureur général & de Trésorier de la Reine l'occupoient de manière qu'il n'auroit pû résider dans son nouveau gouvernement *sans que les intérêts de la Princesse en souffrissent*, il lui permit par les mêmes lettres de provision d'y *faire faire le service par un substitut* (ou lieu-tenant) qui en eût la capacité, sous condition qu'en qualité de *supérieur* il demeureroit *responsable des fautes de cet officier*. Les lettres par lesquelles Foulques d'Agout confère ce gouvernement à Guigonet Jarente, portent qu'il l'en établit *châtelain*; Mais cette qualité est équivalante à celle de *gouverneur*. C'étoit l'expression du tems.

Mêmes lettres du 21 Janvier 1379.

Mêmes lettres.

Les charges dont étoit revêtu Guigonet Jarente, l'attachant à la Reine Jeanne par des liens particuliers, il avoit de fréquentes occasions de lui donner des preuves de zèle; Et de son côté, elle lui donna des marques de la satisfaction qu'elle avoit de *son attachement*, de *sa probité* & de *ses soins*, en lui confirmant le gouvernement *de la tour de Seyne & de son réduit*, par des lettres qui sont dattées *du 9 Février de l'an* 1380 & le *trente-huitième de son règne, indiction troisième*. Ces lettres sont très honorables pour Guigonet Jarente; Mais elles sont encore plus intéressantes pour l'histoire du droit public, en ce qu'elles montrent de quelle autorité jouissoit le tribunal de justice supérieure qui avoit pour chef le Sénéchal de la province. Il comprenoit tout-à la fois celui qu'on nommoit alors *les chambres des appellations* & qu'on appelle au jour-d'hui *parlement*, avec la *chambre des comptes & celles du fisc* (ou domaine) & *des archives*. On le nommoit *la grande cour* ou *la cour royale de Provence*; Et il y en avoit une pareille dans le Royaume de Naples. Jeanne déclare positivement par ses lettres que la faveur qui avoit été faite à Guigonet Jarente, avoit pour objet de récompenser *des services importans & nombreux qu'elle avoit reçûs de lui*, & en lui confirmant le don du gouvernement de la tour de Seyne & de son *réduit*, reconnoît que lorsque les emplois de cette nature venoient à vaquer, ils tomboient *en la main de la grande cour*, & que c'étoit au Sénéchal à en disposer en sa qualité de *chef de cette cour*. Elle ajoute seulement deux conditions à celles que Foulques d'Agout avoit imposées à Guigonet Jarente en lui donnant le gouvernement dont il l'avoit pourvû. La première étoit, qu'outre le *serment ordinaire qui se*

Confirmation du gouvernement de la tour de Seyne par la Reine Jeanne, & différence de l'ère des indictions en France & à Rome.

Lettres pat. du 6 Nov. 1352, citées plus haut, pag. 54; Et autres, en nombre infini.

Autres du 9 Fév. 1380, en la collection, pag. 3 & suiv.

Mêmes lettres.

prêtoit en la cour du Sénéchal, il donneroit caution juratoire de servir avec fidélité, & d'observer religieusement les *statuts* ou règlemens de la province & ce qu'on y appelloit les *capitules* ou *chapitres de la paix* (c'est-à dire les chartes portant établissement des communautés de villes & de bourgs ou concession de leur privilèges); Et l'autre, que quand Guigonet Jarente ou son substitut se rendroient à Seyne & que la tour & son *réduit* leur seroient livrés, ils feroient dresser plusieurs inventaires uniformes des armes, vivres, bagages, provisions de guerre & *prisonniers* qui s'y trouveroient (avec mencion du jour de la livraison), que les uns resteroient entre les mains de Guigonet Jarente, & que les autres seroient envoyés en l'archive d'Aix pour y être mis & conservés dans le dépôt. Ces mêmes lettres de la Reine Jeanne ayant été *perdues par accident*, Guigonet Jarente lui demanda par une *requête* la grace d'en faire chercher la minutte *dans les registres qui se conservoient près de sa personne.* Elle s'y trouva. La Reine Jeanne en ordonna une nouvelle expédition le 8 Juillet de l'an 1381, *trente-neuvième de son règne*, indiction *quatrième.* Cette expédition fut incorporée (selon l'usage du tems) dans les lettres qui l'ordonnoient. Le 12 du même mois, Jeanne addressa un mandement au Sénéchal, au Trésorier, aux Clavaires (ou Receveurs) & à tous ses autres officiers de ses Comtés de Provence & de Forcalquier (relativement aux fonctions respectives de leurs charges ou emplois), pour payer *de mois en mois* à Guigonet Jarente sur des *assignations de fonds* que Foulques d'Agout avoit faites antérieurement & sur celles qu'il feroit à l'avenir, *les cinquante florins d'or qu'il lui avoit attribués pour gages* & qu'elle appelle *florins de chambre*, parce que c'étoient ceux sur le pied desquels se payoient les redevances de la chambre du domaine; Et le 21 Novembre suivant, *indiction cinquième*, Foulques d'Agout qui en conférant l'emploi à Guigonet Jarente avoit dès-jà addressé un pareil mandement aux Clavaires des lieu & ressort de Seyne, ordonna (en sa qualité de *Sénéchal* de la province) *l'exécution & l'enregistrement de toutes ces lettres.* Néant-moins les mêmes lettres ni les provisions accordées à Guigonet Jarente par Foulques d'Agout dans lesquelles est relaté le pouvoir du 28 Octobre 1378, ne furent registrées en l'archive d'Aix que le 21 Février de l'an 1402 c'est-à dire 1403, si l'on suppose (comme il y a lieu de le croire) que la chambre des archives suivît la manière de compter qui étoit assés généralemen usitée dans la province; Ce que l'on n'a pû discerner dans l'acte d'enregistrement, parce que l'indiction n'y est point marquée, & que d'ailleurs il ne contient aucun des autres caractères qui servent à fixer les dates des monumens quand elles ne sont point positives. Les troubles de la province

Mêmes lettres.

Autres du 8 Juillet 1381, pag. 5.

Autres du 12 Juill., même pag. & suiv.

Autres du 21 Nov. 1381, pag. 7.

Acte de ce jour, pag. 8.

furent probablement la cause de ce retardement. On doit observer qu'en Provence comme en France & dans l'Empire, les indictions se datoient du mois de *Septembre*, au lieu qu'à Rome elles ne se comptoient que du 1 de *Janvier suivant*. C'est la raison pourquoi l'indiction est autre dans l'ordonnance de Foulques d'Agout du 21 Novembre 1381, que dans les lettres de la Reine Jeanne des 8 & 12 Juillet de la même année. Une expédition de celles du 9 Février 1380 qui a été envoyée de la chambre des comptes d'Aix, porte les mots de *quatrième indiction* au lieu de *troisième*, mais par une mès-prise de greffier qui est évidente.

Autres faveurs que Guigonet Jarente reçoit de la Reine Jeanne.

Il n'est pas moins vraisemblable que malgré la permission que Foulques d'Agout & la Reine Jeanne avoient accordée à Guigonet Jarente de faire faire son service dans la tour de Seyne par un substitut, ce gouvernement avoit été jugé incompatible avec l'office de Procureur général de la Princesse; Car Jeanne ne le qualifie plus que son *Trésorier de Provence* dans ses lettres du *9 Février de l'an* 1380; Et il paroît de plus par ces lettres qu'il résidoit pour lors à Seyne. C'est ce qu'indiquent ces mots du texte: *Guigoneto Jarente de Sedenâ*, à moins qu'ils ne signifient que la ville de Seyne étoit le lieu même de sa naissance. Fort peu de tems après, il quitta encore la Trésorerie de Provence pour un office de *Maître rationnal en la grande cour royale de cette province* ou de *Conseiller en la partie qui concernoit les comptes, le domaine & les archives*. Jeanne lui en donne la qualité dans ses lettres patentes des 8 & 12 Juillet de l'an 1381; Et il n'en a plus d'autres depuis ces époques jusqu'à la fin de sa vie, excepté qu'au mois de Janvier de l'an 1384 on le trouve en même tems parmi les membres d'un *conseil* qui étoit depuis long-tems établi en Provence sur le modèle de celui qu'en France on appelloit alors le *grand-conseil* & quelque-fois le *super-éminent conseil*, & qui est au jour-d'hui le *conseil d'état*. Selon les mêmes lettres, Guigonet Jarente résidoit tous-jours à *Seyne*. Assés vraisemblablement, il étoit occupé du soin de réparer la désercion de la tour & du *réduit* que les bourgeois y avoient ajouté dans le tems des guerres. Il y a également apparence qu'après les avoir repeuplés, il donna l'être au lieu de *Sallon-de Seyne* qui est dans le même canton, d'autant qu'on ne trouve aucun indice de l'existence de ce lieu avant le 6 Janvier de l'an 1384, & que depuis ce tems-là il est presque continuellement représenté comme le domicile ordinaire de Guigonet Jarente. Dans la suite, on l'a nommé *Sallonet* pour le distinguer de la ville de *Sallon* au diocèse d'Arles, qui est quelque-fois appellée *Sallon-de crau* comme sise à la tête de la plaine de ce nom. Toutes ces différentes lettres patentes de la Reine

Lettres pat. du 6 Janvier 1384, qui seront citées plus bas; Et acte du 10 Fév. 1347, en l'hist. d'Aix par un médecin nommé Pitton, pag. 181 & suiv.

Jeanne Ière & de Foulques d'Agout n'ont été connues que par des expéditions ou copies qui en ont été levées en la chambre des comptes d'Aix ; C'est pourquoi on n'a été nullement étonné de trouver l'indiction altérée dans celles du 9 *Février de l'an* 1380. Il est d'autant plus évident que c'est une mès-prise du commis qui a expédié ces copies, qu'entre un grand nombre d'extraits de titres ou de faits historiques que le Généalogiste des ordres du Roi a rassemblés pour en enrichir la preuve de noblesse faite par M. l'Evêque d'Orléans pour sa récepcion en celui du St Esprit, il cite un état des officiers de l'ancienne cour royale de Provence qui porte que Guigonet Jarente fût reçû en l'office de Maître rationnal de cette cour le 20 *Avril de l'an* 1380. Si cet état est fidèle & la date juste, Guigonet Jarente ne pouvoit plus être Trésorier de la province le 9 Février de l'an 1381 qui seroit désigné par la *quatrième indiction.* Les fonctions des deux charges étoient trop opposées, pour n'être pas incompatibles. Au surplus, cette place de *Maître rationnal* ni même le gouvernement *de la tour de Seyne & de son réduit*, n'étoient pas les premières faveurs que Guigonet Jarente eût obtenues de la Reine Jeanne pour récompense des services qu'il avoit rendus à cette Princesse. Selon des lettres de confirmation dont il sera parlé dans la suite, Jeanne lui avoit dès-jà donné pour lui & pour ses descendans *les fours bannaux de la ville & du territoire de Seyne* qui étoient du domaine de Provence, avec l'*albergue* qui dans le tems de la confirmation produisoit annuellement *vingt-sept livres* (en écus pour lors appellés *coronats*) & *dix sols, monnoie de la province.* Elles ne furent point aussi les dernières graces qu'il ait reçûes des Princes sous qui il a vécu. Ces nouveaux bien-faits sont même autant de monumens de son mérite. On peut juger de leurs motifs & de leur prix par les circonstances dans lesquelles il lui furent accordés & qui ne sont autres que celles où se trouvoit alors la province. Un tableau fidèle des évènemens publics pris dans leur source, ne peut être un épisode indiscret, n'ayant été traités qu'avec beaucoup de négligence & de parcialité, non seulement par tous les historiens Provençaux (quels qu'ils ayent été), mais même par tous ceux d'Italie, sans excepcion du Juris-consulte Napolitain *Pietro Giannone* qui a tant eu de célébrité en France auprès de nos têtes légères & peu sçavantes, & qui ne l'a méritée tout au plus qu'à Genève ou dans son voisinage. Des actes originaux, inconnus pour la plus-part à tous ces écrivains, fourniront seuls les couleurs du tableau ; Et il n'en sera point employé de suspectes ni d'équivoques, les lieux où les originaux se conservent, étant les archives du Vatican, le trésor des chartes qui est sous la garde du Procureur général au Parlement

Addition au procès-verbal de preuves de noblesse, non imprimé.

Lettres pat. du 3 Mars 1444, en la collect., pag. 517 & suiv. ; Et autres du 1. Sept. 1459, pag. 522 & suiv.

Parlement de Paris, la bibliothèque du Roi, l'archive royal d'Aix & d'autres semblables dépôts publics qui ne sont pas moins à l'abri de toute infidélité.

§ III.

Première source des troubles qui ont affligé la Provence & le Royaume de Naples sur la fin du règne de la Reine Jeanne Ière, adoption qu'elle fait de la personne de Louis I Duc d'Anjou l'un des frères du Roi Charles V, acquiescement authentique d'une partie des Provençaux à cet acte, résistance de l'autre, soumission de toute la province à l'obéissance du Duc Louis II fils aîné & successeur de Louis I, quelle part eût dans ces affaires le chef de la maison de Jarente qui vivoit pour lors, & suite de de l'histoire de la famille jusqu'à l'auteur commun des différentes branches qui la composent au jour-d'hui.

Clauses principales de l'in-féodation du Royaume de Sicile en faveur de Charles I Comte d'Anjou & du Maine.

Quelques clauses des plus essencielles de l'in-féodation du Royaume de Sicile en faveur de Charles I Comte d'Anjou & du Maine (l'un des frères du Roi St Louis), furent la première source des troubles qui ont affligé la partie principale de ce beau Royaume & les Comtés de Provence & de Forcalquier, vers la fin du règne de la Reine Jeanne Ière. Cette in-féodation avoit renfermé les mêmes objets que celle du 27 Juillet de l'an 1139, & avoit été conçue presque dans les mêmes termes, si non que les objets in-féodés y étoient mieux expliqués, & les conditions du bien-fait plus étendues. L'isle de Sicile y avoit été comprise avec ses annèxes (c'est-dire avec la royauté du Duché de Pouille & de la Principauté de Capoue & avec toutes les provinces qui composent le Royaume de Naples), sous la seule réserve *de la ville de Bénevent & de son territoire* qui avoient été dès-jà formellement exceptés de l'in-féodation faite à Edmond (second fils du Roi d'Angleterre Henri III), & qui le furent encore dans cette occasion comme une *ancienne propriété de l'Eglise Romaine que le St Siège n'entendoit nullement aliéner*; Mais dès les dernières années de Charles I, une révolte de la ville de Palerme dans l'isle de Sicile, (imitée successivement par beau-coup d'autres & accompagnée par-tout de massacres que nos romans confondent en une seule journée sous le nom de *vêpres Siciliennes*), avoit séparé la domination de cette isle & celle du continent, de sorte qu'au tems des troubles ils formoient deux Royaumes distincts qui avoient chacun son souverain propre. Deux héritières étoient assises dans le même moment sur ces deux trônes. Celle qui règnoit sur l'isle, se nommoit *Marie*. Jeanne étoit l'autre, celle-ci dès-jà

Lettres & bulles dès-jà citées pag. 31; Itèm autres des 29 Mai & 4 Nov. 1265, Rayn. sous 1265, n° 14 & suiv.; Et acte du 19 Juin 1289, sous mêm. an, n° 2 & suiv.

âgée de plus de cinquante-cinq ans, & celle-là très jeune. Les deux Royaumes se différencioient aussi par les noms de *Sicile au de-là du Phare* & de *Sicile en de-çà du Phare.* C'est de cette distinction que sont dérivées l'expression de *Royaume des deux Siciles* quand on n'en fait qu'un des deux joints ensemble, & celle de *Royaume de Naples* dont se sert le vulgaire pour désigner le Royaume qui est situé dans le continent d'Italie. On ne traite cette dernière désignation que d'*expression vulgaire* ; Et l'on y est autorisé ; Car les Princes qui n'ont régné que dans le continent, ne s'en qualifioient pas moins *Roix de Sicile* (comme le prouvent tous les monumens qui restent de leurs règnes), au lieu que par un accord peu postérieur à la révolution (mais que les usurpateurs de l'isle n'ont jamais exécuté), l'un des premiers d'entr'eux s'étoit obligé de ne plus prendre à l'avenir d'autre titre que celui de *Roi de Trinacrie*, qui demeureroit même *éteint avec lui au moment de sa mort.* Après les clauses relatives à l'*hommage* & au serment d'*obéissance* & de *fidélité* que Charles I & sa postérité feroient à perpétuité au St Siège, au cens annuel qu'ils payeroient, à la redevance *d'une hacquenée blanche* qu'ils présenteroient *tous les trois ans*, au service militaire qu'ils devroient selon les cas prescrits par les anciennes coûtumes, à la police du gouvernement, aux privilèges de chaque ordre & sur-tout à la *liberté des églises & des corps ecclésiastiques*, à l'administration de la justice & aux loix qu'ils *observeroient & feroient observer*, (loix dont la première étoit un *statut* célèbre fait par le Roi *Guillaume II*, tandis qu'on regarderoit comme nul tout ce qu'avoient statué & ordonné *au préjudice des droits de la nation* l'Empereur *Frédéric* II, son fils *Conrad* & son bâtard *Mainfroy* Prince de Tarente, alors usurpateur du Royaume sous le spécieux prétexte de le conserver au jeune *Conradin* fils unique de Conrad & dernier descendant légitime de l'Impératrice Constance), une des conditions principales de l'in-féodation du Royaume entier étoit que *la couronne seroit perpétuellement incompatible avec toute autre*, & spécialement *avec celle de l'Empire ou du Royaume Theutonique*, & avec *la suzeraineté immédiate de la Lombardie & de la Toscanne ou de la majeure partie de ces provinces.* Si par succession de tems, les vœux des nations appelloient un Roi de Sicile au trône Impérial par les degrés qui y conduisoient, ou aux deux seigneuries que l'in-féodation déclaroit incompatibles avec la couronne de Sicile, il ne lui seroit permis d'accepter l'élection ni de prendre aucune part directe ou indirecte au gouvernement de ces pays, qu'en *abdiquant sur le champ sa couronne héréditaire*, à moins qu'il ne la préférât à l'offre qui lui seroit faite ; Ce qui dépendroit de son choix ; Ou il demeureroit *dès-chû*

Exemples, lettres des 28 Oct. 1378, 9 Fev. 1380, 8 & 12 Juill. 1381, dès-jà citées pag. 56, 57 & 58; Et autres, passim.

Bulle du 21 Mai 1303, Rayn. sous mêm. an, n° 24 & suiv.

Mêmes lettres, bulles & actes que cy-dessus; Et acte du 7 Octobre 1276, Rayn. sous mêm. an, n° 38 & suiv.

du trône de Sicile; Et le St Siège seroit le maître *de le transporter à qui il jugeroit à propos.* La tyrannie de l'Empereur Henri VI père de Frédéric II, la sienne propre & celle de ses enfans, avoient prouvé la nécessité d'une stipulation de cette nature, en apprenant au St Siège ce qu'il auroit éternellement à craindre tant que les deux trônes seroient occupés par un même Prince. Celles qui suivent, n'étoient pas moins nécessaires pour assûrer les droits du St Siège & le repos des peuples.

Autres clauses importantes de la même in-féodation.

Mêmes actes & bulles des 29 Mai & 4 Nov. 1265, que cy-dessus; Et autres, passim.

Elles règloient l'ordre de la succession au trône de Sicile, soit que Charles I laissât des enfans, soit qu'il mourût sans postérité. A Charles succéderoient sans aucune difficulté ses descendans légitimes, avec *préférence des mâles aux filles* tant que la ligne seroit directe, & de *l'héritier le plus âgé au plus jeune en égalité de degrés.* En cas que Charles vînt à mourir sans enfans légitimes, au moment de sa mort la couronne passeroit à son frère Alphonse Comte de Poitiers & de Toulouse (*si Alphonse vivoit encore dans ce moment*), ou (à son défaut) au second fils de St Louis, qui ne seroit point *héritier présomptif du trône de France*; Mais *ces graces ne seroient que personnelles.* Si ces Princes ne survivoient point à Charles, après lui nul de leurs enfans ou autres descendans n'auroit droit à la couronne de Sicile. Elle retomberoit sans contradiction *au pouvoir du St Siège* qui en disposeroit *à son gré & avec toute liberté.* La ligne directe des descendans de Charles venant à s'éteindre, à la mort du Prince ou de la Princesse qui seroit décédé sans enfans, la succession appartiendroit au *collatéral le plus prochain*, soit *frère ou sœur du défunt, oncle ou tante ou autre ascendant collatéral juqu'au quatrième degré*, soit *neveu ou nièce ou autre descendant aussi jusqu'au quatrième degré*, & tous-jours avec *préférence du sèxe masculin au sèxe féminin lorsque le degré seroit égal.* Dans la ligne directe ou dans la ligne collatérale, s'il arrivoit qu'une fille appellée à la succession eût épousé un mari qui ne fût point *catholique & sincèrement soumis au St Siège*, ou que dans la suite elle contractât un mariage que *le St Siège n'eût point approuvé*, ses droits passeroient successivement aux Princes ou aux Princesses qui la suivroient dans l'ordre de la primo-géniture; Et si de pareils obstacles s'opposoient à leur vocation de manière que l'ordre de la succession fût entièrement épuisé, le St Siège rentreroit alors dans son droit sur la couronne. L'héritière non mariée, ne pourroit l'être que *par l'avis du St Siège* & avec un époux *catholique, fidèle à l'Eglise & capable de gouverner.* En cas de minorité ou de quelque incapacité dans le Prince ou dans la Princesse qui auroit recueilli la succession, le souverain Pontife feroit conduire les rênes de l'état par deux

Régens qu'il nommeroit, qui porteroient le titre de *Bayles* ou *Administrateurs du Royaume*, dont le premier seroit tous-jours un *Cardinal* & le second un *Prince* ou *Seigneur laïc*, & qui représenteroient, l'un le St Siège, & l'autre le nouveau Roi ou la nouvelle Reine. Nul *bâtard ne pourroit recueillir la couronne*, ni nul Prince ou Princesse partager le Royaume ou aliéner aucune partie du domaine royal, ni *envahir celui que le St Siège s'y réservoit*, ou qu'il possédoit soit *dans Rome* & *dans son territoire* ou dans les provinces qu'on y appelle la *Maritime*, l'*Ombrie* ou le *Duché de Spolette*, la *marche d'Ancône* & le *patrimoine de St Pierre en Toscanne* ou *l'héritage allodial de la Comtesse Mathilde*, soit en aucun autre endroit du monde, ni en accepter *aucun don* ou *transport*, ni entrer en confédération contre le St Siège avec aucun de ses ennemis *dans l'ordre de la foi* ou *dans l'ordre politique*. Six mois après un nouvel avènement au trône (en cas que le Pape fût en Italie) ou un an après (s'il en étoit absent), le Prince ou la Princesse qui y seroient montés, *viendroient en personne* lui faire *hommage de leur couronne*, à moins qu'il ne lui plût de différer cette cérémonie ou de faire recevoir leurs sermens par un Cardinal ou par un autre commissaire revêtu des pouvoirs du St Siège à cet effet. Le cens annuel & la redevance triennale d'une *hacquenée blanche*, se payeroient régulièrement à leur échéance. S'il n'y étoit point satis-fait avec exactitude, après *trois délais accordés pour remplir l'engagement contracté*, l'in-féodation deviendroit nulle ; Et le trône *retourneroit au pouvoir du St Siège*. Charles & ses successeurs (quels qu'ils fûssent) violant *une seule des conditions essencielles de l'in-féodation*, le St Siège auroit toute faculté *de les priver de leur couronne sans aucune forme de procès ni solemnité de droit*, & *d'en investir qui il voudroit aussi librement que si elle n'avoit jamais été conférée à Charles*. D'autres actes ajoûtoient à ces stipulations que le St Siège n'accordoit le Royaume à ce Prince & à sa postérité qu'*en considération du sang dont il étoit issu & du dévouement des Roix ses ancêtres aux intérêts de l'Eglise*, & que la couronne tombant à une héritière qui ne seroit point mariée, elle ne pourroit l'être qu'à un Prince issu (comme elle) de Charles I ou *d'une autre branche de la maison royale de France* ; Et elles ont été toutes renouvellées à chaque investiture accordée depuis le même Prince. Rien n'est plus flatteur pour la France que le vœu de ces loix qui sembloient destiner pour tous-jours à un de ses Princes *le bien-fait du St Siège*. Cependant depuis les massacres qui enlevèrent l'isle de Sicile à Charles I, elles n'ont eu leur entière exécution qu'en la personne du *Monarque qui règne actuellement en Espagne*, puisqu'il est vrai que depuis cette époque malheureuse, il a été *le premier Prince* du

Bulle du 2 Septemb. 1265, Rayn. sous mêm. an, n° 26 ; Et autres, passim.

du sang royal de France sur la tête de qui *les deux Siciles ayent été ré-unies & sans être jointes à d'autres couronnes.* Son successeur dans ce Royaume a au jour-d'hui le même avantage.

Béatrix de Provence femme de Charles I, instituée héritière des Comtés de Provence & de Forcalquier par préférence à trois sœurs qu'elle avoit, chagrin qu'en a la Reine de France leur aînée, & difficulté d'exercer ses droits dans ce moment.

Le droit de succession aux Comtés de Provence & de Forcalquier fut une seconde source des troubles qui firent le malheur des dernières années de la Reine Jeanne Ière & celui de ses peuples. Ces deux Comtés étoient incontestablement dans les limites de l'Empire, & fiefs Impériaux. La France avoit avoué cent fois cette double vérité historique, & n'a jamais cessé d'en continuer l'aveu. Si l'adulation de quelques particuliers a postérieurement obscurci les faits qui assûrent le triomphe de ces vérités, elle n'a pû les anéantir; Et le cri public les atteste encore au jour-d'hui sur les deux bords du Rhône; Mais ce que les adulateurs paroissent avoir ignoré, c'est que ces deux fiefs étoient du nombre de ceux qu'on appelloit *fiefs libres* ou *anciens*, & jouissoient conséquemment de beau-coup d'immunités & de prérogatives dont la première étoit d'être *transmissibles aux filles & à leur postérité*, (prérogatives que ne partageoient point les fiefs *nouveaux* ou *ordinaires*). Raymond-Bérenger dernier Comte de Provence & de Forcalquier de la maison d'Aragon ou de Barcelonne, beau-père & prédécesseur immédiat de Charles I dans la possession de ces deux Comtés, en avoit disposé par testament en faveur de sa fille *Béatrix* de Provence qui fut la première femme de Charles, en l'instituant *son héritière universelle* sous les seules conditions de remplir fidèlement ses dernières volontés & de payer *quelques legs* ou *supplémens de dots à trois autres filles* qu'il laissoit pour uniques héritières naturelles de son sang & de ses biens avec Béatrix. Celle-ci n'en étoit que la plus jeune. L'aînée de toutes, étoit *Margueritte* de Provence femme du Roi St Louis, mère féconde dont le sang a été l'heureuse source de celui de tous les Roix qui ont été assis sur le trône de France depuis ce saint Monarque jusqu'à présent. Des deux autres qui se nommoient *Eléonore* & *Sanchette*, la première étoit mariée au Roi d'Angleterre Henri III, & la seconde à Richard Comte de Cornouailles, unique frère germain de Henri, que dès le commencement de l'an 1224 il avoit revêtu du titre de *Comte de Poitou* pour l'intéresser à la défense de son Duché d'Aquitaine contre les armes victorieuses du Roi Louis VIII père de St Louis, & qui fut un des Princes que les suffrages d'une partie de l'Allemagne élevèrent au trône Germanique, après que le St Siège eut déclaré la conduite de l'Empereur Frédéric II aussi contraire *aux loix de l'Empire qu'à ses propres sermens.* Margueritte & Éléonore comme aînées des quatre sœurs, auroient eu sans contre-

Testament de Raymond-Bérenger du 20 Juin 1238, en l'hist. des Comtes de Provence par Ruffi, pag. 105 & suiv.; Et au trésor des chartes.

Lettres de Henri III des 23 Mars, 30 Juin & 14 Août 1224, Rym. tom. I, pag. 277, 280 & suiv., ou 94 & 96.

dit les deux premières parts du patrimoine de leurs ancêtres; si la dernière volonté de leur père n'avoit point dérangé l'ordre de la succession; Mais la préférence qu'il avoit donnée à la cadette, étoit-elle permise par les loix? C'étoit le nœud de la difficulté. Margueritte de Provence fut sensible au tort que lui fesoit le testament de son père, & s'en plaignit amèrement en réclamant les deux Comtés qui auroient dû lui appartenir en sa qualité de principale héritière de sa maison; Mais le St Siège sentit aussi quel fléau ce seroit pour toute la chrétienté que deux Princes qui étoient tout-à la fois frères & beaux-frères, s'armant l'un contre l'autre, donnassent à l'univers le barbare spectacle d'une nouvelle Thébaïde, & à quels dangers la France exposeroit en même tems sa gloire fondée (comme celle de l'Empire) sur cette maxime de droit public que *son souverain ne peut faire hommage à aucune puissance du monde*, si St Louis (en acceptant un fief Impérial) portoit lui-même atteinte à cette maxime *que le St Siège avoit seul accréditée dans l'Europe*; Et son repos, si le testament de Raymond-Bérenger annullé dans sa disposition fondamentale, donnoit un pied en Provence aux Roix d'Angleterre & à leur avide nation à qui il n'en restoit encore que trop dans le continent, quoique les victoires des Roix Philippe-auguste & Louis VIII & la sage conduite de St Louis y eussent insensiblement réduit leurs possessions à une partie du Duché d'Aquitaine qui n'en étoit que la moindre porcion. Henri & Richard n'ignoroient point les droits de leurs femmes; Et il paroît que *douze ans après la mort de leur beau-père*, ils étoient encore dans l'intension de les soûtenir, quoique dans ce moment-là Henri parle d'un *accord* qu'il venoit de conclurre avec Charles, vraisemblablement sur d'autres objets. Heureusement pour la France, le St Siège avoit occupé leur cupidité du projet de mettre dans leur maison la couronne de Sicile avec toutes ses annèxes. Elle fut proposée d'abord pour Richard, & ensuite pour son neveu Edmond. Cette seconde proposition mieux reçûe des Anglois que la première, la bulle d'in-féodation fut expédiée; Et lors que Henri fesoit des préparatifs pour joindre la possession au droit, le trône Germanique ayant vaqué par la mort de Guillaume II Comte de Hollande qui avoit remplacé le Land-grave Henri de Thuringe premier successeur de Frédéric II, une partie de l'Empire le déféra à Richard, tandis que l'autre y appella cet Alphonse Roi de Castille & de Léon que l'orgueil Castillan a décoré du sur-nom de *sage* & qui le fut très peu; Mais nul des projets ne réussit. Une guerre intestine allumée fort à propos en Angleterre par le Comte de Leycestre (l'un des fils cadets du fameux Simon de Mont-fort) qui y avoit épousé une sœur

Notice de bref, Rayn. sous 1258, nº 20.

Bref à Philippe-auguste de l'an 1201, dès-jà cité pag. 39.

Lettre de Henri III à Béatrix Comtesse douairière de Provence sa belle-mère du 1 Janv. 1257, Rym. tom. I, pag. 616 & suiv., ou part. II, pag. 23 & suiv.

Lettres & bulles des 6 Mars 1254, dès-jà citées pag. 31 & 61.

germaine de Henri III & qu'une des fureurs de son peuple avoit rendu son maître, força Henri de préférer la conservation de sa propre couronne à la gloire d'en mettre une autre sur la tête de son second fils; Et Richard mourut sans avoir joui de celle qu'il convoitoit, quoiqu'il fût favorisé de toute l'Italie, son procès avec Alphonse n'ayant pû être jugé avant sa mort. On a d'ailleurs tout lieu de croire que Charles I donna de l'*argent* aux deux Princes Anglois pour subvenir aux besoins de leurs affaires; Et nul de leurs nationnaux n'entra pour lors en Provence.

Bulle d'Urbain IV, Rayn. sous 1264, n° 37 & suiv.; Et bref de Clément IV à Alphonse, sous 1266, n° 36.

Il fut beau-coup plus difficile à Charles I de contenir la jalousie de la Reine de France & de faire cesser ses plaintes. Elle étoit presque aussi pieuse que le Roi son époux; Mais elle ne cessoit point pour cela d'être femme, & femme Provençale. Ses desirs n'en étoient que plus impétueux, & sa haine plus ardente contre Charles à qui elle reprochoit (non sans fondement) de lui retenir son héritage. Les deux Princes doublement unis par les liens d'une amitié tendre comme par ceux de la fraternité & d'une affinité si proche, furent successivement exhortés à une éternelle concorde par les Archevêques d'*Embrun* & de *Narbonne* que le St Siège avoit chargés de ses ordres à cet égard, & par un grand nombre de *brefs* dont l'esprit (relativement au Roi St Louis) étoit de lui insinuer qu'il devoit attendre du *bénéfice des années ce que le moment présent sembloit lui refuser*. Ce sage Monarque, malgré sa piété, n'avoit pas besoin de remontrances pour sentir que l'honneur de sa couronne ne devoit point être compromis, & qu'il le seroit par la possession d'un fief qui l'obligeroit à un hommage envers l'Empire & envers le chef de ce corps redoutable. Plus solidement éclairé par la droiture de son âme que les politiques ne le sont souvent par la fausseté de leur art, il vit l'inconvénient & les maux qui l'escortoient, en eut horreur, apperçût dans le fonds de la perspective le jour heureux qui la terminoit, se tut sur le présent, imposa le même silence à la Reine sa femme, qui obéit & n'en conserva pas moins ses droits & son desir de les faire valoir aussi-tôt qu'elle seroit devenue la maîtresse absolue de ses actions. Dès qu'elle se vit veuve, ses droits & ses cris occupèrent de nouveau la scène publique; Mais un autre rival que Charles & les deux Princes Anglois, lui donna bien-tôt d'autres inquiétudes. Richard (qui se qualifioit tous-jours *Roi des Romains*) étant mort peu de tems après le Roi St Louis, & le Pontife ayant eu la fermeté de faire signifier au Roi de Castille que cet événement ne procuroit aucun avantage à sa cause parce que son élection étoit *vicieuse*, & que l'indépen-

Conseil du St Siège à St Louis au sujet des droits de la Reine, prétension de Rodolphe I Roi des Romains, & investiture humiliante qu'obtient de lui Charles I pour se maintenir en possession des deux Comtés.

Bref à St Louis du du 21 Oct. 1262, Rayn. sous mêm. an n° 44 & suiv.; Et autre à Marguerite, sous 1264, n° 1 & suiv.; It. notices d'autres, à la suite; Et instruct. au Card. de Ste Cécile envoyé en France avec titre de Légat, n° 9 & 10.

Instructions & mémoires des droits du Roi en 1375 & ans suivans, au trésor des chartes, layette étiquettée Hongrie, n 6 & 7; Et notice de bref à Charles I, Rayn. sous 1268, n°. 37.

Bref à Alphonse du 16 Sept. 1272, sous mêm. an, n° 33 & suiv.

dance ecclésiastique ne seroit pas plus effrayée de l'humeur qu'il prendroit de cette déclaration ni des menaces qui la suivroient, que séduite par des offres & par des promesses qui ne s'accorderoient point *avec l'honneur de l'Eglise* ni *avec l'équité*, une élection plus régulière subrogea à ces deux Princes le fameux Rodolphe Comte de Hapsbourg, qui a été le premier auteur de la gloire de l'auguste maison d'Autriche; Et il en eut à peine obtenu la confirmation du St Siège, qu'il entreprit d'exercer les droits de l'Empire sur les deux Comtés qui étoient pour lors indubitablement renfermés dans ses limites. Ils lui avoient été représentés comme des fiefs *nouveaux* ou *ordinaires*; Et il soutenoit qu'aux termes mêmes de *l'investiture accordée par ses prédécesseurs à Raymond-Bérenger*, ce Comte étant mort sans enfans mâles, les deux Comtés étoient dévolus à l'Empire, & que c'étoit à lui d'en disposer en sa qualité de chef de ce puissant état. L'erreur étoit évidente, & n'auroit pas laissé de prévaloir, si le St Siège n'eût encore inter-posé sa médiation & son autorité dans cette querelle. Après beau-coup de nouveaux brefs & de soins de la part de deux Cardinaux Légats dont l'un monta depuis sur le trône Apostolique & fut le célèbre *Boniface VIII*, Rodolphe consentit d'accorder l'investiture des deux Comtés à Charles I *pour le tems de sa vie* (supposé qu'il voulût *en garder la possession tant qu'il vivroit*) & *pour les enfans nés de son mariage avec Béatrix de Provence* (qui étoit morte alors) ainsi que *pour la ligne de leurs descendans*, mais seulement à titre de *nouvelle concession* ou de *fiefs nouveaux & ordinaires*, & conséquemment avec tous les dès-avantages que les coûtumes de l'Empire ont attachés aux fiefs de cette nature; Et Charles, pour se main-tenir dans la possession qu'il en avoit, eut la foiblesse d'en accepter la confirmation à un titre onéreux qui les dénaturoit au préjudice du droit de la Reine de France, & compromettoit autant l'honneur du sang royal & le sien propre que celui de ses deux Comtés. Une bulle Impériale d'investiture fut expédiée en conformité de cet accord, avec protestation de la part de Rodolphe de ne s'être point engagé à l'égard de Margueritte par aucun acte de *donation*, de *confirmation*, d'*investiture* ou de *concession*, ni par aucuns *traités directs* ou *indirects* qui *pûssent préjudicier à la nouvelle in-féodation qu'il accordoit à Charles & à la ligne des descendans de son mariage avec Béatrix de Provence*; Et le 28 Mars de l'an 1280, Rodolphe en instruisit les Archevêques, Evêques & autres Prélats des deux Comtés, par un rescrit d'où ces faits sont empruntés & où il dit que son intension étoit *d'accroître les droits des églises plustôt que de les restreindre*, qu'*il réservoit au souverain Pontife* pour le tems présent & pour l'avenir *le jugement des difficultés dont sa*

Rescrit Impérial du 28 Mars 1280, sous même an, n° 2.

Notice de brefs à Philippe le hardi, sous 1278, n° 38; Et autres, sous 1280, n° 1 & suiv.

Même rescrit Impérial que cy-dessus.

Même rescrit Impérial.

Même rescrit Impérial.

sa bulle Impériale seroit susceptible, qu'il s'engageoit à obéir fidèlement aux décisions du St Siège (*quand même elles ne seroient que verbales*), & que lorsqu'il recevroit la couronne Impériale, il confirmeroit religieusement toutes ces dispositions. Charles souscrivit lui-même à un semblable engagement par des lettres patentes qui sont dattées de Naples le 8 Mai de la même année, en s'y réservant seulement la faculté de servir le St Siège contre Rodolphe en cas que Rodolphe fît la guerre au St Siège, & de fournir au Roi de France l'aide qu'il lui devoit en sa double qualité de Prince du sang royal & de Comte d'Anjou & du Maine, sous condition de ne pouvoir mener des *sujets de domination Impériale contre l'Empereur* ou *Roi des Romains*, ni des *sujets de domination Françoise contre leur souverain*.

Lettres patentes de ce jour, n° 3 & suiv.

Margueritte de Provence vivoit encore dans le tems de ces convencions, n'étant morte qu'au mois de Décembre 1295 & ayant conséquemment sur-vécu plus de *trente-cinq ans* au Roi St Louis son époux, quoiqu'ils en eussent passé *trente-six* dans le lien du mariage. Elle fut promptement avertie de l'investiture que son beau-frère avoit obtenue de Rodolphe; Et Rome retentit aussi-tôt de nouvelles plaintes. Le Roi Philippe le hardi son fils aîné, moins modéré & moins pénétrant que n'avoit été St Louis, sembla même épouser son chagrin. Quelques brefs addoucissans tempérèrent leur courroux; Et une *pension annuelle* que Charles assigna à Margueritte *sur ses Comtés d'Anjou & du Maine*, acheva de fermer la bouche à la Princesse Provençale, mais sans avoir détruit les droits de sa naissance qui étoient trop solides pour être éclipsés par un arrangement de pure provision ou par la foiblesse qu'avoit eu Charles de consentir à la dégradation des deux Comtés, à l'insçû de trois collatéraux dont les droits étoient mieux fondés que ceux qu'il exerçoit. Il eût fallu qu'un jugement les proscrivît comme nuls; Et il n'y en a jamais eu. Plusieurs mariages contractés entre les descendans des deux maisons & les rapprochemens de parenté que les affinités opèrent entre des branches originairement sorties d'une même souche, ayant postérieurement rendu nos Roix les seuls héritiers légitimes du sang de Béatrix de Provence comme ils l'étoient de celui de Margueritte & du Roi St Louis relativement à leur extraction paternelle, cette ré-union des deux lignes sur leurs têtes a produit en leurs personnes une confusion des droits de l'une & de l'autre ligne qui a été bien-tôt suivie d'une juste possession de l'objet contesté. Dès le moment de la ré-union des droits, il n'y a plus eu de procès; Et il ne pouvoit plus y en avoir, puisque la contestation tomboit nécessairement avec la distinction des

Pension accordée par Charles à la Reine sa belle-sœur, & vrais fondemens de tous les droits du Roi sur la province, avec une critique des auteurs qui les ont mal connus.

Notice de bref, Rayn. sous 1280, n° 4; Et acte du Mercredi après Noel 1289, dès-jà cité pag. 48.

lignes. C'eſt la ſeule raiſon pourquoi elle n'a jamais été jugée; Car elle ſubſiſtoit tous-jours au commencement des troubles de la province; Et les Anglois mêmes montrèrent alors qu'ils n'avoient pas encore renoncé à la part qu'ils pouvoient y prétendre. Quant à la ſouveraineté, elle a été ſagement compriſe dans tous les traités faits entre la France & l'Empire; Et la couronne en jouit au jour-d'hui avec autant de ſolidité que de juſtice, ſans que pour établir la légitimité de ſon droit ſur cette partie de ſes poſſeſſions, il ſoit néceſſaire de nier contre l'évidence même (comme ont fait quelques écrivains François) que la province fût *dans les limites de l'Empire* lorſque Charles I épouſa la Princeſſe qui en étoit inſtituée héritière au préjudice de la Reine de France ſa ſœur aînée, ou de ſoûtenir (avec eux & avec la même fauſſeté) qu'il y avoit dès-jà *pluſieurs ſiècles* que *la ſouveraineté de l'Empire ſur les pays qui ſont à la gauche du Rhône* en deſcendant à la mer méditerranée, *n'étoit plus qu'une chimère*. De pareils moyens peuvent être utiles dans une négociation politique; Mais la négociation conſommée, ils doivent faire place à la bonne foi, ſuppoſé qu'elle ne doive pas y préſider, puiſqu'il eſt autant de la dignité du Roi de ne rien devoir au menſonge ni à l'injuſtice qui le ſuit infailliblement, que de n'être ſub-ordonné à aucune puiſſance du monde. Quelques Empereurs mal informés des fondemens du droit de la France & encore plus mal conſeillés, ont voulu les attaquer, & ont échoué dans ces conteſtations qui intéreſſoient auſſi eſſenciellement le repos de l'Empire que celui du Royaume. La liberté Germanique étant fondée ſur les mêmes traités, un de leurs objets ne pouvoit être ébranlé que l'autre ne s'écroulât en même tems. Pierre DuPuy (cet écrivain célèbre dont l'autorité eſt ſi grande parmi nous dans des matières qui n'ont pas tous-jours été de ſon reſſort), a fait un ample volume de *traités des droits du Roi* ſur divers pays de l'Europe, dans lequel il y en a deux entiers, l'un des prétenſions que Louis XIV pouvoit former ſur les *Royaumes de Naples & de Sicile*, & l'autre de ſa légitime poſſeſſion des *Comtés de Provence & de Forcalquier*; Et on n'y trouve aucune des vraies ſources de ces droits, quoique l'auteur ait eu entre ſes mains la plus grande partie des monumens qui les ont fait connoître, ayant été long-tems employé au tréſor des chartes du Roi par les ordres des Miniſtres conjointement avec Théodore *Godefroy*, & à dreſſer un inventaire des titres de ce précieux dépôt, que l'éditeur de ſon œuvre vante beau-coup & qui mérite très peu cet éloge. Soit incurie, ſoit prévenſion, aux ſolides fondemens des droits du Roi il en a ſouvent ſubſtitués qui ne ſont rien moins que ce que dit ſon panégyriſte *dénués de toute cavillation & de tout dégui-*

Inſtructions & mémoires des droits du Roi, dès-jà cités pag. 67; Et lettres de Richard II Roi d'Angleterre, qui le seront cy-après.

Hiſt. généalog. de la maiſon de France & des grands offic. de la couronne, tom. I, pag. 396; Et autres.

Intérêts des puiſſances de l'Europe, livre traduit de l'Allemand par Rouſſet, édit. in-4°, tom. I, pag. 132 & ſuiv.

Traité des droits du Roi, Paris 1655 in-fol., pag. 1 & ſuiv.; Et pag. 373 & ſuiv.

Avertiſſement, en tête du même livre.

sement, & pleins de bonne foi, sans qu'il y ait rien de foible, ni qui se démente. Aussi a-t-il été victorieusement réfuté par quelques savans Allemands tels que *Schwedner* & *Glaffey*. L'Allemagne n'auroit point eu cet avantage sur nous, s'il avoit toujours été judicieux & vrai, parce qu'il n'appartient qu'à la vérité d'être invincible. Raynaldi & Leibnitz ont présenté au public le *rescrit de Rodolphe* au clergé de Provence pour *la bulle Impériale* dont il y est question, & vraisemblablement ne l'ont point lû, même en l'employant dans leurs ouvrages; Car s'ils l'avoient lû, ils n'auroient pû le trouver autre qu'il n'est en effet. Ils y font faire à ce Prince une *réserve des droits de Margueritte de Provence*, lorsqu'au contraire il y proteste *ne lui avoir accordé aucune grace qui pût préjudicier à ses dispositions en faveur de Charles*; Et le texte de la pièce est devenu in-intelligible entre leurs mains, parce qu'ils ont voulu le plier à leur fausse idée. La même pièce contient la preuve d'un autre fait qui n'est pas moins important. C'est que Rodolphe y assûre en termes formels que les noms de *Comté* & de *Marquisat de Provence* étoient absolument *syn-onymes*, & ne désignoient *qu'un seul & même pays, & non plusieurs* ([a]). Il n'y avoit donc point de glèbe particulière sur laquelle la dignité de *Marquis de Provence* fût assise, comme l'historien de Languedoc & quelques autres écrivains François l'ont pensé. Un fait de cette nature devoit être mieux sçû du tems de Rodolphe que quatre ou cinq siècles après lui; Mais Margueritte fut bien tôt vengée de l'injustice qui lui étoit faite; Car Charles touchoit alors de près au commencement des malheurs de sa maison qui n'ont été tous qu'une suite du même évènement.

Theatrum historicum prætensionum & controversiarum illustrium in Europâ; Et autres livres.

Continuation des annales de Baronius, tom. XIV, sous 1280, n° 2; Et Leibnitz, au livre intitulé Codex diplomaticus, prodromus ou avant-propos, pag. 20, n° 15.

Au tome dès-jà cité pag. 37 & suiv.

Jamais règne n'eut un début plus brillant que l'avoient été les seize premières années de ce Prince; Et jamais règne ne finit plus tristement. L'in-féodation du Royaume de Sicile lui étoit à peine proposée, lorsque le conseil municipal de Rome, enthousiasmé du mérite que la renommée lui attribuoit & se croyant destitué de tout appui par les factions qui divisoient l'Empire, le proclama tumultueusement *Sénateur* de cette capitale, sans que le St Siège en eût été prévenu, quoique si essenciellement intéressé *à un juste équilibre des droits que les Empereurs avoient* (& ont peut-être encore au jour-d'hui) *dans Rome & dans ses dépendances, & de ceux qui y sont partie de l'immunité ecclésiastique.* Cette châleur bourgeoise dont le danger avoit été souvent éprouvé, déplut fort au souverain Pontife qui étoit alors Urbain IV. Il en écrivit au Roi St Louis & à Charles même, & finit par approuver l'élection de ce Prince, sous condition qu'il n'accepteroit que pour

Couronnement de Charles I & de Béatrix de Provence, victoire qu'il remporte sur le bâtard Mainfroy, & à quel degré de puissance il s'élève.

Bref à Charles du 12 Juin 1265, Rayn. sous mêm. an, n° 12.

Notice d'autres à St Louis & à Charles.

(*a*) Texte du rescrit : *Intendentes hec duo nomina scilicet Comitatum & Marchionatum (Provincie) esse syn-onyma, & unum, non diversa, supponere.*

les, sous 1264, n° 7; Et acte du 25 Avril même an, n° 9 & suiv.

pour *cinq ans au plus* la dignité municipale qui lui étoit offerte, & qu'il *s'en démettroit aussi-tôt qu'il seroit en possession de la couronne de Sicile ou de la plus forte partie du Royaume ;* Et il se rendit en Italie, tant pour s'y faire installer dans le *capitoulat Romain* (qu'on y appelle noblement *le Capitole*), que pour être à portée de traiter de la concession qu'il desiroit encore plus passionnément que le St Siège. Urbain mourut, tandis qu'elle se négocioit ; Mais Clément IV l'ayant remplacé au mois de Février de l'an 1265, la négociation fut continuée, & le traité conclu dès le 29 Mai de la même année. Une bulle Apostolique qui est dattée du 4 Novembre suivant, y mit le sçeau de l'exécution, en consignant à la postérité les *conditions qui en étoient la base ;* Et il fut couronné à Rome avec Béatrix de Provence le 6 Janvier de l'an 1266, en jurant *pour lui & pour ses descendans* de remplir de *bonne foi* tous les engagemens qu'il avoit contractés si volontairement, & d'observer avec fidélité *les loix auxquelles il s'étoit soumis.* Raynaldi observe avec raison que la formule de son serment fut la même que pour les *Royaumes d'Aragon & d'Angleterre*, qui n'étoient point alors d'une autre nature que celui des deux Siciles, non plus que *la seigneurie des isles de Sardaigne & de Corse & de leurs appartenances.* Cet évènement, les procédures de forme qui l'avoient précédé & l'arrivée d'une armée presque toute composée de Provençaux, ayant fait juger au bâtard Mainfroy qu'il se soutiendroit difficilement contre Charles sur un trône dont il n'étoit qu'usurpateur, ils marchèrent l'un contre l'autre, & se joignirent près de Bénevent. Mainfroy y périt les armes à la main le Vendredy 26 Février de l'an 1266, laissant le Royaume au pouvoir du vainqueur avec sa femme & ses enfans, à l'excepcion d'une fille nommée *Constance*, qui étoit mariée à Pierre III Roi d'Aragon (alors seulement héritier présomptif de cette couronne) & qui occasionna dans la suite tous les malheurs de Charles & de sa maison. Le Pontife enchanté du succès de ce Prince en qui il ne voyoit qu'un libérateur du St Siège & de toute l'Italie, lui en témoigna son contentement par de nouvelles marques de confiance. Comme il a été longtems de principe public dans l'Europe que *durant une vacance du trône Impérial c'étoit au souverain Pontife d'en exercer tous les droits en Italie* & qu'il étoit réputé vacant tant qu'un jugement solemnel du St Siège n'avoit point prononcé lequel des deux étoit *le légitime Empereur* ou du Comte de Cornouailles (beau-frère de Charles) ou du Roi de Castille, Clément le créa Vicaire de l'Empire dans toute la Toscanne sous le titre de *Conservateur de la paix* pour le tems que *l'Empire demeureroit sans chef ;* Et après avoir successivement restreint & confirmé son

Acte du 29 Mai 1265, dès-ja cité pag. 61.

Bulle du jour, sous mêm. an, n° 20.

Acte du 6 Janvier 1266, sous même an, n° 4.

Observation, sous 1265, n° 16 ; Et diplome Impérial du 21 Octob. 1275, n° 38.

Décret du 11 Nov. 1263, n° 65 & suiv.; Et bref du 18 Juill. 1265, n° 23 ; Item autres du mêm. jour, n° 24 & suiv ; Et autre du 2 Sept., n° 26.

Lettre de Charles au Pape écritte du champ de bataille, sous 1266, n° 13 & suiv.

Supplique de Louis I Duc d'Anjou à l'Anti-pape Robert de Genève, énoncée en une bulle de Robert du 22 Juillet 1380, qui sera citée cy-après.

Bulle du 10 Avril 1267, Rayn. sous mêm. an, n° 5 ; Et autre du 4 Juin, n°

ſon pouvoir, il lui procura lui-même l'honneur d'être une ſeconde fois élû *Sénateur de Rome pour dix ans.* Le Prince éprouva auſſi de ſon côté combien la fortune en impoſe ſouvent à ceux mêmes qui ſont le plus éloignés d'avoir part à ſes faveurs; Et dans peu, ſa puiſſance égala celle du Roi ſon frère, ſi elle ne la ſurpaſſa. Béatrix de Provence lui ayant donné un grand nombre d'enfans & entr'autres deux fils dont l'aîné portoit comme lui le nom de *Charles* & le titre de *Prince de Salerne* avec celui de *Seigneur de l'honneur* (ou alleud) *du mont St Ange*, il conclut preſque en même tems le mariage du ſecond avec une fille unique de Guillaume de *Ville-hardouin* qui étoit devenu *Prince d'Achaye & de la Morée* à la faveur des guerres de Paleſtine, & celui d'une de ſes filles avec Philippe de Courtenay, fils unique du malheureux Baudouin qui avoit été couronné Empereur de Conſtantinople dans la capitale même de l'Empire & à qui le Grec Michel Paléo-logue venoit d'enlever l'une & l'autre; Et quoique Baudouin ne fût plus qu'Empereur titulaire, pour s'attacher Charles & ſa famille qui devenoit de jour en jour plus nombreuſe, en donnant l'inveſtiture de l'Achaye au nouvel époux il y comprit *le père & toute ſa poſtérité, en cas que le nouvel époux mourût ſans enfans;* Ce qui arriva dans la ſuite, & valut à Charles le titre de *Prince d'Achaye* avec pluſieurs villes & terres conſidérables dans la Grèce & juſqu'en Dalmacie, & des prétenſions ſur toute la province, l'une des plus vaſtes de l'Empire Grec, qui comptoit parmi ſes mouvances la Morée même & le Duché d'Athènes. Vers le même tems, les Provençaux intimidés par l'aſcendant qu'il prenoit dans l'Europe, lui firent leur ſerment de *fidélité* & d'*hommage,* quoiqu'il fût convenu avec la Reine ſa belle-ſœur *qu'ils demeureroient en ſouffrance juſqu'à la déciſion de leur différend;* Et le Pape lui ayant fait de vifs reproches de ſon entrepriſe, quelques excuſes peu ſolides lui en conſervèrent le fruit.

7; Item lettres pat. de Charles du même jour, n° 6 & 8; Et bref au Pro-conſul de Rome du 3 Mai 1268, ſous 1268, n° 26 & ſuiv.

Bref du 18 Mars 1282 à Charles & à ſon fils aîné, Rayn. ſous 1282, n° 5 & ſuiv.; Et autres, paſſim; It. traité du 7 Mars 1267, cité au tom. I de l'hiſt. de la maiſon de France & des grands offic. de la couronne, pag. 396; Et autre du 27 Mai mêm. an, cité pag. 479.

Même traité du 27 Mai 1267.

Lettres patentes de Charles du 8 Mai 1280, dès-jà citées pag. 69.

Notice de bref à Margueritte, Rayn. ſous 1268, n 37; Et d'autre à Charles, même n°.

Autre victoire remportée par Charles ſur le jeune Conradin qu'il fait décapiter.

Il lui reſtoit cependant encore un ennemi aſſez redoutable pour lui donner de continuelles inquiétudes, juſques ſur ſon trône. C'étoit le jeune Conradin fils unique de Conrad & petit-fils de l'Empereur Frédéric II, qui n'étoit privé du droit d'y ſuccéder, que parce que quatre de ſes aſcendans avoient conſécutivement prouvé à tout l'univers que *la religion des ſermens n'étoit pour eux qu'un jeu.* Outre que Conradin poſſédoit toujours en Allemagne le *Duché de Souabe* qui y avoit formé le premier état conſidérable de ſa famille & dont il ne pouvoit être dépouillé qu'après qu'un décret Impérial auroit ordonné cette exécution, le St Siège avoit eu l'indulgence de lui réſerver non ſeulement *ce Duché*, mais les droits que ſa naiſſance lui donnoit *ſur pluſieurs terres que ſes ancêtres avoient poſſédées*

Bref du 28 Juillet 1256, n 3 & ſuiv.; Et autre du 3 Juin 1262, n 5 & ſuiv.

Bulle d'Innoc. IV,

sous 1254, tom. XIII, n 47 & suiv.

Bulle du jour, sous 1245, n° 33 & suiv.; Et bref du 26 Avril 1246, n° 11 & suiv.; Itèm bulle du 23 Mai mêm. an, n 18 & suiv.; Et bref du 4 Juin 1253, n 2.

Bref du 17 Avril 1247, n° 55; Et autre du 26 Juillet 1252, n° 27.

Décret de prorogation du 4 Février 1254, tom. XIII, n° 41.

Bulle du 17 Juillet 1245, citée plus haut.

Actes, cités par Rayn. sous 1252, n° 27; It. autres de 1264, cités au tom. II de l'hist. des grands offic. de la couronne, pag. 596; Et bulle d'Innocent IV, citée plus haut.

Bref d'Honorius III à Frédéric, cité plus haut, pag. 32 & suiv.

Bref au Roi de

dans l'une & dans l'autre Sicile, & *sur la couronne de Jérusalem* qui étoit le patrimoine d'Yoland de Brienne son ayeule paternelle, Conrad son père étant né du mariage d'Yoland avec Frédéric II, & devenu l'aîné des enfans de cet Empereur par la mort du Prince Henri qui avoit été couronné Roi de Sicile dès l'an 1215 & ensuite élu Roi des Romains. Dès le commencement des troubles qui avoient suivi les décrets lancés d'abord à Lyon contre Frédéric le 17 Juillet de l'an 1245 dans le premier concile général de cette ville *après une mûre délibération tant avec le sacré collège qu'avec toute l'assemblée* (a), & successivement contre Conrad pour avoir participé aux fureurs & à la tyrannie de son père, Henri Roi de Chypre fils d'une sœur utérine de la mère d'Yoland (dont la légitimité étoit très équivoque), s'étoit saisi des tristes restes du Royaume de Jérusalem sans en être repris par le S Siège & plus-tôt avec *approbation de cette conduite*, parce qu'il ne fesoit qu'exécuter les décrets de la puissance ecclésiastique contre les deux Princes infracteurs de leurs sermens & de l'ordre public, & que d'ailleurs la source de son sang n'étoit pas solemnellement jugée vicieuse; Mais comme Conradin étoit né avant que son père eût été condamné *par un jugement diffinitif*, le Pape Innocent IV (sous qui se passèrent ces scènes) ayant postérieurement déclaré qu'il conservoit les droits de ce jeune Prince sur *Jérusalem* & sur *toutes les autres parties de son patrimoine* (à l'exception du Royaume de Sicile dont il devoit règler le sort *conformément au bien des peuples*), le Roi de Chypre & l'Administrateur d'un fils qu'il laissa peu après en bas âge pour unique héritier de son Royaume de Chypre, ne prirent plus que le titre de *Bayles* ou *Administrateurs de celui de Jérusalem*; Et le Pontife entendoit si peu faire tort à Conradin, qu'en statuant après la mort de Conrad que *les sermens de fidélité & d'hommage* (que recevoient les Roix de Sicile) *seroient faits directement au St Siège*, il avoit ajoûté que ce ne seroit qu'avec *réserve du droit que le Prince mineur pouvoit y avoir*, & que la bulle (qui contient ces dispositions) le traite formellement de *Roi de Jérusalem*. Presque aussi-tôt qu'il étoit né, il avoit été emporté en Souabe pour n'être point exposé sous la tyrannie du bâtard Mainfroy aux dangers que Frédéric II avoit courus sous celle de Philippe de Souabe son propre oncle; Et il venoit d'y arriver à l'âge de première majorité qui étoit presque généralement fixé à dix-huit ans, ou approchoit fort de cet âge. Des intriguans persuadèrent aisément à l'orgueil

---

(a) Début du décret : *Sacro presente Concilio ad rei memoriam sempiternam*; Et dans le dispositif : *Cum fratribus nostris Cardinalibus & sacro-sancto Concilio deliberacione pre-habitâ maturâ & diligenti.*

gueil de ſa jeuneſſe & de ſon ignorance qu'il n'étoit dépouillé de l'héritage de ſes ayeux que par une injuſtice qu'il ne devoit point ſouffrir ; Et il partit de Souabe pour l'Italie avec un peuple entier d'Allemands dès-œuvrés, à demi ſauvages & avides d'argent, qui s'étoient empreſſés de le ſuivre, croyant que l'Italie étoit l'Arabie heureuſe, & Rome le temple de Salomon, tandis que le St Siège étoit tellement épuiſé par les dépenſes qu'il feſoit ſans ceſſe pour le repos de la chrétienté, que depuis très peu de tems il avoit été contraint d'engager le fonds de plus de *cent mille livres du revenu de quelques égliſes de Rome*(a), ſans compter d'anciennes dettes de la chambre Apoſtolique qui étoient dès-jà très conſidérables. Le Pontife inſtruit de l'arrivée de Conradin & de ſes projets, lui en remontra l'injuſtice & la témérité, le menaça, fit procéder contre lui avec autant de régularité que de modération, prononça, & ne le ramena point à la raiſon. Au contraire aveuglé par ſa préſompcion, dès ſon entrée en Italie ayant pris le titre de *Roi de Sicile* avec toute la pompe de la royauté, il fondit ſur les domaines de l'Egliſe dans la Lombardie & dans la Toſcanne & principalement ſur *l'héritage allodial de la Comteſſe Mathilde* qui a tous-jours été l'objet de la convoitiſe Germanique, pénétra juſqu'à Rome où il fut reçû de l'inconſtante bourgeoiſie avec les mêmes tranſports de joie que s'il y eût été couronné Empereur, voulut tenter le ſort des armes, fut battu le 22 Août 1268, prit la fuite & demeura priſonnier de Charles I, lorſqu'il ne projettoit rien moins que de lui arracher ſa couronne ; Et Charles le fit décapiter, contre l'avis du St Siège qui ſentit le danger d'une ſi exceſſive ſévérité & ſes ſuites, les lui prédit en demandant grace pour le jeune Prince, & ne fut point écouté. Avec Conradin avoient été pris entr'autres chefs un frère du Roi de Caſtille qui

Bohème du 27 Fév. 1267, Rayn. ſous mêm. an, n° 3 ; Et autre du 10 Avril, n° 2.

Brefs à deux Légats & à Charles ſous 1265, n° 22 ; Et autre à Charles, ſous 1266, n° 9.

Bref au Roi de Bohème, dès-jà cité ; Et premiers ajournemens de Conradin, ſous 1267, n° 4 ; It. décret du Jeudi S[t] 1268, ſous mêm. an, n 4 & ſuiv ; Et autre du mêm. jour, n 21 & ſuiv.

Bref à St Louis du 3 Mai 1264, ſous mêm. an, n° 13 & ſuiv. ; Et autres paſſim.

Lettre de Charles au Pape écritte le lendemain de la bataille, ſous 1268, n 32 & ſuiv. ; Et bref du 18 Sept., n° 34.

Autre à Charles, n° 36.

(a) Texte de brefs au Cardinal de Ste Cécile, alors Légat en France & depuis Pape ſous le nom de Martin IV : *Eccè prò ipſo Rege Sicilie poſſeſſiones eccleſiarum Urbis (exceptis S[ti] Petri & S[ti] Johannis Lateranenſis & Cardinalium eccleſiis, & hoſpitalium & monialium) obligavimus uſquè ad centum millia librarum proventuum (ſi ea poterimus invenire), & exponimus eccleſias magno periculo ;* Et à un autre Cardinal : *Angit nos cogitatus aſſiduus de paupere ſtatu noſtro cujus relevacionem Deo committimus ; Prò cujus amore & proximorum exemplo, noſtram equanimitèr patimur paupertatem.* Item d'autre à Charles : *Vide partes orbis concuſſas ; Et ſcire poteris cauſas inopie. Anglia adverſatur. Alemannia vix obedit. Francia gemit & queritur. Hiſpania non ſibi ſufficit. Italia non ſubvenit, ſed emungit ; Et undè poteſt Romanus Pontifex (ſi Deum timet & reveretur homines) ſibi vel aliis in miliciâ vel pecuniâ ſubvenire ?* Et encore d'autre au même : *Nec montes nec fluvios habemus aureos, nec tuo poſſumus deſiderio ſatis-facere ; Et quantùm-cumque neceſſitas urgeat, nihil poſſumus utilitèr facere. Fecimus autem liberalitèr quod potuimus ; Et quod poterimus commodè, faciemus ; Sed exhauſtis jàm viribus & mercatoribus fatigatis, cur nos ulteriùs inquietes videre non poſſumus, niſi forsàn requiras miraculum (ad quod nobis nequaquàm merita ſuffragantur), ut in aurum terram vel lapides convertamus.* (Raynaldi ſous 1265, n° 22 ; Et ſous 1266, n° 9.)

Bref du 18 Sept., cité plus haut; Et bulles précédentes.

Bref au Roi de Bohème, dès-jà cité; Et autre au Card. Evêque d'Albano, à la suite.

Bouche, histoire de Prov. tom. II. pag. 283 & suiv.; Et fausse épitaphe, par lui rapportée pag. 290.

Bref au Card. Ev. d'Albano, dès-jà cité.

qui après avoir succédé à Charles dans la dignité municipale de *Sénateur de Rome* avoit entraîné le peuple dans le parti de son ennemi, & un jeune Seigneur de la maison de Bade qui se qualifioit *Duc d'Autriche* du chef de sa mère, quoique (selon le témoignage même du Pape Clément IV) il ne possédât pas *un seul pouce de terre dans tout le Duché de ce nom.* Ce jeune Allemand fut décapité avec Conradin & avec plusieurs de ses complices. Des considérations particulières bornèrent la punition du Prince Castillan à une longue prison. L'opinion vulgaire représente communément le compagnon du malheur de Conradin comme le *dernier mâle de l'ancienne maison d'Autriche*, & n'est qu'une erreur. Un prétendu monument (récemment fabriqué) le fait de celle de *Hapsbourg* avec laquelle il n'a jamais eu rien de commun, & ne mérite nul égard. Sa mère étoit fille d'un frère du dernier Duc d'Autriche, mais mort avant lui, & avoit été privée du Duché par le Roi de Bohème, comme mari d'une sœur du même Duc qui lui avoit sur-vécu. C'étoit ce Roi qui le possédoit tout entier au tems de l'irrupcion de Conradin en Italie.

Acquisition de droits sur le Royaume de Jérusalem, prise de possession de ce qui en restoit aux Européens, & révolte de l'isle de Sicile.

Bref du 13 Avril 1272, Rayn. sous mêm. an, n° 18; Et acte du Mercredi après Noel 1289, dès-ja cité pag. 48 & 69.

Supplique énoncée en une commission du 24 Octob. 1272, qui sera citée plus bas.

Même supplique que cy-dessus.

Le bruit du désastre de Conradin s'étant répandu en Palestine & dans tout l'orient, les débris du trône de Jérusalem qui lui avoient appartenu, y firent naître une contestation de même genre que celle de la succession au Royaume de Sicile; & qui tourna également à l'avantage de Charles I. Il étoit favorisé de la fortune. Tous ses projets lui réussissoient. Une Princesse que les vrais monumens du tems ne qualifient que *Demoiselle* & que quelques-uns appellent seulement *Marie de Jérusalem*, fut la première actrice de cette seconde sçène. Née du mariage de Boémond Prince d'Antioche avec une *Mélisende de Lezignem* qui n'étoit que sœur utérine de la mère d'Yoland de Brienne comme celle du feu Roi de Chypre & même cadette de l'une & de l'autre, mais dont la légitimité n'avoit jamais été suspecte, il ne restoit plus qu'elle de sa ligne. Le trône de Conradin sembloit conséquemment lui être dévolu de droit. Comme c'étoit au Patriarche de Jérusalem à faire la cérémonie de son couronnement, elle le fit *sommer d'y procéder*, avec offre en son nom *de justifier de son droit au trône*, & signification *d'un appel au S. Siège*, s'il refusoit *d'obtempérer à son desir*. L'Administrateur du Royaume de Chypre qui en étoit récemment devenu le propriétaire par la mort de son pupille & qui y règnoit sous le nom de Hugues III, ayant formé dans le même tems une semblable demande comme héritier le plus proche du jeune Prince dont il avoit été le tuteur (& dont il étoit oncle) & ayant obtenu la préférence sur Marie au préjudice de l'appel signifié en son nom, elle *appella également de la préférence donnée à son compétiteur*,

pétiteur, & se rendit à Rome pour y *faire juger le fond de la contestation avec son double appel*. Sa supplique y fut admise, & Hugues ajourné *à y comparoître en personne* ou par le ministère d'un *procureur muni de pouvoirs suffisans & des titres qui pourroient servir à sa cause*; Et il obéit au décret, en constituant un procureur pour soûtenir son intérêt. Tandis que l'affaire s'instruisoit devant le souverain Pontife, Marie comprit sans doute que quand même son droit seroit victorieux à Rome, il seroit difficile qu'il prévalût sur la possession & sur les ressources d'un Roi qu'elle ne pourroit attaquer qu'avec une bulle. Elle en traita avec Charles I, & le lui *transporta* par *un acte public* qui est datté de l'an 1276. Une *pension annuelle* fut le prix de cette cession; Et Charles l'assigna encore spécialement *sur ses Comtés d'Anjou & du Maine*. En conséquence de cet accord, il ajouta le titre de *Roi de Jérusalem* à celui de *Roi de Sicile*; Ou plustôt il le mit en tête de toutes ses qualités, vraisemblablement par respect pour un lieu qui étoit révéré du plus grand nombre des chrétiens comme le premier berçeau du christianisme; Et des officiers chargés de ses ordres, allèrent le mettre en possession des villes & places qui composoient les débris de son nouveau trône. Le Roi de Chypre le fit *citer à son tour devant le St Siège*. Après quelques délais, il s'y mit *en état de défense*, mais sans cesser de joindre à ses qualités le nouveau titre qu'il avoit pris; Et le 8 Mai de l'an 1280, il les grossissoit encore de celui de *Comte de Tonnerre*, comme mari d'une fille de l'ancienne maison de Bourgogne qu'il avoit épousée en secondes nôces quelques années au par-avant & qui étoit héritière de ce Comté du chef de sa mère. Enfin maître d'un très riche Royaume, d'un grand nombre de villes & de places fortes en Palestine & dans la Grèce, de trois provinces considérables & d'une des plus belles terres de France, rempli de confiance en ses forces & en quelques accords faits entre lui & le Grec Michel Paléo-logue qui avoit usurpé le trône de Constantinople sur ses propres nationnaux comme sur les Latins, il se disposoit à passer en Palestine, lorsque cet usurpateur arma contre lui; Et il l'auroit aisément puni de cette perfidie, si la révolte arrivée à Palerme *vers le tems de la quinzaine de Pâques* de l'an 1282, n'avoit dissipé tout-à coup sa puissance comme un songe. Dès *le jour de l'Ascension* (7 Mai de la même année), des censures qui avoient été précédemment lancées sur Paléo-logue, furent aggravées, & les habitans de Palerme frappés de la même punition, avec défense *à toute l'Italie* & à toutes personnes *ecclésiastiques* ou *soumises à la juris-diction temporelle du St Siège* de *contracter aucune association avec l'usurpateur ni avec les rébelles* ou de *leur fournir aucunes armes* ou *secours*, &

Commission à l'Archev. de Nazareth & autres Prélats pour ajourner Hugues, Rayn. sous 1272, n° 19 & suiv.

Acte cité au tom III de l'histoire des grands officiers de la couronne, pag. 84, comme étant au trésor des chartes, layette étiquettée Anjou, n° 29; Et autre du Mercrédi après Noel, 1289, dès-jà cité pag. 48 & 69.

Notice de bref, Rayn. sous 1279, n° 15.

Lettres pat. du jour, dès-jà citées, pag. 69.

Notices d'actes, Rayn. sous 1274, n° 20; Et sous 1275, n° 47.

Bref à Charles & à son fils, dès-jà cité pag. 73; Et décret ou jugement du 21 Mars 1283, qui le sera cy-après.

Décret ou jugement du 20 Nov. 1281, sous mêm. an, n° 25; Et autre du Jeudi S^t 1282, énoncé en un troisième du 7 Mai; Item autre du 7 Mai, sous 1282.

1282, n° 8 & suiv.; Et quatrième du mêm. jour, n° 13 & suiv.

injonction particulière à ceux-ci *de rentrer dans l'obéissance qu'ils devoient à la puissance ecclésiastique & à Charles.* Les rébelles parurent chagrins de la peine qui leur étoit infligée, & députèrent vers le Pontife pour justifier leurs mouvemens, & l'assûrer de leur soumission.

Extrait d'apologie, n° 19; It. notice de bref à la suite; Et commission du 5 Juin 1282, n° 20 & suiv.

Un Légat extra-ordinaire eut ordre de passer en Sicile pour reconnoître la cause des troubles, & y remédier, *si elle étoit légitime.* Il s'y rendit; Mais tandis que le St Siège usoit d'une si grande indulgence & que Charles

Constitution du 10 mêm. mois, n° 12; Et décret ou jugement du 21 Mars 1283, sous même an; n° 13 & suiv.

même sacrifioit la dignité de sa couronne & son pouvoir par un statut de la nature de ceux que l'autorité compromise n'a jamais accordés avec succès à des sujets révoltés, presque toutes les parties de l'isle imitèrent successivement la fureur des bourgeois de Palerme; Et en peu de tems, Charles, sa famille & le nom François, y eurent autant d'ennemis qu'on y comptoit d'habitans, & des ennemis acharnés, parce qu'ils se sentoient soûtenus.

Bref à Jacques Roi d'Aragon père de Pierre du 26 Avr. 1262, sous 1262, n° 9 & suiv.; Et autre à St Louis, n° 17 & suiv.

Leur appui principal étoit Pierre III Roi d'Aragon qui avoit épousé vingt ans au par-avant la fille aînée du bâtard Mainfroy, quoique le St Siège se fût vivement opposé à ce mariage, prévoyant dès lors les maux qu'il occasionneroit. Des rébelles dont plusieurs auroient *péri sur un échaffaut* si le St Siège n'avoit obtenu de Charles *qu'il commuât leur supplice en un bannissement*,

Décret ou jugement du Jeudi S^t 1282, sous 1282, n° 29; Et autre du 20 Nov., n° 26.

s'étoient insinués auprès de Paléologue & de Pierre, & n'avoient que trop réussi à les unir, en persuadant à l'un qu'il avoit tout à craindre de la puissance de Charles & de son armement pour la Palestine, & à l'autre que

Premier décret du 7 Mai 1282, dès-jà cité plus haut; Et autre du 21 Mars 1283, aussi dès-jà cité.

quoique son beau-père fût *bâtard adultérin*, au défaut d'héritiers légitimes il n'auroit pas dû être privé du droit de succéder à ses ancêtres, & que son droit étoit établi par un assés grand nombre d'exemples, d'autant que son illégitimité n'avoit point empêché le Pape Innocent IV de confirmer un don

Bulle du 27 Sept. 1254, sous même an, tom. XIII, n° 56 & suiv.

que l'Empereur son père lui avoit fait de la *Principauté de Tarente* avec les *Comtés de Gravina & de Tricarico & l'honneur* (ou alleud) *du mont-St Ange*, de lui en accorder une nouvelle investiture & même d'y ajoûter le *Comté d'Andrie*, & que l'exclusion des bâtards prononcée par l'in-féodation du Royaume en faveur du Roi Charles I ne pouvoit avoir un effet rétro-actif. Peut-être est-ce alors que la flatterie corrompit la

Autorités, citées cy-devant pag. 30.

source du sang des deux Princes qui avoient régné sur la Sicile & sur ses annèxes après le Roi Guillaume II; Car les passions qui sont les mêmes dans tous les pays du monde, ont tousjours sçû composer l'histoire sur les intérêts des puissances, ou plus-tôt sur leurs propres vûes dont les puissances sont souvent le jouet. Le Grec devoit fournir à la dépense de la guerre, & l'Aragonois agir. En exécution du traité, Pierre

Même décret du 21

se mit en mer *sous prétexte de réprimer les Sarazins d'Afrique*, &

ne fit que se promener au tour de l'isle de Sicile avec sa flotte d'où il soufloit le feu de la discorde, en attendant le moment de lever le masque.

Mars 1283 que cy-dessus.

Ce moment ne tarda point à se présenter avec tous les avantages que pouvoient desirer la vengeance des proscrits, la lâcheté de l'usurpateur de Constantinople, l'ambition de Pierre, la vanité de sa femme humiliée par la pensée d'avoir eu pour père un *bâtard adultérin*, & leur commune impatience de profiter d'une conjoncture propre à faire oublier le vice de sa naissance. Les habitans de la ville de *Messine* ayant d'abord imité la révolte de ceux de Palerme & ensuite renchéri avec réflexion sur leur férocité jusqu'au point d'*égorger des officiers de Charles* ou *de ses fidèles serviteurs après leur avoir juré de ne leur faire aucun mal* & au moment où le Légat (reçû d'eux avec les démonstrations du plus grand respect) alloit donner *la paix à toute l'isle*, Pierre se fit demander du secours par ces rébelles contre les François de qui ils se disoient *opprimés* & qu'ils massacroient. Il fut aussi-tôt dans leur port; Et ils le proclamèrent *Roi de Sicile*. Le Pape qui étoit alors Martin IV, ne fut nullement duppe de cette fourberie. Un décret Apostolique publié à *Monte-fiascone* le 20 Novembre 1282, jour de *la dédicace de la basilique de Sr Pierre de Rome*, l'un des quatre principaux de l'année où se font les publications solemnelles des décrets du St Siège ([a]), déclara que *Pierre & tous ses adhérans* avoient encouru *les censures prononcées par le décret du 7 Mai précédent*, & lui enjoignit de sortir de l'isle, avec défense de se qualifier *Roi de Sicile* & de se mêler du gouvernement d'aucune partie du Royaume, & à Paléologue comme à lui de *tenir leur traité de confédération contre Charles* ou de *fournir du secours aux rébelles*, & citation de l'un & de l'autre dans les termes qui leur étoient assignés pour comparoître devant le St Siège *& réparer leurs torts ainsi qu'il seroit ordonné*; Et le même jour, Conrad d'Antioche (l'un des rébelles à qui Charles avoit remis la peine de mort) fut frappé des mêmes censures, comme infracteur d'un serment qu'il avoit fait alors *de ne jamais servir contre la puissance ecclésiastique ni contre Charles*. Pierre se moqua du décret, & n'en travailla que plus vivement à affermir son autorité dans l'isle, en portant le feu de la révolte dans tous les lieux qu'il n'avoit pas encore embrasés. Néant-moins son Royaume d'Aragon étant feudataire du St Siège, il sentit que tôt ou tard il subiroit la peine qu'encourt *le crime de félonie* dans

Invasion de l'isle de Sicile par Pierre III Roi d'Aragon, & artifice qu'il emploie pour en prévenir la punition, avec le jugement que le St Siège rend contre lui.

Décret ou jugement du 21 Mars 1283, dès jà cité plus haut.

Même décret ou jugement.

Décret ou jugement de ce jour, sous 1282, n° 22 & suiv.

Autre décret ou jugement du même jour, dès-jà cité pag. 77 & suiv.

Décret ou jugement du 21 Mars 1283, dès jà cité plus haut.

(*a*) Les trois autres jours principaux sont le *Jeudi S[t]* qui est appellé dans la rubrique de l'Eglise *dies cœnæ Domini*, le *jour de l'Ascension* & la *fête des Apôtres St Pierre & St Paul* qui est le 29 de Juin.

dans tous les pays qui ſont ſoumis à des loix de ſub-ordination. Pour le mettre à couvert d'une confiſcation ſur ſa tête, ayant pluſieurs fils dont l'aîné ſe nommoit *Alphonſe* & étoit ſon héritier de droit, il lui en fit une *démiſſion* par *un acte ſecret* & fait ſi à propos que dans la ſuite ſa famille ne dût la conſervation de ſa couronne qu'à cette ruſe. Le Pontife ſongea également de ſon côté à ſauver au moins le Royaume de Naples que l'orage ſembloit menacer comme l'autre. Il chargea ſon Légat de faire garnir ſoigneuſement toutes les villes & places qui étoient en état de réſiſter à l'ennemi, & particulièrement le château de *Salerne* avec une forteresſe & d'autres ouvrages dont on avoit revêtu la célèbre abbaye du *Mont-caſſin* pour la garantir des fréquentes inſultes que l'Italie éprouvoit de la part des Sarazins d'Afrique; Et après lui avoir encore donné commiſſion de montrer aux ſujets (qui étoient reſtés fidèles *à l'une & à l'autre puiſſance*) juſques à quel point *leurs droits étoient foulés aux pieds par l'entrepriſe de Pierre*, ce Prince étant contumace, le 21 Mars 1283 il prononça (*de l'avis du ſacré collège*) un jugement qui le déclaroit *déchû* (comme *vaſſal rébelle*) de *tout droit de propriété ſur le trône d'Aragon & ſur ſes annèxes*, & *ce trône vacant*, en réſervant au St Siège la faculté *d'y pourvoir comme il l'eſtimeroit convenable.* Le Cardinal de Ste Cécile fut en même tems envoyé en France avec le titre de *Légat* & ordre non ſeulement *d'y faire publier le jugement diffinitif* qui venoit d'être rendu *en Italie* contre Pierre, mais d'y propoſer au Roi Philippe le hardi *la couronne d'Aragon & le Comté de Barcelonne ſon annèxe*, pour *celui des enfans de ce Monarque à qui il voudroit la mettre ſur la tête, à l'excepcion de l'aîné* qui a été le Roi Philippe le bel ſon ſucceſſeur; Et on l'y vit bien-tôt arriver.

Mémoire apologétique d'Alphonſe, Rayn. ſous 1288, n° 14; Et bulle du 21 Juin 1295, ſous 1295, n° 21.

Bref au Légat du 2 Déc. 1282, ſous 1282, n° 27.

Autre au mêm. du 13 Janv. 1283, ſous mêm. an, n° 2 & ſuiv.

Mêm. décret ou jugement que cy-deſſus.

Notice de commiſſion, Rayn. ſous 1283, n° 24; Et commiſſion du 27 Août même an, qui ſera citée plus bas.

Fautes de Charles I & de Charles II, piège tendu à celui-ci par les rébelles qui le font priſonnier, & mort du premier.

Malheureuſement le Roi Charles I & ſon fils Charles II ne montroient dans aucune de leurs actions ni la ſageſſe du St Siège, ni ſa fermeté; Et leur ennemi en devenoit de jour en jour plus formidable pour eux, à meſure que ſon crédit & ſon autorité croiſſoient dans l'isle. Pierre ayant propoſé à Charles I de terminer leur querelle par la voie d'un combat ſingulier entr'eux & un certain nombre de *Chevaliers* qui combattroient ſous eux de part & d'autre (avec cette condition que celui des deux qui ne ſe trouveroit point à Bordeaux pour ce combat le 1 Juin de l'an 1283, ſeroit réputé *vaincu, déschû du titre de Roi & de toute dignité, & infâme à jamais*), Martin IV remontra à Charles très judicieuſement mais très inutilement, qu'il y auroit une extrême imprudence à compromettre ſon honneur & ſes droits avec ceux du St Siège, que *les épées ſeroient mal meſurées* ou que le cartel ne ſeroit point ſoûtenu,

Lettres pat. de Pierre & de Charles du 30 Déc. 1282, Rym. tom. I, part. II, pag. 213 & ſuiv.; Ou tom. II, pag. 226 & ſuiv.

Bref à Charles du 6 Fév. 1283, ſous même an, n° 8 & ſuiv.

ſoûtenu, & qu'il ne lui en reſteroit que la honte de s'être montré indécemment *en équipage d'avanturier*, lorſqu'il pouvoit *marcher en Roi* contre un Prince qui lui étoit *très inférieur en puiſſance & à bien d'autres égards*. La bravoûre Françoiſe étoit irritée du défi, & l'avoit emporté ſur la maturité de la tête preſque *ſeptuagénaire*. Il croyoit ſon honneur intéreſſé à ne point céder le champ de bataille à ſon ennemi, & ne voyoit plus aucun autre objet. Le Pontife fut contraint d'employer l'autorité Apoſtolique pour *annuller* une ſoumiſſion que Charles & Pierre s'étoient dès-jà faite mutuellement de ſe trouver enſemble au rendez-vous, & d'interdire ce duel comme un *acte de barbarie que les loix canoniques avoient ſagement proſcrit*. Il défendit le même jour au Roi d'Angleterre Edouard I (fils aîné & ſucceſſeur de Henri III) dans le domaine duquel étoit la ville de Bordeaux avec toute la Guyenne, de *ſouffrir que les deux champions en approchaſſent*; Et il y a tout lieu de croire que cette double défenſe & les graves menaces dont elle étoit accompagnée, continrent la bravade Pyrénéenne de l'Aragonois & le faux héroïſme du Prince François, quoique les prétendus contemporains de notre nation veuillent que *Charles ſe ſoit rendu à Bordeaux & y ait vainement attendu Pierre durant trois jours*, & les écrivains Eſpagnols ou Italiens que *ce ſoit Pierre qui ait été fidèle à ſa parole, & ſon rival infidèle*; Car juſqu'ici on n'a trouvé aucun monument certain qui faſſe foi de l'un ou de l'autre fait. Charles vint pour lors d'Italie en France, mais uniquement (ſelon toute apparence) pour y préparer le Roi ſon neveu à la négociation qui s'y traita peu après, d'autant que Martin IV (en défendant à Edouard I de concourir en aucune manière à l'exécution du projet de duel) lui annonçoit que le Cardinal Légat auroit la faculté d'uſer de *tous les pouvoirs du St Siège* pour empêcher le dès-honneur de Charles I. A ſon départ d'Italie, Charles II qui portoit tous-jours le titre de *Prince de Salerne*, étoit reſté à Naples avec celui de *Vicaire général du Roi ſon père dans le Royaume*. Dès que ce Prince s'y vit dépoſitaire de l'autorité ſuprême, il crut ramener les rébelles en feſant une *conſtitution* qui avouoit des abus dans le gouvernement plus qu'elle n'y remédioit, & ne leur inſpira que du mès pris pour le père & pour le fils. Au mois de Mai ou de Juin de l'an 1284, il ſe mit en mer avec une flotte conſidérable qui n'avoit été équippée qu'*aux frais du St Siège* ou *par ſes ſoins*. Les rébelles le ſurprirent dans le port de Naples ou l'attirèrent dans une embuſcade, & l'y firent priſonnier, *en vrais pirates*. Mené dans l'isle & enfermé dans un cachot, ils portèrent l'attentat juſqu'à oſer le *faire condamner judiciairement à la mort*; Et il n'évita le ſupplice que pour être

Décret du 5 Avril 1283, n° 6; Et lettres pat. de Charles & de Pierre, citées plus haut.

Bref à Edouard I du 5 Avril 1283. Rym. tom I, part. II, pag. 219 & ſuiv.; Ou tom. II, pag. 242 & ſuiv.

Chroniq. attribuée à Guillaume de Nangis moine de l'abbaye de St Denis & autres écrits François, cités par Rayn. ſous 1283, n° 13 & ſuiv.; Et Mala-ſpina & autres, cités aux mêm. n°.

Même bref à Edouard que cy-deſſus.

Extrait de conſtitution du 30 Mars 1283, Rayn. ſous mêm. an, n° 42.

Bref du 23 Avril 1284, ſous 1283, n° 40; It. notice d'autres, ſous 1284, n° 13; Et autre du 15 Mars 1288, à citer plus bas.

Lettre du 4 Janv. 1289, Rym. tom. I.

part. III. pag. 59 & ſuiv.

conduit en Catalogne. Le Roi Charles I fut ſi affligé de la priſon de ſon fils & de tous ſes malheurs, qu'il ſuccomba à ſon affliction. Il mourut ſur la fin du mois de Janvier ou au commencement de Février de l'an 1285. L'héritier de ſon trône étant en ce moment entre les mains de ſes ennemis, le St Siège uſa du pouvoir qu'il s'étoit réſervé (en in-féodant le Royaume) de le faire gouverner en pareil cas par deux *Bayles* ou *Adminiſtrateurs* qui ſeroient nommés par le Pontife. Un Cardinal fut le premier des deux. La ſeconde place fut accordée par Martin IV à Robert II Comte d'Artois qui étoit (comme Charles II) fils d'un des frères puînés du Roi St Louis, & conſéquemment neveu de Charles I. Ils prirent *enſemble les rênes de l'état*, & les tinrent *avec harmonie* (a), tant que Charles II fut abſent du Royaume. Le Roi de Chypre profita du même tems pour reprendre ſur Charles les triſtes reſtes de la couronne de Jéruſalem ; Et peu après, ils lui furent enlevés à ſon tour par les Sarazins d'Aſie qui en avoient été dépouillés les premiers ; En ſorte que depuis ces époques, les ſucceſſeurs de ce Roi ni les deſcendans de Charles n'ont plus eu qu'un Royaume vraiment ſitué *in partibus Infidelium.*

Bref au Légat du 11 Février 1285, Rayn. ſous 1285, n° 3 & ſuiv.

Bulle d'adminiſtration du 16 mêm. mois, n° 6 & ſuiv.

Bref au Card. Légat du 22 Sept. 1285, n° 53 ; Et notice d'autre au Comte, à la ſuite ; It. autre aux deux du 15 Juill. 1286, n° 15 ; Et lettres du Comte des 13 Mars & 22 Octob. 1288, n° 45 & ſuiv.

Négociation pour une conceſſion de la couronne d'Aragon à Charles Comte de Valois ſecond fils du Roi Philippe le hardi, avec ſes conditions.

Pendant ce tems-là le Cardinal Légat envoyé en France par le Pape Martin IV pour y publier le jugement ſolemnel & diffinitif qui avoit été rendu en Italie contre Pierre III & pour y traiter avec le Roi Philippe le hardi d'une in-féodation de la couronne d'Aragon & de ſes annèxes, étoit arrivé à Paris ou à la cour avec d'amples inſtructions ſur les clauſes qui ſerviroient de fondement à cette conceſſion. Elles ſont dattées du 27 Août de l'an 1283. Toutes les loix qui devoient être impoſées au Monarque & au Prince qu'il choiſiroit pour règner en Aragon & ſur le Comté de Barcelonne, y étoient articulées avec beau-coup de ſoin & de détail, & étoient preſque entièrement les mêmes que celles de l'in-féodation du Royaume de Sicile quant au ferment d'*hommage* & de *fidélité*, quant au *cens annuel*, quant à *l'ordre de ſucceſſion* & quant à toutes les parties du bien public. Par conſéquent elles ne ſont pas moins honorables pour la France qui n'a jamais pû être ſoupçonnée avec juſtice d'avoir d'autres vûes. Il étoit preſcrit au Légat de ne faire la conceſſion qu'en *impoſant ces loix* ; Et elle ſeroit *nulle de plein droit, s'il s'en écartoit dans le moindre point.* Philippe le hardi ſeroit le maître de donner la couronne à *celui de ſes*

Bulle du jour, Rayn. ſous 1283, n° 25 & ſuiv. ; Et Rym. tom. I, pag. 223 & ſuiv ; Ou tom. II, pag. 252 & ſuiv.

(a) Addreſſe de bref commun aux deux Adminiſtrateurs : *Dilecto filio nobili viro Roberto Comiti Atrebatenſi & (unà cum venerabili fratre noſtro Gerardo Epiſcopo Sabinenſi Apoſtolice Sedis Legato) Bajulo Regni Sicilie per Romanam Eccleſiam conſtituto* ; Et texte de lettres du Comte d'Artois où il parle du Cardinal : *Per noſtrum Coballium* ou *Co-bajulum.* (Rayn. ſous 1286, n° 15 ; Et ſous 1285, n° 54.)

ſes fils qu'il lui plairoit de choiſir, excepté *l'héritier préſomptif de la ſienne*; Mais le jeune Prince ne prendroit le titre de *Roi* que Pierre III avoit eu en Aragon ni celui de *ſa dignité à Barcelonne*, & n'y auroit droit, ni ne pourroit directement ou indirectement s'en mettre en poſſeſſion, qu'après que *le père & le fils auroient juré de remplir fidèlement toutes les clauſes du traité.* Si le Prince choiſi par Philippe mouroit avant lui ſans poſtérité, il auroit *trois mois* pour donner la couronne *à un autre de ſes fils puînés* ou (à leur défaut) *à un Prince de ſa maiſon dont la conſanguinité avec le défunt ne ſeroit point au deſſous du quatrième degré.* Les trois mois expirés, ſi le Monarque n'avoit point procédé au choix, le droit en ſeroit *dévolu au St Siège.* S'il ne lui reſtoit nul enfant ni nul collatéral ſur qui ſon choix pût tomber, le St Siège *diſpoſeroit de la couronne à ſon gré.* Après la mort de Philippe, le Roi ſon ſucceſſeur auroit le droit d'en donner un au Prince qui mourroit ſans enfans, mais *cette première fois ſeulement.* Dans la ſuite, il ſeroit remplacé par le parent que l'ordre de la ſucceſſion appelleroit à la couronne. Cette même couronne ſeroit abſolument *incompatible avec celles de France, de Caſtille, de Léon & d'Angleterre*, & ne pourroit *jamais être aſſujettie à aucune autre.* S'il arrivoit que l'une de celles-ci échût à un Roi ou à une Reine d'Aragon, il ſeroit en leur choix *de la préférer à la leur*, ou *de la répudier*; Mais ils ne pourroient *l'accepter qu'en renonçant au trône d'Aragon*; Ou *ils en ſeroient déchûs*, & le St Siège *en droit d'en diſpoſer.* Philippe & ſon fils n'en traiteroient avec perſonne *ſans le conſentement exprès du St Siège*, ni ne feroient aucun traité d'alliance, de confédération ou de paix relativement au Royaume d'Aragon, ſans qu'il en fût inſtruit. L'hommage en ſeroit renouvellé *à chaque mutation de Pape* ou *de Prince* dans l'année de l'exaltation du Pontife ou de l'avènement du Prince au trône & de la même manière que celui de la couronne de Sicile, & le cens payé tous les ans *le jour de la fête de St Pierre.* Celui que Philippe alloit élever ſur ce trône, pourroit (s'il le vouloit) ſe faire couronner par le Légat, en vertu des pouvoirs dont il étoit revêtu; Mais à l'avenir, le couronnement ne ſeroit fait *qu'à Sarragoſſe* (en Aragon) *par les mains de l'Archevêque de Tarragonne*, ſuivant le droit qu'il en avoit & *après en avoir pris l'ordre du St Siège*, conformément aux clauſes d'un *ſtatut fait ſur ce ſujet dans le tems de l'ayeul de Pierre III.* Enfin la formule du ſerment que prêteroit le nouveau Roi, terminoit la commiſſion addreſſée au Légat, & ne pouvoit être ni *changée*, ni *altérée.* Toutes les diſpoſitions qu'il feroit, ne ſeroient que *proviſionnelles.* Le Pontife *ſeul y mettroit le ſçeau* par une bulle qui renfermeroit toutes les clauſes du traité & donneroit la vie aux convencions. C'étoit sous ces conditions que le trône étoit offert à Philippe pour celui de ses fils puînés qu'il lui plairoit d'y faire monter.

Conclusion du traité, expédition de Philippe le hardi en Roussillon & en Catalogne, & ses suites fâcheuses.

Il n'y eut aucun débat dans cette négociation sur la nature ou sur les bornes de l'autorité du St Siège. On n'y contesta nullement sa puissance sur des terres entièrement étrangères au Royaume ; Et l'on n'y critiqua ni le tribunal qui avoit condamné Pierre III comme un vassal coupable du crime de félonie envers son suzerain, ni les facultés qui avoient été conférées au Légat, ni les conditions qu'il avoit ordre de prescrire au Monarque François & à celui de ses fils puînés que son choix éleveroit au trône d'Aragon. Le traité conclû tandis que le Pontife lançoit à Rome un interdit général sur ce Royaume & sur celui de Valence (quoique ce dernier ne fût pas feudataire du St Siège comme l'autre) & qu'il chargeoit l'Archevêque de Narbonne de l'aggraver pour préparer la voie à l'exécution du projet, le serment prescrit fut prêté par Philippe le hardi dans les termes qu'il avoit agréés. Il nomma pour Roi *Charles Comte de Valois & d'Alençon son second fils*, qui ne fit point personnellement le même serment, *parce qu'il n'avoit pas encore atteint l'âge alors nécessaire pour prêter un serment qui fût valable*; Mais le Roi son père le prêta pour lui, avec promesse en son nom *d'y satisfaire lorsqu'il en auroit l'âge*. Le Légat le pourvût ensuite de la couronne en présence du Monarque & de Philippe le bel son fils aîné en usant des mêmes termes que dans les provisions & collations ecclésiastiques qui se fesoient de vive voix, & fit expédier *sous son propre sçeau* des lettres testimoniales *de la nomination faite par Philippe le hardi & de sa provision*, où il déclaroit n'avoir pourvû Charles de la couronne d'Aragon qu'*avec le consentement exprès du Roi son père & avec l'applaudissement de Philippe le bel son frère aîné*. Ces lettres qui étoient en forme de notification addressée à Martin IV, furent portées à Rome par un notaire ou sécretaire Apostolique de la suite du Légat; Et le 5 Mai 1284, le Pontife les fit revêtir d'une bulle des plus solemnelles qui en ordonnoit l'exécution, & qui n'est qu'une répétition de la commission qui avoit été donnée à ce Cardinal & de tous les articles de ses instructions. Le Royaume de Valence qui venoit d'être compris avec l'Aragon sous le même interdit, entra également dans le projet d'expédition, & eut le même sort, mais par des actes séparés. Une bulle particulière y mit aussi séparément le sçeau de l'exécution. En même tems Martin IV, pour fournir au Monarque François un ample moyen d'agir efficacement en faveur du nouveau Roi qui étoit doublement son ouvrage, lui accorda une *décime à lever durant trois ans* non seulement dans toutes les provinces ecclésiastiques

Décret du 20 Nov. 1283, énoncé en un bref à l'Archev. de Narbonne du 13 Janv. 1284, Rayn. sous 1284, n° 11 & suiv. ; Et même bref.

Lettres pat. du Légat énoncées en d'autres du 21 Fév. 1284, sous même an, n° 6 & suiv.

Bulle du 5 Mai 1284, énoncée en une autre du même jour, n° 5 & suiv.

Secondes lettres du 21 Fév. 1284, citées plus haut ; Et même bulle que cy-dessus.

Notice de brefs, n°

ecclésiastiques du Royaume, mais *dans les diocèses de Metz & de Verdun* qui n'en étoient point alors, & *dans ceux de Liège & de Bâle* qui n'en sont pas encore au jour-d'hui; Et en conférant au Légat le degré d'autorité qui s'exprimoit pour lors par le terme de *pleine légation*, il étendit ses pouvoirs sur les mêmes diocèses ainsi que sur *les Royaumes de France, de Navarre, d'Aragon, de Valence & de Mayorque*, sur *les provinces ecclésiastiques de Lyon, de Besançon, de Vienne & de Tarantaise*, & *sur les parties de celle d'Embrun qui n'étoient point dans les limites des Comtés de Provence & de Forcalquier*. Ces mesures prises, Philippe arma, partit pour les Pyrénées, soûmit Elne & Perpignan, pénétra jusqu'à Gironne en Catalogne qui soûtint un assés long siège, & y contracta une maladie qui le força de rentrer en France & le mit au tombeau dans les dix premiers jours du mois d'Octobre de l'an 1285. Le Comte de Valois l'avoit suivi dans cette expédition avec Philippe le bel son frère aîné, & eut la douleur de la voir échouer, en perdant leur père. Il ne lui en resta qu'un vain titre de *Roi* auquel il fut contraint de renoncer dans la suite; Et Charles II demeura tous-jours dans sa prison. Le Pape Martin IV ne vivoit plus pour lors. Il avoit été remplacé par Honorius IV dès le 2 Avril précédent. A peine celui-ci avoit-il la thiare sur la tête, que Rodolphe de Hapsbourg se plaignit à lui (comme Roi des Romains) *de la décime que son prédécesseur avoit accordée à la France* sur des diocèses qui étoient *de domination Impériale*; Mais le Pontife justifia cette faveur du St Siège par des raisons si solides, que Rodolphe n'eut rien à y répliquer, & garda le même silence que la France qui recevoit l'argent Sémi-germanique & le dépensoit aussi légèrement que le sien propre.

10; Et autre du 1 Août 1285, sous 1285, n° 23 & suiv.

Bulle de légation du 3 Mai 1284, sous 1284, n° 4.

Lettres pat. de Philippe le hardi du mois de Mai, du 3e Dimanche après la Pentecôte, du 8 Août & du 27 Sept. 1285, aux preuv. du tom. IV de l'hist. de Lang., col. 78 & suiv.; Et autres de Philippe le bel des 18 & 26 Octob. mêm. an, col. 81.

Lettre de Rodolphe à Honorius IV, énoncée au bref du 1 Août 1285 dès-jà cité plus haut; Et mêm. bref.

Le Roi Pierre III étant mort vers le même tems que Philippe le hardi, son fils Alphonse qui étoit resté en Aragon ou en Catalogne (tandis qu'il fesoit le rôle de pirate dans l'isle de Sicile) & qui y portoit le titre de Roi, mais qui n'étoit aux yeux du St Siège qu'un complice de la félonie de son père, montra par sa conduite qu'il savoit mieux respecter l'ordre public que Pierre ne l'avoit sçû, & qu'il ne tiendroit point à lui qu'un accord ne terminât le différend de sa famille avec son prisonnier. Il le traitoit *en frère & en ami* plus-tôt qu'*en ennemi* depuis qu'il l'avoit en son pouvoir, & borna toutes ses vûes à conserver sa couronne, en s'attachant à faire valoir la cession que Pierre III lui en avoit faite avant que le St Siège l'eût condamné par un jugement diffinitif. Au commencement de l'an 1286, il écrivit à Honorius IV qu'aussi-tôt après la mort de Pierre, il auroit envoyé à Rome l'ambassade d'obédience que les Roix y envoyoient dès-lors à leur avènement au trône, si

Mort de Pierre III, dispositions pacifiques d'Alphonse son fils aîné, & continuation de l'entreprise de Sicile par le second, appellé Jacques.

Lettre de Charles du 1 Nov. 1289, Rym. tom. I, part. III, pag. 54 & suiv; Et autre d'Alphonse du 24 même mois, pag. 58 & suiv.

Lettre, enoncée en une bulle du Jéudi S^t^ 1286 citée plus bas.

la guerre ne lui en avoit fermé l'accès ; Et quoiqu'une partie du ſacré collège opinât à continuer les pourſuites commencées contre cette famille rébelle, le Pontife donna un exemple de l'indulgence ordinaire du St Siège, en ſuſpendant par

Bulle du Jeudi S[t] 1286, Rayn. ſous mêm. an, n° 11.

un décret du *Jeudi S[t]* de la même année toute procédure relative à Alphonſe & en lui accordant juſqu'à la *prochaine fête de l'Aſcenſion* pour prouver au St Siège que ſa ſoumiſſion n'étoit point ſimulée. Le plus grand obſtacle à un accord entre les puiſſances diviſées, y étoit mis par la mère d'Alphonſe qui vivoit tous-jours, & par deux frères puînés qu'il avoit. Ils ſe nom-

Décret du même Jeudi S[t], n° 6 & ſuiv. ; Et autre du jour de l'Aſcenſion, cité plus bas.

moient *Jacques* & *Frédéric*. Leur père les avoit menés dans l'isle, lorſqu'il s'y étoit vû le maître abſolu ; Et ils y étoient reſtés après lui, bien réſolus de ſuivre ſes deſſeins juſqu'où ils pourroient aller. S'y étant trouvés avec Charles II avant qu'il fût transféré en Catalogne, ils l'avoient obligé de leur céder *la*

Bref à Charles du 4 Mars 1287, ſous mêm. an, n° 4 & ſuiv. ; Et autre au Roi d'Angleterre du 15 Mars 1288, Rym. tom. I, part. III, pag. 23 & ſuiv.

royauté de l'isle, avec la partie du Duché de Calabre que comprenoit la province eccléſiaſtique de l'Archevêché de *Reggio*, & un *tribut annuel que le Roi Sarazin de Tunis payoit à la couronne de Sicile* depuis l'expédition d'Afrique qui avoit coûté la vie à St Louis ; Et ſur le fondement de cette ceſſion, ils avoient dès-jà ſubjugué preſque tout le Duché. Leur mère les ſecondoit par tous les moyens que ſçait employer une femme ambitieuſe & contreditte dans ſes vûes ; Et il étoit à craindre qu'à la fin ils ne produiſiſſent une révolution générale dans le reſte du continent. Ces mouvemens de la mère & de ſes deux fils puînés étant auſſi notoires qu'ils étoient contraires à la ſuzeraineté du St Siège & à l'ordre public, le même jour que le Pontife ſuſpendit toute procédure contre leur aîné, ils furent per-

Décret du Jeudi S[t] 1286, cité plus haut.

ſonnellement frappés de la cenſure majeure avec les mêmes injonctions & défenſes qui avoient été faites à leur père, & ne s'en ſoûmirent pas davantage. Au contraire deux Prélats les endurcirent dans leur malice par une entrepriſe manifeſte contre un des droits que le St Siège s'étoit réſervés. Malgré le jugement ſolemnel qu'Honorius avoit ſi récemment rendu contr'eux,

Décret du jour de l'Aſcenſion 1286, Rayn. ſous mêm. an, n° 8.

l'Evêque de *Céfalù* dans l'isle de Sicile & celui de *Nicaſtro* dans la province de terre ferme qu'on appelle la *Calabre ultérieure*, osèrent s'unir pour ſacrer & couronner Jacques en qualité de *Roi de Sicile*, tandis que tout le clergé du Royaume ne le regardoit que comme un uſurpateur ; Et le ſeul remède que le Pontiſe put oppoſer pour lors à cette témérité, fut de prononcer

Même décret du jour de l'Aſcenſion 1286.

la nullité du couronnement par un ſecond jugement du *jour de l'Aſcenſion* de la même année, en y aggravant les cenſures dès-jà lancées ſur Jacques & ſur tous ceux qui auroient part à ſon uſurpation & même ſur tous les habitans de l'isle. Il cita en même tems devant lui pour la *prochaine fête de Tous-ſaints* les deux Prélats qui avoient été les ministres principaux de l'entreprise, & qui n'obéirent point; Et le 20 Novembre, jour de la *dédicace de la basilique de St Pierre*, un nouveau décret leur interdit tout exercice des fonctions spirituelles ou temporelles de leur dignité, en leur accordant toutes-fois un second délai pour obéir; Sans quoi ils seroient jugés diffinitivement comme *rébelles au St Siège & contumaces*. Le terme de ce second délai étoit fixé *au quatrième Dimanche de carême* de l'année suivante qui devoit être le 16 de Mars, celui de Pâques tombant cette année-là le 6 d'Avril.

Autre du 20 Nov. même. an, n° 9.

Edouard I Roi d'Angleterre venoit heureusement de se rendre médiateur entre la France & Alphonse, sensible aux maux que la révolte de l'isle de Sicile causoit à toute la chrétienté, & peut-être encore plus dans la crainte que si l'expédition d'Aragon réussissoit au gré de la France, les Duchés de Guyenne & de Gascogne (foibles restes des possessions que ses auteurs avoient eues dans le Royaume) ne se trouvassent entre deux frères qui l'en dépouilleroient sans peine, pour peu qu'il mès-contentât l'un ou l'autre. Il commença par conclurre une *trève* entre Philippe le bel & Alphonse sous condition qu'elle seroit *approuvée du St Siège*, & en écrivit à Honorius (qui loin de la dès-approuver) recommanda à Edouard d'user de toute sa prudence dans une affaire si épineuse & si importante au St Siège, *à l'honneur de la très illustre maison de France* & à la tranquillité de presque toute la chrétienté, nomma pour nonces auprès de lui l'Archevêque de *Ravenne* & celui de *Mont-réal* dans l'isle de Sicile, & en leur donnant leurs instructions les accompagna d'un plan d'accord, avec charge expresse *de ne rien conclurre sans des ordres ultérieurs*, mais aussi de *ne point rompre la négociation, quand même Alphonse rejetteroit quelques-unes des conditions prescrittes*. Des ambassadeurs eurent aussi-tôt ordre de tous côtés de se rendre à *Bordeaux* auprès d'Edouard, & y arrivèrent. On négocia. Divers projets d'accord entre Charles II & Alphonse furent proposés, & rejettés ou annullés d'abord par Honorius IV avec la *cession* que Charles II avoit faite à la mère d'Alphonse & à ses frères, & ensuite par Nicolas IV (successeur immédiat d'Honorius), comme remplis de clauses *illicites* ou *sub-reptices* dans lesquelles les deux nonces avoient *excédé leurs pouvoirs, préjudiciables au St Siège & à Charles, injurieuses à l'un & à l'autre*, & *dont l'exécution étoit impossible à ce Prince* ou *ne dépendoit point de lui*. Nicolas IV reprit même très vivement Edouard d'avoir fait servir sa médiation à une pareille œuvre d'iniquité, en lui déclarant avec fermeté qu'il seroit tous-jours aussi opposé à des pactes de cette nature, que prêt à souscrire *à des conditions justes, honnêtes, licites & possibles*; Et de nouveaux décrets succédèrent

Négociation pour la liberté de Charles II & les conditions, avec un traité fait à Corbeil entre Philippe le bel & ce Prince.

Lettres pat. d'Edouard du 25 Juill. 1286, Rym. tom. I, part. III, pag. 12 & suiv.; Et lettre au Pape du 27, pag. 13; Itèm bref à Edouard du 6 Nov., pag. 15; Et Rayn. sous 1286, n° 13.

Bulle de commission du 7 du même mois, n° 14.

Lettre d'Edouard au Roi de Castille, Rym. tom. I, part. III, pag. 6.

Décrets, énoncés ès brefs des 4 Mars 1287 & 15 Mars 1288; Et lettre du sacré collège à Edouard du 4 Nov. 1287 le siège vacant, Rym. tom. I, part. III, pag. 21.

Bref du 15 Mars 1288, dès-jà cité; Et autre du mêm. jour, Rym. tom. I, part. III, pag. 22 & suiv.

Bref à Alphonse du mêm. jour, Rayn. sous 1288, n 12 & suiv.; Et décret du Jeudi S^t^ même an, nº 10.

encore à cette déclaration. Alphonse fut admonesté de rendre la liberté à Charles sans exiger de lui une rançon qui n'étoit point dûe par un Prince *fait prisonnier contre les loix de l'honneur*, & le lien des censures ré-aggravé sur Jacques. Cependant après beau-coup de brefs & de soins long-tems infructueux,

Bulle des 13 & 25 Sept. 1288, nº 15.

le Pontife ayant accordé une nouvelle *décime* à Philippe le bel & ce Monarque s'étant mis en état de marcher en Aragon avec plus de succès que n'avoit fait le Roi son père, Charles II re-

Traité du 25 Juill. 1287, Rym. tom. I, part. III, pag. 18 & suiv.; Et Rayn. sous 1288, n 16 & suiv.; It. acte du 15 Septemb. 1288, Rym. tom. I, part. III, pag. 26; Et autre du 28 Octob. mêm. an, pag. 27 & suiv.

couvra tout-à coup sa liberté en vertu d'un accord conclu à *Oleron* en Béarn dès le 25 Juillet de l'an 1287 & addouci depuis à *Jacca* en Aragon par quelques clauses modératives des premières qui portoient toutes en substance que *dans un an* à compter du jour de l'élargissement de Charles, il *seroit tenu d'obtenir* du St Siège & de Philippe le bel pour Alphonse & pour son frère Jacques ou pour leurs héritiers, une *trève de trois ans* pour *préliminaire d'une paix dont ils eussent lieu d'être satisfaits*, avec promesse *de ne les point inquietter dans la possession des pays dont ils étoient maîtres*, ni *fournir contr'eux aucun secours direct ou indirect;* Faute de quoi, à l'expiration du terme, *il rentreroit dans sa prison*; Qu'avant qu'il en sortît, des *ôtages livrés de sa part à Alphonse, répondroient de sa fidélité à remplir ses promesses;* Qu'il en donneroit un second gage en consignant entre les mains d'Alphonse *cinquante mille marcs d'argent*, dont vingt-trois mille seroient payés comptant, & le reste cautionné par le Roi d'Angleterre pour être acquitté au terme convenu; Que si ses promesses n'étoient point effectuées dans le tems prescrit, ses *ôtages*, ses *cinquante mille marcs d'argent* & *cinquante autres mille qui devoient y être ajoûtés*, seroient *perdus pour lui*, & *légitimement acquis à Alphonse;* Et qu'il perdroit de plus ses *Comtés de Provence & de Forcalquier*, qui passeroient à ce Prince avec *tout droit*

Actes des 28 & 29. pag. 29 & suiv; Et autres du 3 Nov., pag. 34 & suiv. Lettre du 1 Nov. dès-jà citée pag. 85.

de propriété. Ses ôtages & son argent furent consignés dans les derniers jours du mois d'Octobre de l'an 1288; Et il fut mis en liberté le 31 du même mois, ou le lendemain. Il vint aussitôt à la cour pour y traiter avec Philippe le bel & avec le Comte de Valois, se rendit de-là à *Riéti* en Ombrie auprès de

Lettres pat. de Charles & bulle du 19 Juin 1289, Rayn., nº 2 & suiv.; Et missive au Gouverneur de l'Abruzzo, nº 12.

Nicolas IV, y renouvella *tous les sermens de son père*, reçût la couronne *des mains du Pontife* & le titre de *Roi* qui ne lui avoit été donné jusques-là dans aucun acte public & ne s'accordoit aux Roix de Sicile (comme à beau-coup d'autres) qu'après leur couronnement, & alla à Naples pour y prendre possession de son trône & le défendre de l'entière invasion qui le menaçoit; Mais les conditions de son traité avec Alphonse ayant été également

Même lettre du 1 Nov. que cy-dessus; Et autres des 5 & 7 Sept., 19 & 21 Oct.

rejettées tant par le St Siège que par Philippe le bel & même *par les usurpateurs de l'isle* qui attaquèrent *Gaète* dans le voisinage de Naples & déclarèrent que *jamais ils ne renonceroient à leur entreprise*,

entreprise, il vit qu'il ne lui restoit d'autre parti à prendre que de *retourner dans sa prison*, & informa Alphonse de la résolution qu'il en prenoit, en l'avertissant du *jour qu'il se rendroit sur la frontière de Catalogne.* Il y fut exactement le 31 Octobre de l'an 1289, y attendit vainement Alphonse jusqu'au 2 de Novembre en fesant dresser *acte de sa comparution*, & enfin revenu *à Corbeil près de Paris* le 29 Décembre de la même année, y conclut avec Philippe le bel le traité par lequel ce Monarque lui cédoit la moitié qu'il avoit dans la seigneurie de la ville d'Avignon & de ses dépendances.

mêm. an., Rym. tom. I, part. III, pag. 50 & suiv.

Actes des 31 Octob., 1 & 2 Nov. mêm. an, pag. 52 & suiv; Et autre du Mercrédi après Noel, dès-jà cité pag. 48, 69 & 77.

Un mariage entre le Comte de Valois frère cadet du Roi Philippe le bel & une fille de Charles II, fut le premier article du traité conclu à Corbeil entre ces deux Monarques le Mercrédi après Noel 29 Décembre de l'an 1289, & le fondement des avantages qu'il devoit produire. Il y étoit stipulé que le Comte épousant la fille de Charles II, non seulement elle auroit pour dot les *Comtés d'Anjou & du Maine* qui seroient *réversibles après elle à Philippe le bel ou à son successeur* (en cas qu'elle mourût *sans enfans de son mariage avec le Comte & quand même elle en laisseroit d'un autre mari que lui*), mais que les deux Comtés seroient pleinement déchargés *du douaire de la seconde femme de Charles I* qui étoit encore vivante, *de celui de la femme de Charles II*, & *des pensions annuelles qui y étoient assignées à la Reine Margueritte de Provence veuve de St Louis & à Marie de Jérusalem*, & qu'au moyen de ces dispositions le Comte *renonceroit* (*avec l'agrément du St Siège*) *au droit qu'il avoit sur les Royaumes d'Aragon & de Valence & sur le Comté de Barcelonne;* Ce qui mettoit Charles en état de contenter Alphonse, tandis que ce Prince l'accusoit de *tromperie* & de *mauvaise foi* auprès du Roi d'Angleterre dont il devoit épouser une fille dès qu'il seroit réconcilié avec le St Siége. Le mariage du Comte fut presque aussi-tôt accompli que conclu. Pour la cession dont il devoit être suivi, elle souffrit long-tems de grandes difficultés, quoique le St Siège sentît & reconnût la force de celle que Pierre III avoit faite à Alphonse avant le jugement diffinitif rendu contre lui. Alphonse mourut au moment où deux Légats extra-ordinaires revêtus de tous les pouvoirs Apostoliques, venoient de régler les conditions d'une paix telle que le St Siège l'avoit desirée; Mais cet évènement ne fit que suspendre l'effet de leurs soins. Jacques qui succédoit à Alphonse comme son héritier le plus proche, opposa d'abord tant de résistance aux conditions qu'Alphonse avoit acceptées avec reconnoissance, que la France sollicita une nouvelle *décime* pour continuer la guerre, & même UNE CROISADE que le Pontife *refusa*. Il avoit envoyé un nonce à Jacques pour tenter encore les voies de

Cessions stipulées par le traité de Corbeil, & autres traités dont il est suivi.

Acte du Mercrédi après Noel 1289, cité plus haut.

Lettres d'Alphonse à Edouard des 24 Nov. 1289 & 4 Janv. 1290, dès-jà citées; Et autre de Charles à Edouard du 28 Juill. 1290, Rym. tom. I, part. III, pag. 71.

Traité du 19 Févr. 1291, pag. 77 & suiv.; Et bref à Jacques du 1 Août, Rayn. sous 1291, n° 53 & suiv.

Bref à Philippe le bel du 13 Déc. 1291, Rayn. sous même an, n° 56 & suiv.

douceur, & vouloit voir quel seroit le succès de cette tentative. Jacques écouta peu le nonce. Cependant à la fin, il céda aux sages conseils de la puissance ecclésiastique, en acquiesçant à *la restitution des ôtages de Charles & à celle de l'isle*, & en demandant en mariage *une de ses filles cadettes*; Et tous les intérêts se concilièrent. Les Princesses que touchoit le traité de Corbeil, le ratifièrent. Marie de Jérusalem renonça spécialement à l'assignation qu'elle avoit sur les *Comtés d'Anjou & du Maine*. Le Comte de Valois à qui ils passoient & qui prit le titre de *Comte d'Anjou* en obtenant l'érection de ce Comté en Pairie, se *démit de son droit sur les couronnes d'Aragon & de Valence* entre *les mains du Pape Boniface VIII* qui avoit été un des *Légats négociateurs de l'accord avec Alphonse* & qui venoit d'être élevé sur le siège Apostolique. Boniface *agréa la démission* par une bulle solemnelle du 21 Juin de l'an 1295, & par la même bulle remit la couronne à Jacques, en déclarant qu'il en jouiroit comme avoit fait Pierre III *avant sa félonie & sa cession* en faveur d'Alphonse, sans qu'à l'avenir les pays de sa domination *fussent chargés envers le St Siège d'aucun devoir de plus qu'ils n'étoient au dessus de ces époques*. Un Cardinal eut ordre le même jour de passer en Aragon en qualité de *Légat* pour y consommer le rétablissement de Jacques en le relevant des censures dont il étoit frappé, & alla exécuter cette commission. Le mariage de ce Prince sçella sa réconciliation avec le St Siège & avec Charles II; Et Charles n'eut plus de guerre que contre Frédéric, le dernier des fils de Pierre III, qui après avoir paru applaudir aux conditions de l'accord, entreprit de soûtenir l'usurpation de son père, se fit *sacrer & couronner*, prit (comme Jacques) le titre de *Roi de Sicile*, & personnellement frappé de la censure fut poursuivi par Jacques même, en exécution de la promesse qu'avoit fait celui-ci de restituer l'isle à Charles & à sa famille. Frédéric est le Prince qui en traitant postérieurement de paix avec Charles & d'un mariage avec une de ses filles, obtint la conservation du trône pour le reste de sa vie sous la condition de commuer son titre de *Roi de Sicile* en celui de *Roi de Trinacrie*, & ne satisfit point à cette loi. Il fut le bisayeul de la Reine Marie, qui règnoit dans l'isle en même tems que Jeanne à Naples; Mais la royauté de cette Princesse avoit été légitimée par des accords faits entre son père & Jeanne *avec le suffrage du Sr Siège* comme suzerain de l'un & de l'autre Royaume; Et ils ont été le fondement du droit d'hérédité qui après Marie a successivement élevé sur ce trône divers Princes des maisons d'Aragon & de Castille comme issus d'une sœur de son père, la maison d'Autriche & ses légitimes héritiers; En sorte que c'est le sang de Mainfroy qui a régné sur l'isle depuis Frédéric par une ligne

Bulle du 21 Juin 1295, à citer plus bas.

Actes de ratification, au trésor des chartes, layette dès-jà citée, n° 4 & suiv.

Bref à Philippe le bel du 20 Juin 1295, Rayn. sous même an, n° 26 & suiv.

Bulle du jour, n° 21 & suiv.; Et acte d'itérative publication du 24, relaté en autre bulle du 27, n° 32 & suiv.

Bulle de commission du 21 mêm. mois, n° 20 & suiv.

Bulle du 27 Juin, cy-devant citée; Et brefs à Frédéric des 27 Juin & 5 Juill., n° 32 & 35; It. autre d'admonition du 2 Janvier 1296, n° 8 & suiv; Et décret du jour de l'Ascension, n° 14 & suiv.

Traité du 19 Août 1302, n° 3 & suiv; Et bulle de confirmation du 21 Mai 1303, sous 1303, n° 24 & suiv.

Traité entre Jeanne & le père de Marie, sous 1372, n° 5; Et lettres pat., bulles & brefs à la suite.

non interrompue. Quelques-uns de nos écrivains prétendent que Marie de Jérusalem étoit *veuve d'un bâtard de l'Empereur Frédéric II*, qui se nommoit comme lui du nom de *Frédéric* & qu'il avoit créé *Roi de Sardaigne* en usurpant le domaine supérieur de cette isle sur le St Siège; Mais ce ne peut être qu'une fable; Car le traité de Corbeil ne donne à Marie que la qualité de *Damoiselle*, non plus qu'à la jeune Princesse dont le mariage y est arrêté avec le Comte de Valois; Ou il faudroit que Marie n'eût été unie avec le bâtard Frédéric que par des nœuds qui n'eussent pas eu plus de valeur à Rome que sa prétendue royauté; Et alors elle n'auroit été ni *femme* ni *Reine* aux yeux de tout Prince vraiment catholique. L'inventaire des titres du trésor des chartes du Roi, est également défectueux en ce qu'il représente la cession faite à Charles II par Philippe le bel de sa *co-seigneurie d'Avignon* comme un *échange des droits de Marguerite de Provence sur le Comté de ce nom & sur celui de Forcalquier*, tandis que l'acte ne contient aucune disposition de cette nature. Il porte seulement que la co-seigneurie cédée à Charles, appartiendroit à l'avenir *au même maître que les deux Comtés*; Et elle y seroit encore jointe à présent, si elle n'en avoit été séparée par une vente aussi légitime que réelle.

Histoire des grands offic. de la couronne, tom. II, pag. 590 & suiv.; Et autres livres François.

Inventaire des titres du trésor des chartes, tom. VI, chap. intitulé Contrats de mariage des grands II, n 2 & suiv.

Lorsque Charles II conclut le traité de Corbeil avec le Roi Philippe le bel, sa famille étoit si nombreuse qu'elle sembloit devoir être éternelle. Cependant en moins d'un siècle & demi, elle ne subsistoit plus (comme celle de Frédéric & de Mainfroy) que dans quelques lignes féminines. Il avoit épousé une sœur unique d'un Roi de Hongrie qui fut vicieux tant qu'il vécut, & qui mourut sans enfans. Cette Princesse se nommoit *Marie*. La Hongrie étoit alors constamment reconnue pour un Royaume *héréditaire*; C'est pour quoi Marie auroit dû y succéder à son frère; Mais une partie de la nation y appella un agnat du feu Roi dont la légitimité n'étoit pas trop sûre, tandis que l'autre prétendit que l'extinction de la ligne directe de ses Princes rendoit leur trône électif; Et Marie en demeura privée durant plusieurs années. Elle avoit donné à Charles II un grand nombre d'enfans de l'un & de l'autre sèxe. L'aîné de ses fils, fut un troisième *Charles* qui porta après son père le titre de *Prince de Salerne*, & que les historiens appellent *Charles-martel*, sans qu'on sçache pourquoi. Ceux qui le suivoient de plus près dans l'ordre de la naissance, sont nommés *Louis & Robert*. Ils furent les premiers des *ôtages donnés par leur père* pour le recouvrement de sa liberté, & avoient ainsi préparé la scène de tendresse que François I & ses enfans donnèrent à l'Espagne deux cens trente-six ans après cette époque. Lorsqu'ils eurent eux-mêmes recouvré la leur par les soins de *Boniface VIII* pour

Etat de la famille de Charles II au tems du traité de Corbeil, & à quoi elle étoit réduite en un siècle & demi.

Jugemens des 30 Mai 1303 & 10 Août 1307, qui seront cités plus bas.

Acte du 29 Octob. 1288, Rym. tom. I, part. III, pag. 33.

le repos de la chrétienté, Louis entra dans l'ordre de St François, y fit profession, & mourut *Evêque de Toulouse* environ dix-huit ou vingt ans avant l'érection du siége épiscopal de cette ville en Archevêché. Robert eut beau-coup de part aux succès qui affranchirent le Duché de Calabre de la tyrannie des usurpateurs, & en fut récompensé par un *don que son père lui fit de ce Duché pour lui & pour toute sa postérité.* Parmi les autres fils cadets de Charles II, il n'y en a que deux dont le sort puisse intéresser, relativement aux faits qui restent à discuter. On les nommoit *Philippe & Jean.* Le premier eut en partage la *Principauté de Tarente* (qu'avoit possédé le bâtard Mainfroy) avec le titre de *Prince d'Achaye* & les hommages des fiefs qui en dépendoient, & le second celui de *Duc de Durazzo* en Albanie avec le Comté de *Gravina* dans la province du Royaume de Naples qu'on appelle *la terre de Bari.* Ils se marièrent tous deux, & formèrent chacun une branche. De Philippe étoient issus *Louis de Tarente* qui fut le second mari de la Reine Jeanne, & plusieurs autres frères tant aînés que cadets qui se succédèrent dans la Principauté de Tarente & moururent tous sans enfans, outre une sœur mariée d'abord à *Edouard Baillol* (fils de *Jean Baillol* que le Roi d'Angleterre Edouard I avoit dépouillé de la couronne d'Ecosse après la lui avoir *juridiquement adjugée*), & ensuite à *François de Baux* (de la maison d'Orange), que Jeanne créa successivement *Comte & Duc d'Andrie* & qui fut le principal artisan de ses derniers chagrins & du malheur de ses peuples. Jean eut aussi plusieurs fils dont l'aîné nommé *Charles*, porta après lui le titre de *Duc de Durazzo*, & ne laissa que trois filles pour uniques héritières de ses titres & de ses biens. Le second appellé *Louis*, fut Comte de *Gravina*, & père du fameux *Charles de Durazzo* qu'on nomme communément *Charles de Duras*, pour qui la Reine Jeanne Ière eut long-tems une affection de mère (quoique Louis lui eût été peu fidèle), & qui monta en sa place sur le trône de Naples, lorsqu'elle en fut renversée. Un troisième nommé *Robert*, eut le titre de *Prince de la Morée*, & périt (dit-on) en France à la funeste bataille de Poitiers contre les Anglois, après avoir été détenu prisonnier en Hongrie durant plusieurs années. A l'égard des filles de Charles II, l'aînée de toutes étoit celle qui épousa le Comte de Valois. On la nommoit *Margueritte.* C'est par ce mariage que la ligne de Margueritte de Provence que perpétuoient nos Roix, s'est confondue sur leurs têtes avec celle de Béatrix de Provence sa sœur cadette, & que dans la suite ils sont devenus les seuls héritiers de cette dernière, comme ils l'étoient dès-jà de l'autre. Le Roi Philippe de Valois étoit le premier fruit de ce mariage; Et il fut le cinquième ayeul du Roi Charles VIII sous qui la Provence & ses annèxes ont été solemnellement

Bulle de provision de l'Evêché du 29 Déc. 1296, Rayn. n° 16.

Testament de Charles II, qui sera cité plus bas.

Même testament; Et actes du mois d'Avril 1312 avant Pâques c'est-à dire 1313 & autres dates, au trés. des chartes, layette étiquettée Contrats de mariage des grands II, n° 25 & suiv.

Jugement du 17 Nov. 1292, Rym. tom. I, part. III, pag. 111 & suiv.

Lettres pat. des 8 Mars 1384 & 26 Août 1385, en la collection des titres de Tarente, pag. 579 & 586.

lemnellement réunis à la couronne, ſans qu'il y ait été formé *aucune oppoſition* ni de la part d'*Anne de France* l'aînée de ſes deux ſœurs (qui avoit été mariée dès l'an 1474 à Pierre de Bourbon alors Sire de Beau-jeu & depuis Duc de Bourbonnois), quoique au tems de la réunion elle eût le gouvernement de la perſonne de ce Monarque (comme non encore majeur) & l'adminiſtration des principales affaires du Royaume (ainſi que Pierre DuPuy l'a remarqué avec raiſon dans ſon traité des droits du Roi ſur les Comtés de Provence & de Forcalquier), ni de celle des Roix de Navarre héritiers de *Magdelène de France*, l'unique ſœur du Roi Louis XI dont la poſtérité ait ſurvécu à Anne de France & ſubſiſte encore aujourd'hui en la perſonne du Roi & en celles des Princes iſſus de Henri IV; De manière qu'il n'y a point de pays dans l'univers ſur lequel aucun ſouverain ait des droits plus légitimes que ne ſont ceux de nos Roix ſur cette province.

Traité des droits du Roi. pag. 390.

Au moment de la mort du Roi de Hongrie beau-frère de Charles II, Alphonſe d'Aragon étoit encore vivant, & Charles très éloigné d'avoir la paix avec la famille de ce Prince. Il étoit conſéquemment hors d'état de ſoûtenir les droits de ſa femme & de ſes enfans ſur la couronne de Hongrie contre les différens Princes que les Hongrois diviſés y appelloient. Néantmoins pour montrer que ſa famille ne renonçoit point à ce trône, Charles l'aîné de ſes fils étant celui qui devoit y monter, il le fit couronner à Naples comme *Roi de Hongrie* & *reconnoître en cette qualité par le St Siège*; Et auſſi-tôt après, le jeune Prince joignit l'attribut de ſa nouvelle dignité au titre de *Prince de Salerne* qu'il portoit au par-avant. Prêt à partir pour conduire en Aragon celle de ſes filles dont le mariage étoit arrêté avec Jacques & aſſiſter à la conſommation de ſon traité de paix, il confia à Charles le gouvernement de ſon Royaume avec le titre de *Vicaire général* tel qu'il l'y avoit eu lui-même ſous Charles I, & étoit à peine en chemin qu'il apprit qu'une mort pré-maturée l'avoit enlevé à ſa tendreſſe & à l'eſpoir de ſes peuples. Ce nouveau Roi titulaire de Hongrie étoit dès-jà marié avec une fille de Rodolphe de Hapsbourg, & en laiſſa deux filles avec un fils auſſi nommé *Charles*, qu'on appellera ici *Charles IV* pour le diſtinguer de ſes trois derniers aſcendans de même nom. Dès qu'il put être mené en Hongrie, il y fut conduit pour être *couronné dans le lieu où la cérémonie du couronnement devoit ſe faire* (*ſelon un ancien rit du Royaume*) *& par les mains du Prélat à qui ce rit en attribuoit le droit*. Elle s'y fit avec toutes les formalités requiſes; Et le 30 Mai de l'an 1303, jour où Wenceſlas V Roi de Bohème (qu'une faction avoit élû) fut déclaré *contumace* pour n'avoir pas juſtifié

Mort de l'aîné des fils de Charles II & ſa poſtérité, avec une bulle qui décide que Robert qui en étoit devenu l'aîné, devoit ſuccéder à la couronne de Sicile par préférence aux enfans du défunt.

Mêmes jugemens que cy-deſſus, à citer plus bas; Et acte de l'an 1295, au tréſ. des chartes, layette étiquettée Contrats de mariage des grands II, n°. 7.

Bref à Marie de Hongrie femme de Charles II du 30 Août 1295, n° 19 & ſuiv.

Mêmes jugemens que cy-deſſus, à citer plus bas.

Jugement proviſoire

du 30 Mai 1303, Rayn. sous 1303, n° 17 & suiv.; Et notice de brefs, à la suite; Item bref à Charles IV du 3 Juin mêm. an, n° 23; Et acte du publication du jugement du 9 Sept., n° 22.

de la *légitimité de son élection* au terme qui lui étoit prescrit, le même jugement (en lui accordant *un nouveau délai*) prononça que *la couronne ayant été jusques-là héréditaire*, la provision ne pouvoit en être refusée avec justice *à Marie de Hongrie & au Prince son petit-fils*, que l'attribut de la royauté leur étoit dû, le *corps entier du clergé* obligé (comme les autres ordres du Royaume) de *leur obéir avec soumission*, & tous de leur rendre compte des revenus, droits & produits du domaine royal. Cependant Charles IV n'en obtint une paisible possession qu'au bout de quelques années. Des deux sœurs qu'il avoit, l'une fut Dauphine de Viennois, & mère du Dauphin Humbert. La cadette, mariée au Roi Louis hutin fils aîné & successeur immédiat de Philippe le bel (qui étoit dès-jà Roi de Navarre du chef de Jeanne de Champagne sa mère), en eut pour fils posthume l'enfant nommé *Jean*, qui naquit *Roi de France & de Navarre* le 15 Novembre de l'an 1316 & mourut le 19 du même mois; Mais ce qui fesoit la gloire de Charles II, fut le germe des maux qui commencèrent à affliger le Royaume de Naples & la Provence environ cinquante ans après la mort de Charles III son fils aîné. Cet évènement & l'émission de vœux que fit presque aussi-tôt Louis son second fils, ayant rendu Robert l'aîné des enfans mâles qui lui restoient, l'attribut qui servoit à désigner la primo-géniture, devint celui de Robert.

Acte du 19 Août 1302, sous 1302, n° 3 & suiv.; Et autre du 11 Fév. 1306, à citer plus bas.

Il se qualifia *fils aîné de l'illustre Roi de Jérusalem & de Sicile*, & ne douta point que le trône de son père ne dût être un jour le sien. La part qu'il avoit eue aux avantages remportés sur les usurpateurs de l'isle, méritoit sans doute des égards; Mais la loi de la succession étoit-elle assés claire pour étouffer le cri d'une représentation aussi favorable qu'étoit celle de son vrai fils aîné en la personne du jeune Prince en qui il revivoit? C'étoit une question qui s'étoit dès-jà présentée en Angleterre & en Castille, & qui y avoit fait couler des fleuves de sang. Elle pouvoit être également élevée à Naples, & ne l'y fut en effet que trop. Charles II en comprit le danger. Dans la vûe de le prévenir, il pensa avec raison qu'il ne pouvoit *faire interpréter la loi que par la puissance de qui elle étoit émanée*, & *proposa la question* au Pape *Boniface VIII* dont le pontificat étoit alors au plus haut comble de sa gloire.

Consultation, énoncée en une bulle qui sera citée plus bas.

Ce Pontife en conféra *avec le sacré collège*, & *après un mûr examen des termes de l'in-féodation* décida par une bulle du 24 Mars de l'an 1297 que cette loi déférant la préférence de la succession *à la proximité du sang* comme *à l'aînesse & au sèxe masculin en parité de degrés*, au moment du décès de Charles la couronne appartiendroit au Prince *en qui ces avantages se trouveroient joints aux autres qualités requises pour la posséder*, sans qu'il fût permis de recourir à d'autre interpré-

Bulle du 24 Mars 1297, Rayn. sous même an, n° 53.

tation ni *à aucune fiction de juris-prudence*, parce qu'il étoit de principe *qu'on n'en a pas besoin sur-tout dans les engagemens syn-allagmatiques*, *à moins que l'intension des parties contractantes n'emporte visiblement un sens opposé à la lettre de leurs engagemens.* Afin de mieux assûrer l'effet de cette décision, peu après le couronnement de Clément V (qui fut le premier des Papes retirés à Avignon), Charles II envoya un *pouvoir* à Robert pour lui faire l'hommage que les Roix de Sicile devoient au Pontife *dans l'année de son exaltation.* Robert reçut ce *pouvoir* le 9 Février de l'an 1306, rendit *l'hommage à Lyon* au nom de son père le 11 du même mois, & en fit *dresser un acte* où il eut soin de faire insérer sa qualité de *fils aîné de l'illustre Roi de Jérusalem & de Sicile* avec celle de *Duc de Calabre*; Et le 15 Avril suivant, Charles en *ratifia toutes les clauses.* Le Comté de Piémont (qui avoit *anciennement appartenu aux Comtes de Provence &* qu'ils avoient perdu dans le tems des troubles causés par l'insatiable cupidité des trois Empereurs de la maison de Souabe) étant *nouvellement* revenu au pouvoir de Charles II, il le *réunit à ses Comtés de Provence & de Forcalquier* par des lettres patentes du 14 Février de la même année 1306, en statuant non seulement que ce Comté auroit *un Sénéchal différent*, mais que cet officier *ne seroit nullement sub-ordonné à l'autre*, & mourut dans le cours de l'année 1309, ayant fait dès le 16 Mars 1308 un testament dont les dispositions sont absolument conformes à celles de l'in-féodation du Royaume de Sicile & au nouveau titre que Rodolphe de Hapsbourg avoit fait à Charles I pour les Comtés de Provence & de Forcalquier. Robert y étoit institué *son héritier universel en ses Royaumes de Jérusalem & de Sicile & dans ses trois Comtés* ainsi que *dans toutes ses autres terres*, avec cette réserve que *si Robert (après lui avoir succédé) ne laissoit que des filles, elles ne recueilleroient point les trois Comtés*, mais *qu'ils passeroient à son fils le Prince de Tarente ou à celui de ses autres puînés qui vivroit encore (chacun dans son ordre)*, & que *dans le cas où tous ses fils seroient morts avant lui, la couronne & les trois Comtés appartiendroient aux fils de ses fils* ACTUELLEMENT VIVANS, en suivant à l'égard des enfans *le même ordre qu'à l'égard des pères.* Charles IV l'unique fils de son fils aîné défunt & *le premier né de tous ses petits-fils*, étoit ainsi visiblement exclus de sa succession, sans doute parce que la couronne de Sicile étoit essenciellement incompatible avec toute autre, & qu'il étoit sur le point d'être mis en possession de celle de Hongrie. Un jugement du 10 Août 1307, venoit en effet de confirmer celui du 30 Mai 1303; Et le 26 Novembre 1308, le Royaume entier se soûmit à Charles par un acte auquel souscrivirent ceux mêmes qui lui avoient été opposés

Procuration énoncée en l'acte du 11 Fév. 1306, à citer plus bas.

Acte du 11 Février 1306, énoncé en des lettres pat. du 15 Avr. mêm. an; Et lettres pat. de ce jour, sous 1306, n° 6 & suiv.

Lettres pat. de ce jour, Leibnitz au liv. intit. Codex juris gentium, tom. I, pag. 45; Et bref de consolation à sa veuve du 3 Février 1310, Rayn. sous 1309, n° 17.

Testament du 16 Mars 1308, aux mêm. livre & tom. de Leibnitz que cy-dessus, pag. 51 & suiv.

Jugement de ce jour, Rayn. sous 1307, n° 15 & suiv.; Et acte du 26 Nov. 1308, sous 1308, n° 23 & suiv.

jusques-là. Dans la suite, il épousa une sœur de Casimir III Roi de Pologne, & en eut pour fils aîné *Louis Roi de Hongrie* qui joignit le trône de Pologne au sien après la mort de Casimir, & entr'autres cadets *André de Hongrie* dont la mort tragique fut le premier signal des troubles du Royaume de Naples & de ses annèxes.

Couronnement de Robert, mort de son fils unique, & sage conseil du St Siège pour empêcher que le repos des peuples ne fût troublé sous la Reine Jeanne sa petite-fille.

Les dispositions testamentaires de Charles II étant conformes à celles de l'in-féodation du Royaume de Sicile & au nouveau titre que Rodolphe de Hapsbourg avoit fait à Charles I pour les Comtés de Provence & de Forcalquier, comme au moment de la mort de Charles II Robert étoit incontestablement l'aîné des enfans qui lui restoient, Robert lui succéda sans aucune contradiction. Dans l'année de cet évènement, il vint en France pour y rendre personnellement le devoir d'obéissance au Pape Clément V qui avoit dès-lors résolu de fixer son séjour en de-çà des Alpes, le joignit à Avignon, & lui fit son serment de *fidélité* & d'*hommage*, en reconnoissant solemnellement que la *ville de Bénevent & ses dépendances étoient exceptées de l'in-féodation faite à son auteur le Roi Charles I*, & en applaudissant à *cette excepcion*, autant que cette formalité pouvoit être nécessaire. Le Pontife le couronna ensuite de sa propre main; Et il règna un grand nombre d'années sans aucune inquiétude.

Acte du 26 Août 1309. Rayn. sous mêm. an, n° 19 & suiv.; Et bulle de confirmation & d'investiture du 27, n° 22 & suiv.

Peu de tems après l'accord de Charles II avec le nouveau Roi d'Aragon, il avoit épousé une sœur de ce Prince, & en eut un fils qui fut nommé *Charles* & qui porta après lui le titre de *Duc de Calabre*. Il le maria sur la fin de l'an 1323 ou au commencement de l'an 1324 avec une sœur cadette du Roi Philippe de Valois; Et il avoit lieu d'espérer que ce jeune Prince lui donneroit une nombreuse postérité, lorsqu'il eut la douleur de le perdre au mois de Novembre de l'an 1328, sans qu'il en restât d'autres enfans que deux filles dont l'une naquit posthume & fut nommée *Marie*. La Reine *Jeanne Ière* étoit l'autre. Il paroît que Jeanne étoit née dans les premiers mois de l'an 1325. Aussi-tôt après la mort du Duc son père, elle fut revêtue du titre de *Duchesse de Calabre* que le don fait à Robert par Charles II avoit rendu propre à la ligne de ses descendans. La loi de l'in-féodation du Royaume & la dernière volonté de Charles II avoient pourvû d'une manière uni-forme au cas qui se présentoit par rapport au droit d'y succéder après Robert, puisque l'une portoit que *l'héritier du trône devoit tousjours être le Prince ou la Princesse qui touchoit de plus près au Roi dont la succession étoit à recueillir*, & que l'autre avoit réglé qu'*en cas que Robert (après avoir règné) ne laissât que des filles*, elles seroient privées seulement du droit *de succéder aux Comtés de Provence, de Forcalquier & de Piémont*. Quant aux deux premiers

Traité de mariage de l'an 1323, au trésor des chartes, layette dès-jà citée, n° 43 & suiv.

Brefs de consolation à Robert & à la Reine sa femme du 11 Déc. 1328, Rayn. sous mêm. an, n° 58.

Lettres & bulles, dès-jà citées pag. 31, 61 & 94.

Testament de Charles II, aussi dès-jà cité pag. 95.

premiers de ces Comtés, le nouveau titre que Rodolphe de Hapsbourg en avoit fait à Charles I, restreignoit *à ses seuls descendans mâles le droit d'y succéder*; Et le testament de Charles II, au défaut d'enfans mâles dans la ligne de Robert, y appelloit *le Prince de Tarente* ou *celui de ses frères puînés qui lui survivroit*, ou *leurs enfans dans le même ordre qu'ils y étoient appellés eux-mêmes*; Mais ces Comtés ayant contracté la nature de *fiefs nouveaux* par la concession que Rodolphe de Hapsbourg en avoit faite à Charles I, & leurs possesseurs n'en étant plus que de simples usu-fruitiers, la volonté d'un de ces usu-fruitiers avoit-elle pû changer l'ordre de succession établi par un titre sans lequel Charles I & ses descendans n'auroient été que des usurpateurs aux yeux de l'Empire comme ils l'étoient à l'égard de Margueritte de Provence & des Roix ses héritiers? C'étoit une nouvelle difficulté qui pouvoit avoir des suites fâcheuses pour la famille du testateur & pour ses peuples. Le Pape Jean XXII qui avoit remplacé Clément V, sentit cette difficulté, & conseilla à Robert de la prévenir, en *mariant ses deux petites-filles avec deux des fils du Roi de Hongrie* qui fesoit dès-jà voir de son côté qu'il ne perdoit point de vûe ses intérêts personnels ou ceux de ses enfans. Il réclamoit *la Principauté de Salerne* dont il avoit porté le titre à l'exemple de son père & de son grand-père avant qu'il eût celui de Roi, mais sans que la possession en eût suivi le titre en sa personne, vraisemblablement parce que Charles II avoit trouvé que la couronne de Hongrie étoit un partage suffisant pour lui; Et n'ayant point été écouté du Roi son oncle, il s'en plaignit au Pontife qui exhorta aussi-tôt Robert à l'acte de justice qu'il devoit à Charles, & insista à lui remontrer combien il importoit au repos de sa famille & à celui de ses peuples de ne point négliger le conseil qu'il lui avoit donné. Robert étoit alors veuf d'Yoland d'Aragon sœur des Roix Alphonse & Jacques II, & avoit épousé en secondes nôces une fille du Roi de Mayorque Jacques I qui étoit frère cadet du Roi Pierre III leur père & à qui Pierre avoit donné en partage le Royaume de Mayorque avec les Comtés de Roussillon, de Conflans & de Cerdaigne & la seigneurie de Mont-peslier en Languedoc, mais qui avoit été dépouillé de ce Royaume sous Alphonse pour avoir embrassé les intérêts de la France contre ceux de son neveu. Elle se nommoit *Sanchette*, & avoit acquis beau-coup d'ascendant sur l'esprit du Roi son époux, quoiqu'il n'en eût point d'enfans. Le Pontife la pressa en particulier de profiter de son crédit auprès de Robert pour le déterminer au double mariage qu'il lui avoit conseillé; Et Robert céda, d'autant plus à propos que les deux derniers de ses frères *Philippe Prince de Tarente & Jean Duc de*

Rescrit Impérial, cité plus haut pag. 68.

Mêm. testament que cy-dessus.

Notice de bref, Rayn. sous 1332, n° 19.

Réclamation, énoncée en un bref du 26 Janv. 1331 à citer plus bas.

Bref du 26 Janv. 1331, sous même an, n° 26.

Lettre de Philippe le bel au Roi d'Angleterre du 2 Avril 1289, Rym. tom. I, part. III, pag. 22; Et lettres pat. d'Alphonse d'Aragon du 8 Avril 1291, pag. 86.

Notice de bref à Sanchette, Rayn. sous 1331, n° 26.

Durazzo moururent avant que le projet fût effectué, & que par cet évènement le Roi de Hongrie Charles IV ne se trouvoit pas plus éloigné de Charles II que leurs enfans sur qui il avoit même l'avantage de la primo-géniture. Jeanne, comme présomptive héritière dela couronne de Sicile, fut destinée pour femme à *André de Hongrie*, & Marie à *Louis* qui devoit un jour hériter de celle de Charles IV. Rien n'étoit plus sage que cet arrangement. Conforme à toutes les loix de succession, personne n'auroit raison de le critiquer. Il assûroit la couronne de Sicile aux descendans du Prince à qui elle auroit appartenu, si la représentation avoit eu lieu dans ce Royaume. La loi de son incompatibilité avec toute autre couronne, seroit satis-faite en la personne d'André & en celles des enfans qui naîtroient de son mariage avec Jeanne. S'il étoit stérile, celui de Marie & de Louis pourroit ne pas l'être, & un de leurs fils cadets succéder à Jeanne du chef de Marie, sans que la loi fût violée. Une vanité peu réfléchie avoit malheureusement commencé dès lors à persuader à Robert & à une partie de ses peuples, que le Royaume de Sicile ne devoit être regardé que comme une conquête faite par Charles I sur un usurpateur, & les Comtés de Provence & de Forcalquier comme une souveraineté absolue dont le sort ne dépendoit que de la volonté de ses maîtres, sans leur laisser voir que Charles I n'avoit pû conquérir que ce que possédoit l'usurpateur, & non envahir les droits du St Siège qu'il défendoit & qui lui mettoit une couronne sur la tête, ni ceux de l'Empire dont il s'étoit si authentiquement avoué *vassal* en souscrivant à la condition la plus dès-avantageuse qui pût jamais lui être imposée; Et de ces fausses impressions partirent tous les mouvemens qui enflammèrent l'un & l'autre pays. Des fléaux certains suivent ainsi tous-jours les atteintes portées à la légitime constitution des états.

Pactes & autres actes, énoncés en une consultation de l'an 1375 ou 1376 & en d'autres pièces qui seront citées plus bas.

Rescrit Impérial du 28 Mars 1280, dès-jà cité pag. 68 & suiv.

Mariage de Jeanne, mort de Robert, régence qu'il avoit établie par son testament, & bulle qui la casse, en y substituant un Légat.

Ce ne fut qu'après la mort de Robert que son Royaume de Sicile & ses Comtés de Provence & de Forcalquier firent une triste épreuve de cette vérité; Et alors les maux publics ne pouvoient plus être prévenus dans leur source qui ne fut pas même reconnue à Naples ni en Provence, tant les peuples y étoient aveuglés par les fausses prévencions auxquelles ils s'étoient livrés. Lorsque Robert eut compris l'importance du sage conseil que lui donnoit Jean XXII, ce Pontife accorda la dispense de consanguinité qui étoit nécessaire pour le mariage de *Jeanne* avec *André de Hongrie*; Et il se fit, dès que Jeanne eut atteint l'âge prescrit par les loix canoniques. Pour celui de sa sœur cadette avec Louis, il n'eut point son exécution. Le projet qui en avoit été formé, fut converti en celui d'un autre mariage qui pouvoit être suivi des mêmes avantages pour la famille de Robert

Bulle de dispense & acte de célébration, énoncés en une bulle du 1 Fév. 1346 à citer plus bas.

& pour ses peuples. C'étoit d'unir Marie à un second frère de Louis, qui se nommoit *Etienne*; Et il demeura sans effet comme l'autre; Car Louis fut marié en 1339 avec une fille de l'Empereur Charles IV qui n'étoit pour lors que Marquis de Moravie & présomptif héritier de la couronne de Bohème; Et quatre ans après, Marie épousa son cousin *Charles Duc de Durazzo* qui avoit obtenu furtivement une dispense de consanguinité pour faire ce mariage & à qui il coûta la vie dans la suite. Au moment de celui de Louis avec une fille de l'Empereur Charles IV, il n'étoit pas encore sur le trône de Hongrie; Mais il y étoit monté, lorsque Marie épousa le Duc de *Durazzo*, ayant succédé au Roi Charles IV son père dans le mois de Juillet de l'an 1342. Jeanne succéda pareillement à Robert au mois de Janvier suivant. Comme elle ne pouvoit avoir alors plus de dix-huit ans, Robert avoit fait un testament où il règloit entre autres choses que jusqu'à ce qu'elle en eût *vingt-cinq accomplis*, sa personne & les affaires publiques seroient entre les mains de la Reine douairière conjointement avec le Cardinal *Philippe Cabassole* qui n'étoit alors qu'Evêque de Cavaillon & Chancelier du Royaume de Naples, & avec trois seigneurs laïcs dont l'un en étoit l'Amiral; Qu'ils auroient le titre de *Gouverneurs*, *Dispensateurs*, *Régens & Administrateurs*, ou tel autre qui seroit conforme aux loix; Et qu'il ne seroit nullement permis à Jeanne d'agir *en jugement* ou *dehors*, ni de *contracter*, *donner* ou *aliéner*, ou de *faire aucun autre acte légal*, *à leur insçû & sans leur consentement exprès*; Ou que tout ce qu'elle feroit, n'auroit nulle valeur. Dès qu'il fut mort, les Régens parmi lesquels la Reine douairière n'étoit qu'une ombre, se mirent en possession de l'autorité souveraine, & ne tardèrent point à en abuser. Soit complaisance, soit foiblesse, ils laissoient Jeanne la maîtresse de toutes ses actions, ou se servoient de son nom pour élever ou enrichir leurs amis, & pour en acquérir de nouveaux; Et en peu de tems, des sommes considérables que Robert avoit épargnées, se trouvèrent dissipées, le domaine de la couronne entamé, les places les plus importantes mal distribuées, l'état obéré, & beau-coup d'honnêtes gens trompés & ruinés; Mais Robert n'avoit pas vû que dans ce point ses dispositions testamentaires étoient contraires à un des principaux droits que le St Siège s'étoit réservés en in-féodant le Royaume à Charles I, & conséquemment qu'elles ne pouvoient subsister. Le Pape Clément VI qui étoit François comme ses trois derniers prédécesseurs & que quelques-uns de nos écrivains disent avoir été Chancelier de France, fut instruit de l'entreprise en même tems que du désordre dont elle étoit suivie, & y mit le frein que son devoir & les droits du St Siège l'obligeoient

Même consultation & mémoires que cy-dessus, à citer plus bas.

Bref au Roi de Hongrie du mois de Juillet ou d'Août 1346, Rayn. sous 1343, n° 73.

Article du testament de Robert, énoncé en une bulle du 28 Nov. 1343 qui sera citée plus bas; Et lettres pat. de Jeanne du 31 Août 1344. Rayn. sous 1344. n° 17 & 30.

Même bulle que cy-dessus, à citer plus bas.

Même bulle.

Histoire des grands offic. de la couronne, tom. VI, pag. 314.

d'employer. Il *en délibéra* avec les membres du ſacré collège qui étoient auprès de lui à Avignon ; Et pour obvier aux funeſtes conſéquences d'une véritable an-archie ſur laquelle *il ne pouvoit fermer les yeux ſans paroître l'approuver*, uſant d'une puiſſance dont le St Siège avoit tous-jours joui *ſans aucune contradiction*, il prononça (*de l'avis des Cardinaux*) par un décret du 28 Novembre de l'an 1343 que Robert avoit excédé *les bornes de la ſienne*, n'ayant pû *nommer des Régens ou Adminiſtrateurs de la perſonne de Jeanne ni du Royaume* durant le tems marqué par les loix, ni ceux qu'il avoit revêtus de ce titre, *accepter ou exercer le pouvoir qui y étoit attaché ;* Qu'en conſéquence, *il leur en défendoit tout exercice*, en *caſſant & annullant tous les actes qui avoient été faits en vertu des diſpoſitions de Robert* ſoit par les Adminiſtrateurs, ſoit par Jeanne *avec autoriſation de leur part ou à leur inſçû ;* Que cependant, *pour l'intérêt des ſujets qui avoient traité de bonne foi*, comme il ſeroit très douloureux pour eux d'avoir été trompés faute de connoître *les bornes du pouvoir des Roix de Sicile*, il conféroit le caractère de *Légat* à *Aymeri de Chaslus* Cardinal-Prêtre du titre de *St Martin in montibus*, & celui d'*Adminiſtrateur, Gouverneur* ou *Bayle du Royaume*, avec libre faculté de mettre le ſçeau *de la tolérance* ou *de l'approbation Apoſtolique* à tout ce qui y auroit été fait *à l'avantage des peuples*, *ſuivant les loix & ſans que les droits du St Siège ou ceux de la couronne en euſſent été bleſſés ;* Et que d'ailleurs il n'entendoit point infirmer ce que les Adminiſtrateurs pouvoient avoir fait en qualité d'*exécuteurs du teſtament de Robert*, en ſe renfermant *dans les limites du pouvoir qui appartient légitimement à un exécuteur teſtamentaire.* Un bref du même jour, traça au Légat le plan de la conduite qu'il tiendroit. D'autres annoncèrent à Jeanne, à la Reine douairière, aux autres Régens, aux Prélats, aux Barons & à tous les officiers publics du Royaume, l'obéiſſance qu'ils devoient au décret du St Siège comme leur *ſeigneur ſupérieur dans l'ordre fécdal ;* Et une bulle expreſſe accorda à la Princeſſe un délai pour ſatis-faire au ſerment de fidélité & d'hommage qu'elle étoit tenue de prêter dans l'année de ſon avènement au trône. Le Cardinal partit pour le Royaume, & y prit ſeul l'adminiſtration des affaires publiques, parce qu'il n'y avoit alors aucun Prince ou Seigneur de ſang royal qui eût l'âge requis par les loix pour la partager avec lui. Son arrivée à Naples y déplut fort aux ambitieux qui vouloient règner ſous le nom de Jeanne. Pour ſecouer le joug d'une autorité qui renverſoit leurs vûes criminelles, ils inſpirèrent à Jeanne de demander au Pontife qu'il *pourvût avec décence & fruit à l'état de ſon mari, au ſien propre ou à ſa ſûreté, à l'honneur de deux époux de leur rang & à l'avantage des enfans qu'ils auroient*, en accordant à André (*ſous les réſerves*

Bulle du 28 Nov. 1343, Rayn. ſous même an, n° 75 & ſuiv.

Notice de bref, ſous 1343, n° 81 ; Et autres notices, à la ſuite.

Notice de bulle, même n°.

Supplique, énoncée en un bref du 2 Fév. 1344 qui ſera cité plus bas.

ſerves qu'il plairoit au St Siège de lui preſcrire) les *titre & qualification de Roi* avec la faveur d'être *ſacré & couronné en même tems que Jeanne*, de les diſpenſer l'un & l'autre de l'obligation *de venir recevoir la couronne de ſa main en de-çà des Alpes*, & de nommer tel Prélat qu'il voudroit pour faire la cérémonie de leur couronnement dans le Royaume ſans qu'ils en ſortiſſent. La Reine douairière, le nouveau Roi de Hongrie, Eliſabeth de Pologne ſa mère, & avec eux beau-coup de Prélats & de Barons du Royaume de Sicile, appuyèrent fortement cette ſupplique, en remontrant à Clément qu'André ne devoit pas être regardé du même œil qu'un mari étranger, qu'il étoit *Prince du ſang de Sicile*, & que l'honneur d'être iſſu *de trois maiſons royales qui ne s'étoient jamais écartées de l'obéiſſance, du reſpect & de l'attachement dûs au St Siège*, étoit un gage de ſa fidélité *à marcher ſur les traces de ſes ancêtres.* Divers ambaſſadeurs vinrent même à Avignon pour y ſolliciter avec ſolemnité l'effet de leur deſir.

Autres ſuppliques, énoncées dans le même bref.

Clément VI trouva dans la demande qui lui étoit faite une difficulté à laquelle la loi de l'in-féodation n'avoit point pourvû, & que ſans doute les deux Reines de Naples ni le Roi de Hongrie & ſon Conſeil n'y voyoient point, ou que ce Prince ne regardoit point comme un obſtacle au ſuccès de leur commun deſir. Que deviendroit André, ſi (après avoir obtenu le titre de *Roi* & reçû l'*onction & la couronne* avec Jeanne) il demeuroit veuf de cette Princeſſe, ſans en avoir d'enfans? Conſentiroit-il ſans peine à deſcendre du trône, pour n'être plus qu'un ſimple particulier? Reſteroit-il dans le Royaume? Ou ſeroit-il tenu de s'en éloigner? S'il y reſtoit, continueroit-il d'y jouir des honneurs dûs à la dignité royale? Et quelle en ſeroit la meſure? C'étoient autant de points à régler, le cas étant *ſans exemple* dans le Royaume de Sicile, & même aſſés rare ailleurs. A Jéruſalem, Jean de Brienne avoit été forcé par l'Empereur Frédéric II ſon gendre, de lui céder ſa couronne & le *titre de Roi*; Mais il en avoit été preſque auſſi-tôt dédommagé par celui d'*Empereur de Conſtantinople* qu'un conſentement unanime des principaux Seigneurs Latins de cet Empire lui avoit déféré avec la garde-noble de *Baudouin de Courtenay* alors mineur. On avoit vû auſſi en France le Comte de Valois, après avoir porté durant onze ans le titre de *Roi d'Aragon*, quitter ce titre pour ceux de *Comte de Valois & d'Anjou*, mais recevoir la même indamnité de ſa ceſſion que Jean de Brienne, en épouſant en ſecondes nôces une fille unique que Philippe de Courtenay avoit laiſſée de ſon mariage avec une des filles du Roi de Sicile Charles I. Etoit-ce des exemples pour le Royaume de Naples? Les ambaſſadeurs entendus *dans*

Bulle qui accorde à André de Hongrie premier mari de Jeanne le titre de Roi & la faveur d'être couronné avec elle, récepcion de l'hommage de cette Princeſſe, déſordre de ſon gouvernement, & remède qu'y applique le St Siège.

Bref du 14 Mars 1346, à citer plus bas.

Brefs à Frédéric II des années 1226 & 1227, dès-jà cités pag. 32 & 35; Et bulle confirmative d'accord entre Jean & les Seigneurs de l'Empire de Conſtantinople, Rayn. ſous 1229, n° 47 & ſuiv.

Contrats de mariage & autres actes, au tréſor des chartes, layette dès-jà citée, n° 11 & ſuiv.

plusieurs consistoires & en particulier, le 19 Janvier de l'an 1344 *après une mûre délibération avec le sacré collège*, Clément accorda à André le titre de *Roi* & la faveur d'être *sacré & couronné* avec Jeanne *comme son époux*, mais sous condition qu'au moment de la cérémonie il *ratifieroit avec serment quelques réserves de précaution & d'équité* qui seroient concertées avant ce tems-là, & que par provision ni l'un ni l'autre époux *ne s'éleveroit contre l'administration du Légat pendant tout le tems qu'elle devoit durer en vertu des droits du St Siège*; Et le 2 de Février, un bref addressé à André, l'instruisit de la grace que le St Siège lui accordoit, en l'assûrant que le Pontife avoit égard *aux fatigues & à la dépense du voyage* que les deux époux auroient à faire & *aux dangers qu'y courroit Jeanne*, & qu'au moyen *de la condition qui leur étoit dès-jà proposée & des réserves qui seroient agréées avant leur couronnement*, il commettroit volontiers le Légat pour procéder à cette cérémonie qui seroit faite *avec plus de distinction* par un Cardinal revêtu de tous les pouvoirs du St Siège que par un Prélat ordinaire. Pour le tems où elle se feroit, il ne le fixa point. Il vouloit savoir ce que penseroient du fonds de la question les personnes *renommées dans l'Europe pour en être les plus éclairées*, tandis que lui-même il pèseroit mûrement les principes qui pouvoient servir de base à sa résolution diffinitive; Et pendant ce tems-là, il fut accablé de nouvelles demandes de la part de Jeanne ou des ambitieux qui s'étoient emparés de son esprit. L'Archevêque de Brindes vint en ambassade à Avignon pour y demander en son nom que le Cardinal Légat qui étoit dans le Royaume, fût autorisé à y recevoir son *serment de fidélité & d'hommage*. Clément instruit par la loi de l'in-féodation que le Pontife étoit le maître *d'exiger que le Prince se rendît auprès de lui ou de l'en dispenser*, considéra les circonstances où se trouvoit Jeanne, & acquiesça à son desir. Une bulle du 2 Juillet de l'an 1344, autorisa le Légat à recevoir son serment & à en faire dresser acte; Et elle le prêta le 28 Août suivant, en reconnoissant de nouveau, en présence d'*André de Hongrie son mari* à qui l'acte donne la qualité d'*illustre Roi de Jérusalem & de Sicile*, de *Robert de Tarente* (frère aîné de Louis) qui y a celles de *Despote de Romanie* (comme héritier de Constantinople) & de *Prince d'Achaye & de Tarente*, de *Charles Prince de Durazzo*, de *Louis* même, de *Philippe Cabassole*, de l'*Amiral* & de quelques autres Barons du Royaume, que *la ville de Bénevent & ses dépendances étoient formellement exceptées de l'in-féodation accordée à Charles I.* Le 31 du même mois, Jeanne en fit expédier des lettres patentes qui furent conçûes dans la forme accoûtumée & de nouveau prescritte par la commission addressée au Cardinal Légat; Et elles étoient

Bulle du jour, énoncée au bref du 2 Fév. 1344 à citer plus bas.

Bref du 2 Février 1344. Rayn. sous mêm. an, n° 16.

Bref du 14 Mars 1346, à citer plus bas.

Bulle du 2 Juillet 1344, à citer plus bas.

Bulle du 2 Juillet 1344. Rayn. sous mêm. an, n° 18 & 27; Et acte du 28 Août, n° 18 & 29.

Lettres pat. du 31 Août, n° 17 & 30.

à peine arrivées à Avignon, que Jeanne demanda le rappel de ce Ministre, sous prétexte que par la réception de son hommage, elle étoit entrée en pleine jouissance de tous les droits de la puissance souveraine. Clément eut encore cette complaisance pour elle. Le Légat fut rappellé par une bulle du 19 Novembre de la même année, après avoir été chargé d'exhorter Jeanne *à n'admettre dans son Conseil* que des gens en qui *une religion pure & éclairée répondît de leur équité, de leur dès intéressement & de leur zèle pour le bien public*, & à gouverner ses peuples *avec autant de sagesse & de douceur que de justice*; Sans quoi le St Siège seroit contraint de recourir aux remèdes qu'il avoit souvent employés, même *dans des Royaumes qui ne lui étoient pas aussi spécialement soumis que celui de Sicile*. Il remit à Jeanne le dépôt de l'autorité publique, & laissa seulement à Naples en qualité de *Nonce* l'*Evêque de Chartres* qui y étoit avec lui depuis quelque tems; Mais le Pontife eut bien-tôt sujet de se repentir de sa facilité à se prêter aux desirs de Jeanne. Dès que le Légat fut hors du Royaume, la déprédation y recommença, & fut portée à un tel excès, que pour la réprimer, Clément se vit dans la nécessité d'en venir à l'exécution de ses menaces. Le 20 Septembre de l'an 1345, il tint un *consistoire public* où assistèrent beau-coup de personnes *d'un rang distingué dans l'Eglise & dans les pays qui obéissoient à Jeanne*. On y exposa avec énergie les abus de son gouvernement, & le déplorable état de ses peuples; Et le Pontife usant une seconde fois de la plénitude de *sa puissance féodale* sur *la personne de cette Princesse* & sur un *Royaume* où elle se montroit si peu capable de jouir des droits de la sienne, rendit un décret par lequel il cassoit & annulloit *toutes donations, in-féodations & autres aliénations qu'elle y avoit faites*, comme *préjudiciables* non seulement *aux sujets de ce Royaume*, mais *à ceux de ses autres pays*.

Notice de bulle, n° 30; Et bref au Card. Lég. du 18 Nov. mêm. an, n° 31.

Bulle du 20 Sept. 1345 & décret du 1 Fev. 1346, à citer plus bas.

Autre bulle du 20 Sept. 1345, Rayn. sous 1345, n° 23.

Même bulle & même n°.

Il paroît qu'avant que Clément VI appliquât ce dernier remède aux nouveaux désordres du gouvernement de Jeanne, la discorde s'étoit glissée dans sa cour entre les Princes du sang royal & d'autres Grands du Royaume, & avoit même altéré l'union qui avoit régné d'abord entr'elle & André de Hongrie son mari; Car il y a plusieurs brefs de ce tems-là où Clément VI exhorte Jeanne *aux sentimens qu'elle devoit à André comme son époux*, & les Princes du sang royal *au concert qui est la base du bonheur public*. Un auditeur du palais Apostolique fut envoyé en particulier à Jeanne avec un bref où Clément l'avertissoit de ne point écouter *des esprits inquiets & brouillons qui pour satis-faire leur cupidité ou leur fiel, exposoient le Royaume à des maux, peut-être sans remède*; Et il écrivit aussi au Roi *Philippe de Valois* comme oncle maternel de Jeanne & le chef de tous ses parens, dans

Bulle pour le couronnement d'André de Hongrie, assassinat de ce Prince, & décret du S Siège contre les assassins.

Notice de brefs à Jeanne, à André & autres; Rayn. sous 1344, n° 32.

Notice de bref à Jeanne, sous 1345, n° 24.

Notice d'autre à

Philippe de Valois, sous mêm. an. n° 23.

Bref & bulle, énoncés en un bref du 7 Mai 1348 à citer plus bas.

la vûe de l'engager à se servir de tous les titres d'autorité qu'il avoit sur elle, *pour modérer ses écarts & lui inspirer une conduite plus sage*. Il la pressa elle-même de *partager le poids du gouvernement avec le Prince son époux par préférence à tout autre*, & commanda (avec menace des *censures les plus graves*) que les perturbateurs du repos public *qui l'éloignoient de ce jeune Prince*, fûssent *chassés de sa cour*. Dans l'intervalle des soins qu'il se donnoit pour rétablir la concorde dans un Royaume rempli de *maranes* & de tout tems *enclin à la sédition*, il avoit eu l'avis des gens *sages & éclairés* à qui il avoit demandé *s'il pouvoit légitimement accorder à André de Hongrie l'honneur d'être couronné avec Jeanne*; Et ils avoient répondu à sa question que ce *seroit une pure grace de la part du St Siège plus-tôt qu'un acte de justice*. Le sacré collège en avoit aussi délibéré longuement; Et les suffrages y étoient partagés. Cependant Clément se détermina à contenter André & ses appuis. Les réserves furent libellées, & envoyées au Roi de Hongrie qui les retint assés long-tems sous prétexte de les peser *dans son Conseil*. Des ambassadeurs venus de sa part à Avignon, en proposèrent d'autres; Et elles éprouvèrent pareillement de la contradiction. Enfin lorsqu'on fut d'accord, une bulle du 20 Septembre de l'an 1345 commit l'*Evêque de Chartres* (alors Nonce Apostolique dans le Royaume) pour *sacrer & couronner* André de Hongrie en même tems que Jeanne & *comme son mari*, en lui imposant pour conditions que le titre de Roi qu'il portoit dès-jà ni son couronnement ne lui conféreroient *aucun droit de propriété sur le trône*; Que si Jeanne mouroit avant lui sans enfans, la couronne passeroit *directement de sa tête sur celle de sa sœur Marie ou de l'un des enfans qu'elle avoit ou auroit du Duc de Durazzo*; Que *dans le même moment*, André seroit tenu de *céder le trône à Marie ou à son héritier, sans pouvoir prétendre de le conserver en aucune manière*, ni *les ordres du Royaume pour lui*, *sous peine d'encourir les censures*; Qu'il en *feroit serment*, *avant que la couronne lui fût mise sur la tête*; Que dans cet instant, les ordres du Royaume *jureroient aussi de l'abandonner*, & même *de lui résister*, *en cas qu'il formât jamais des prétensions contraires à ses engagemens*; Et que *par ce serment*, ils seroient d'avance *relevés de celui de fidélité qu'ils devoient lui prêter comme mari de Jeanne*; Mais André ne vivoit dès-jà plus au moment où cette bulle fut expédiée. Un soir du même mois de Septembre qu'il étoit *dans la chambre où il couchoit*, des conjurés y entrèrent vers l'heure du *premier silence de la nuit*, *l'attirèrent au dehors* sous quelque prétexte, & s'étant saisis de lui, *le firent périr par le genre de mort le plus ignominieux*, l'ayant étranglé & pendu à une fenêtre (selon ce que disent les historiens), *sans qu'il eût eu aucun différend* avec

Bulle du 2 Juillet 1344, dès-jà citée plus haut pag. 102.

Avis de jurisconsultes & des Cardinaux, énoncés au bref du 14 Mars 1346 à citer plus bas.

Même bref du 14 Mars 1346, à citer plus bas.

Notice de bulle du 20 Sept. 1345, sous mêm. an. n° 24 & suiv.; Et brefs du même jour, à la suite.

Décret du 1 Fév. 1346, à citer plus bas.

Même décret du 1

avec qui que ce fût (ainsi qu'il est constaté par des monumens certains), ni *qu'il dût s'attendre à une perfidie si exécrable.* Quelques écrivains étrangers & presque tous les nôtres qui ne font que se copier sans réflexion, imputent ce lâche assassinat *à des pratiques de Jeanne*, & affirment le fait aussi positivement que si chacun d'eux en avoit été le confident; Mais heureusement pour l'honneur du lien conjugal comme pour celui de l'Église, du sèxe & de l'humanité, il y a autant d'indiscrétion que d'indécence dans cette affirmative. En effet, outre que Jeanne n'a jamais été *convaincue d'avoir eu part à cet attentat*, ni même *chargée par quatre des Princes du sang royal long-tems détenus prisonniers pour sa cause*, dont deux étoient frères du Duc de *Durazzo* & tous intéressés à la dépouiller, comme il a été reconnu dans le cours du procès que si elle eût été coupable, *sa couronne étoit dévolue de droit au St Siège*, & que non seulement elle en est restée en possession (quoique l'affaire n'ait jamais été jugée diffinitivement à son égard), mais que c'est alors qu'elle épousa en secondes nôces *Louis de Tarente* & obtint la *dispense de consanguinité* sans laquelle ce mariage ne pouvoit être valablement célébré, il est plus que probable qu'elle étoit innocente; Ou le St Siège se seroit rendu complice de son crime par une dissimulation mêlée de sacrilège dont il ne peut être judicieusement soupçonné. Jeanne *étoit alors enceinte*, & environ trois mois après la mort de son mari accoucha d'un fils qui fut nommé *Charles* & que quelques pièces imprimées appellent *Charles-martel*, mais sans qu'on puisse discerner si le second nom n'est point un inter-polation de l'éditeur. Le Pontife fut consterné lorsqu'il apprit le malheur d'André de Hongrie, & toute la Provence avec lui. Soit que Louis de Tarente eût dès-jà plû à Jeanne, soit qu'on lui supposât d'autres vûes, dès le 21 de Novembre de l'an 1345 Clément lui addressa un bref où il l'avertissoit que la loi de l'in-féodation défendoit à *toute héritière non mariée* de contracter aucun engagement *sans en avoir demandé & obtenu l'agrément du St Siège*, ou que le souverain Pontife pouvoit la priver de sa couronne *sans forme de procès ni solemnité de droit*; Et le 23 du même mois, trois habitans de Marseille députés par une *assemblée générale de leur ville* sous *l'autorité de leur Viguier*, vinrent présenter à Clément une supplique où après un court exposé de l'évènement fâcheux qu'ils déploroient & en lui demandant la protection du St Siège pour *Jeanne & pour le fruit qu'elle portoit dans son sein* comme pour tous ses peuples & en particulier pour leur communauté, ils lui remontroient que *c'étoit à lui*, en qualité de *Supérieur universel de l'Eglise* & de *haut suzerain du Royaume*, de faire *rechercher les auteurs & complices d'un crime de cette nature*, & d'en faire un

Fév. 1346, à citer plus bas.

Hist. de la maison de France & des grands offic. de la couronne, tom. I, pag. 404 & 410; Et autres livres pareils.

Brefs des 14 Mars & 17 Juill. 1346 & autres dates, à citer plus bas.

Mêmes brefs & autres, à citer aussi plus bas.

Bulle de dispense de l'an 1346, Rayn. sous 1348, n° 11.

Acte du 23 Nov. 1345, à citer plus bas; Et bref du 7 Mai 1346, aussi à citer plus bas.

Bref du 21 Nov. 1345, Rayn. sous mêm. an, n° 29.

Acte du 23 Nov. même an, n° 30 & suiv.

exemple dont l'excessive sévérité *consolât Jeanne & ses peuples* de la perte qu'ils avoient faite, & *vengeât la fidélité des sujets avec l'honneur de leur Princesse.* Cette requête ne fut point infructueuse. Un décret Apostolique du 1 Février de l'an 1346, *affiché aux portes de l'Eglise d'Avignon* le même jour, peignit avec le pinçeau de la douleur la plus amère le sort malheureux d'un Prince que l'*innocence de son âge*, la *pureté de ses mœurs*, l'*honnêteté de sa conduite*, le respect dû au lieu où il étoit & son extraction *des maisons royales de France, de Sicile, de Hongrie & de Pologne*, sembloient devoir garantir d'une pareille destinée, & en déclarant les auteurs de l'assassinat, leurs complices & leurs fauteurs (sans excepcion d'*état* ni de *qualité* ou de *rang*), *infâmes à jamais & sujets aux peines prononcées contre les parricides par les loix de la puissance séculière*, commit les Cardinaux de St *Marc* & de Ste *Cécile* (depuis Evêques de Sabine & de Porto) pour informer *de la réalité du délit* & de ses auteurs, avec ordre d'en *faire leur rapport au St Siège* comme d'un crime de lèse majesté au premier chef *dont il devoit seul connoître dans le Royaume de Sicile.* Peu après, le Pontife ordonna une nouvelle publication d'une bulle de Jean XXII qui frappoit de la censure *tout usurpateur du Royaume de Sicile*; Et elle se fit généralement dans toute l'Italie (sans excepcion de *Venise même*) & dans tous les pays qui étoient sur la route de la Dalmacie.

Décret du 1 Fév. 1346, Rayn. sous mêm. an, n° 44 & suiv.

Notice d'autre décret ou bulle de la même année, sous même an, n° 56.

Le Roi de Hongrie & la Reine douairière sa mère ne furent pas moins affligés que le Pontife, lorsqu'ils apprirent le sort cruel qu'avoit eu André de Hongrie. Néant-moins ce Monarque ne témoigna d'abord aucun dessein de venger sa mort par des actes de violence, soit que Jeanne ne fût pas encore accusée d'y avoir eu part, soit que l'accusation ne fût pas encore assés accréditée. Ce ne fut qu'au bout de quelques mois qu'il parut la croire coupable, & commença à prendre feu, en tenant une conduite si passionnée qu'on pourroit douter qu'il n'y eût pas autant d'artifice & d'imposture que de réalité dans toute cette affreuse tragédie, s'il ne répugnoit pas à la nature (& encore plus au préjugé) qu'un Prince de sa naissance & de son rang, dès-jà possesseur d'un des beaux trônes de l'Europe, n'eût pas craint de profiter de la calomnie la plus atroce & de commettre les actions les plus barbares, pour en envahir un second. Quoique le fils posthume d'André de Hongrie fût né alors & annoncé au peuple comme le présomptif héritier de la couronne par le titre de *Duc de Calabre* dont il avoit été revêtu au moment de sa naissance, Louis eut l'indiscrétion d'écrire au Pontife que le Royaume de Sicile avoit été *injustement ravi au Roi Charles IV son père par le grand-père de Jeanne*, & de de-

Imputation de l'assassinat à Jeanne de la part du Roi de Hongrie qui revendique la couronne de Sicile, & réponses du St Siège à ce Prince & à la Reine douairière sa mère.

Bref du 7 Mai 1348, à citer plus bas.

Lettre de Louis au Pontife, énoncée au bref du 14 Mars

mander (au préjudice de cet enfant) que *le trône lui fût restitué* ou *donné à son frère Etienne*, en même tems qu'il attribuoit l'assassinat d'André *au délai de son couronnement*, qu'il accusoit de complicité dans ce crime *Talayrand de Périgord* Cardinal-Prêtre du titre de *St Pierre aux liens* (l'un des derniers mâles de la race des anciens Comtes de Périgord, qui étoit oncle maternel du jeune *Duc de Durazzo* & de ses frères *Louis* & *Robert de Durazzo*), & qu'il supplioit Clément de *refuser à Jeanne toutes bulles de dispense ou d'agrément nécessaires pour contracter un second mariage*. Le Pontife n'eut point de peine à répondre à ses demandes, ni aux plaintes dont elles étoient accompagnées. Il l'assûra d'une disposition sincère à faire plaisir à sa famille entière toutes les fois qu'il le pourroit *sans blesser l'équité & le devoir Apostolique*, mais lui déclara avec fermeté que le moment n'en étoit point venu; Que Jeanne étoit à juste titre en possession du trône, & ne pouvoit en *être dépouillée que par un jugement régulier*, après *qu'elle auroit été convaincue du crime* dont il la chargeoit, ou qu'*elle en auroit fait l'aveu*; Que jusques-là, le St Siège *ne seroit point en droit d'y pourvoir*; Qu'un grand nombre de personnes de la plus haute considération dans l'Europe, lui avoit dès-jà demandé plusieurs fois au nom de Jeanne les bulles dont elle avoit besoin pour se remarier; Qu'il *ne les avoit point écoutées*, & ne se presseroit nullement de rien accorder qu'il n'y fût déterminé par *des motifs d'équité conformes à la pureté des vûes du St Siège & de toutes ses actions*; Que le couronnement d'André n'avoit été différé de *quelques mois* & non de *plusieurs années* (comme le disoit Louis) que *par les difficultés qu'il avoit fait naître lui-même dans cette affaire*, ou *ses ambassadeurs pour lui*; Qu'il étoit étonné que Louis attaquât l'honneur du sacré collège en la personne du Cardinal de *St Pierre aux liens*, que *son illustre naissance*, ses lumières & sa probité défendoient du seul soupçon d'une complicité aussi odieuse que celle qui lui étoit imputée; Et qu'il exhortoit Louis à se montrer lui-même *digne de sa haute extraction*, en marchant sur les traces de ses ancêtres dont *toutes les lignes avoient tant d'obligations au St Siège*, & en fermant l'oreille à la séduction qui s'efforçoit de l'en écarter. Elisabeth de Pologne Reine douairière de Hongrie, appuya les desirs du Roi son fils par diverses lettres dans l'une desquelles elle demandoit que le fils posthume d'André lui fût envoyé pour être nourri & élevé sous ses yeux, & n'eut point d'autre réponse que lui, quant aux demandes dont les objets étoient les mêmes. Clément avoua que *la conduite de Jeanne avoit été peu louable avant & depuis la mort de son mari*, mais observa à Elisabeth que des *présompcions n'étoient point une base à asseoir un jugement du St Siège* qui *ne connoissoit* ni *ne pouvoit*

1346, à citer plus bas.

Histoire des grands offic. de la couronne, tom. III, pag. 73 & suiv.

Bref du 14 Mars 1346, Rayn. sous même an, n° 53 & suiv.

Lettres, énoncées en un bref du 17 Juill. 1346, à citer plus bas.

Bref du 17 Juillet 1346, Rayn. sous mêm. an, n° 57 & suiv.

connoître *que la vérité & la justice*, & ajoûta que son premier soin avoit été de veiller à la conservation des jours du fils posthume d'André; Que les droits du St Siège sur le Royaume de Sicile lui en fesoient un devoir, & qu'il y seroit fidèle; Que dans cette vûe, il fesoit partir l'Evêque de *Padoue* pour Naples avec commission expresse de *prendre des mesures pour que l'enfant pût être remis entre les mains d'Elisabeth*, ou de *voir quel autre parti seroit le moins suspect*; Qu'elle seroit *instruite sans délai de ce qui seroit convenu & arrêté*; Et que *des ordres conformes à son avis, le suivroient de près*; Que le Royaume de Sicile étoit à la vérité du domaine direct de l'Eglise, & tous ses habitans *sous la sauve-garde du St Siège*; Mais qu'au moment de l'assassinat d'André, il n'y jouissoit point du bénéfice *d'une protection spéciale*; Que le St Siège n'en avoit pas été moins occupé de *concourir à sa sûreté & à son élevation*, & ne le seroit pas moins de *venger son sang*; Que le Cardinal de *St Marc* étoit prêt à se rendre dans le Royaume pour y remplir l'objet de sa légation, & y seroit dans peu de tems; Que rien n'y seroit négligé de sa part ni de celle d'aucun autre, pour y faire *justice du crime & de ses auteurs*; Et que la Princesse, ses fils & toute la famille royale, ne devoient point douter que le St Siège ne fût tous-jours empressé *d'accroître leur puissance & leur gloire*, lorsque les faveurs qu'ils desireroient, pourroient se concilier *avec l'équité & avec le devoir Apostolique.*

Commissaires du St Siège pour rechercher & punir les auteurs du crime, difficultés qu'ils éprouvent dans leurs opérations, & second mariage de Jeanne avec Louis de Tarente.

Commission, énoncée au bref du 7 Mai 1348 à citer plus bas; Et notice d'autre du 3 Juin 1346, sous même an, n° 51.

Réponse du Pape à des griefs du Roi de Hongrie, énoncée au bref du 23 Mars 1349 à citer plus bas.

Tous les ordres étoient donnés en effet pour ne point laisser impuni un crime de cette atrocité. Outre les Cardinaux de *St Marc* & de *Ste Cécile* à qui Clément VI avoit confié le soin d'enquérir dans le Royaume *si le délit étoit constant*, *quels en étoient les auteurs & les complices & quelle part pouvoient y avoir Jeanne & les Princes du sang royal*, il avoit établi un *Commissaire laïc* pour *juger & faire punir les sujets du Royaume qui s'en trouveroient coupables*; Et dans la suite, il nomma encore trois autres Cardinaux pour *continuer l'information contre Jeanne.* Ces trois derniers Cardinaux furent l'*Evêque d'Ostie* Doyen du sacré collège (que Raynaldi a confondu à tort avec le Cardinal de *St Marc*), un *Prêtre* & un *Diacre*; Et le Commissaire laïc, *Bertrand de Baux*, d'une branche de la maison d'*Orange* qui étoit établie dans le Royaume de Naples & qui y possédoit le Comté de *Montescagioso*. Jeanne & les Princes du sang royal de Sicile avoient été formellement exceptés de sa commission, parce qu'étant *sujet & vassal de Jeanne*, il eût été *contre l'ordre public & d'un pernicieux exemple* de lui donner autorité *sur cette Princesse & sur des Princes qui pouvoient devenir ses maîtres après elle.* Bertrand ouvrit son tribunal, en vertu de la commission qui l'y autorisoit; Mais il éprouva dans ses opérations une résistance à

laquelle

laquelle Clément ne s'étoit point attendu. Il ne put faire arrêter par son autorité que *les gens de moindre condition*, qui furent *condamnés* & *exécutés*. Presque tous les Grands du Royaume étoient soupçonnés d'avoir trempé dans l'assassinat, & se mirent en état d'opposer la force à ses décrets. Le Duc de *Durazzo* lui ayant *prêté son appui*, il vint à bout *d'en faire arrêter quelques-uns* qui furent pareillement *condamnés & punis de mort*; Mais les plus puissans (& peut-être les plus coupables) échappèrent à la vindicte publique. Toutes ses poursuites contr'eux se bornèrent à quelques procédures d'instruction. Encore demeurèrent-elles secrettes pour le Pontife & pour ses Légats. Clément les demanda envain. Bertrand *n'osa les lui envoyer, ni les remettre au Cardinal dépositaire de ses pouvoirs*; Et peu après, *le Roi de Hongrie s'en saisit, sans qu'elles ayent jamais pû être tirées de ses mains*. Un double témoignage que Clément VI rend au Duc de *Durazzo* au sujet de l'appui qu'il donna à *Bertrand de Baux dans l'exercice de cette commission*, doit purger sa mémoire de tout soupçon de complicité dans l'assassinat d'André de Hongrie, & fermer la bouche aux écrivains téméraires qui l'en accusent. Le premier de ces témoignages, est que le Duc de *Durazzo* étoit *doué de toutes les vertus qu'on peut desirer dans un Prince de son rang*; Et le second, qu'il ne craignit point *de se faire des ennemis pour procurer la punition des coupables, & que sans lui Bertrand de Baux n'auroit pû en faire arrêter un seul*. Il ne laissa pas d'être une des premières victimes immolées à la fureur du Roi de Hongrie, comme accusé (disoit ce Monarque) d'être *un des principaux auteurs de la mort de son frère* & coupable d'une *conspiration contre lui-même qui n'avoit aucune réalité* (ainsi qu'il le reconnut dans la suite), mais plus vraisemblablement comme mari de la Princesse qui étoit héritière de la couronne au défaut de Jeanne & de son fils. Le Cardinal de St *Marc* & l'Evêque de *Padoue* envoyés dans le Royaume par Clément, l'un pour y *enquérir de la réalité du crime & de ses auteurs*, & l'autre pour travailler *à faire confier à la Reine douairière de Hongrie* le malheureux enfant qu'on disoit *exposé* (*entre les mains de sa mère*) *au sort qu'avoit eu son père*, éprouvèrent dans l'exécution des ordres dont ils étoient chargés, les mêmes difficultés que Bertrand de Baux trouvoit à exécuter sa commission, & de la part de Jeanne même. Elle soutint que la plus atroce des calomnies la chargeoit seule d'un crime *dont elle ne devoit nullement être soupçonnée*, ni *les Princes du sang royal non plus qu'elle*, & déclara que *son fils ne lui seroit arraché qu'avec la vie*; Mais sa résistance ne fit que hâter la persécution qui se préparoit contr'elle. Ses ennemis en prirent sujet de publier qu'elle *redoutoit l'événement d'une in-*

Même bref du 23 Mars 1349, à citer plus bas.

Mêm. bref; Et autre du 7 Mai 1348, aussi à citer plus bas.

Bref du 23 Mars 1349, à citer plus bas.

Même bref du 23 Mars 1349; Et autre du 7 Mai 1348, aussi à citer plus bas.

Bref du 23 Mars 1349, à citer plus bas.

Bref à Elisabeth de Pologne, dès-jà cité; Et autre du 7 Mai 1348, à citer plus bas.

Même bref du 7 Mai 1348, à citer plus bas; Et autres, à la suite.

Bref du 23 Mars

1349, à citer plus bas.

formation, & que sans doute *le sang de son mari ne suffisoit point à sa haine*; Et le Roi de Hongrie parut seulement croire la voix publique. Les vrais desirs de ce Prince se manifestèrent alors sans nuage. Tout ce qu'il y avoit de brigands en Allemagne & en Italie, fut engagé à son service. Beau-coup de Seigneurs Napolitains se déclarèrent ouvertement pour lui; Et le Royaume fut menacé d'une prochaine invasion. Jeanne venoit d'épouser Louis de Tarente avec une dispense de l'obstacle de leur consanguinité, obtenue sur le motif (vrai ou supposé) d'un *grossesse pré-maturée* tel qu'il s'allègue communément lorsqu'on ne peut exposer que *la paix & le bonheur d'un Etat* ou *l'honneur d'une famille & son repos dépendent du mariage projetté*; Ce que Louis & Jeanne n'auroient pû alléguer; Et il avoit pris le titre de *Comte de Provence & de Forcalquier*, tant comme *mari de Jeanne* qu'en vertu *du testament de Charles II* par lequel les fils de Philippe Prince de Tarente étoient appellés à la possession de ces Comtés *au défaut de la ligne masculine de Robert & de la personne de Jean Duc de Durazzo*, & probablement encore en conséquence de quelque convencion particulière faite entre Louis & son frère Robert Prince de Tarente, qui en qualité de *fils aîné d'une fille de la seconde femme du Comte de Valois*, avoit récemment converti son titre de *Despote de Romanie* en celui d'*Empereur de Constantinople* que sa grande-mère & sa mère lui avoient successivement transmis par leur mort.

Brefs des 7 Mai 1348 & 23 Mars 1349, à citer plus bas.

Notice de bulle de dispense de l'an 1346, Rayn. sous 1348, n° 11.

Actes des 6 & 9 Juin 1348, à citer plus bas.

Testament du 16 Mars 1308, cité plus haut pag. 95.

Bref du 7 Mai 1348, à citer plus bas.

Fuite de Jeanne en Provence, audience que Clément VI lui donne à Avignon, avec quelques circonstances importantes de l'acquisition de cette ville par le St Siège.

Au seul bruit des préparatifs qui se fesoient en Hongrie & en Allemagne contre le Royaume de Naples, Jeanne & Louis de Tarente tremblèrent de peur, & se sauvèrent en Provence. Dès que Jeanne y fut arrivée, elle fit demander une audience à Clément VI qui résidoit tous-jours à Avignon avec une grande partie des Cardinaux. Ce Pontife douta que Jeanne étant prévenue d'un délit aussi grave que celui qui lui étoit imputé, l'impartialité (qui est de l'essence du St Siège) lui permît de la voir, & lui envoya *divers Nonces* chargés de *brefs où il tâchoit de la détourner de son dessein de se rendre à Avignon*. Deux Cardinaux allèrent même *lui en remontrer de vive voix les difficultés*, mais inutilement. Jeanne s'étoit persuadée que ce voyage lui seroit profitable, & s'y obstina. Le sacré collège consulté, opina que *la ville la reconnoissant pour Dame*, Clément *ne pouvoit lui en refuser l'entrée*, ni *les honneurs dûs à son rang*, puisqu'elle *ne convenoit point d'avoir eu part au crime*, & *qu'elle n'en étoit point convaincue*. Cet avis l'emporta. Plusieurs des *Cardinaux* qui étoient auprès du Pontife & un grand nombre des *officiers de sa maison*, allèrent *au devant de Jeanne*. Clément la reçut dans *un consistoire public* (comme il étoit alors d'usage constant à l'égard des têtes

Bref du 23 Mars 1349, à citer plus bas.

Même bref.

Même bref.

Même bref.

couronnées & *des Princes de sang royal*), mais avec la gravité d'un juge ; Et elle n'en sollicita point un second. Elle se retira avec Louis de Tarente dans *un hôtel qu'elle avoit à Avignon*, résolue d'y attendre un changement de scène. C'est durant leur séjour dans cette ville que la vente ou cession en fut faite au St Siège, avec son territoire tel qu'il étoit borné soit par *le pays Vénaissin* & par les terroirs des châteaux ou bourgs limitrophes qui étoient situés les uns *en de-çà* ou *au de-là de la Durence* & d'autres *en de-çà du Rhône* ou *le long de ce fleuve* en descendant du Nord au Sud vers Beaucaire, soit *par ce fleuve même*, AUTANT QU'EN COMPRENOIENT LES CONFRONTATIONS ET LIMITES DE LA CITÉ ET DU TERRITOIRE D'AVIGNON ([a]). Pendant la prospérité de Jeanne, ses profusions avoient épuisé ses finances. Depuis ses malheurs, ses peuples divisés lui fournissoient peu de secours. Le Pontife persuadé de son innocence, avoit seul *subvenu à ses besoins*. Pour remboursement d'une partie des sommes qu'elle avoit reçûes de sa commisération & dépensées, elle céda au St Siège *à perpétuité* la possession qu'elle avoit de la ville d'Avignon & de son territoire *sans aucune réserve pour elle ni pour ses héritiers & successeurs*, avec *garantie de toute propriété & possession*, & *serment d'indamniser le S[t] Siège des pertes qu'il souffriroit*, en se soûmettant à la juris-diction de tous les officiers de la Chambre Apostolique & *aux censures* (en cas d'infraction de ses engagemens), après avoir été *dûement instruite de la nature de toutes ces clauses & de leur effet* ([b]). Le prix

Acte du 9 Juin 1348, à citer plus bas.

Acte de vente ou cession du 9 Juin 1348, dès-jà cité pag. 48.

Même acte.

Même acte.

([a]) Texte de l'acte : *Civitatem nostram Avinionensem cum sub-urbiis & toto territorio ac confinibus que protenduntur* INTER *territoria & confines castrorum Pontis-Sorgie & de Vedenâ, Castri-novi & de Cavis-montibus* EX PARTE UNA, *& Comitatum Venayssini* EX ALTERA, *& territoria castri Novarum, Castri-reynardi & de Berbentane* EX ALIA, *& territoria castrorum Rupe-maure, Podii-alti, Rupe-fortis, de Sado & de Termino, ac* FLUMEN RHODANI (QUANTUM AD NOS SPECTAT *secundùm confrontaciones & limites civitatis ejusdem ac territorii ipsius*) EX RELIQUA, *ac cum omnibus & singulis villis, castris, burgis, locis &c.* . . . . . Les noms François des châteaux & bourgs désignés dans ce texte, sont le *Pont-de Sorgue*, *Vedène*, *Châteauneuf*, *Caux-monts*, *Noves*, *Château-reynard*, *Barbentane*, *Roque-maure*, *Pujault*, *Roque-fort*, *Saze* (anciennement *Sade*) & *Terme* (aujourd'hui *St Pierre-des Termini*). De ces douze châteaux ou bourgs, les quatre premiers ou leurs territoires forment avec le pays Vénaissin une chaîne devant Avignon *du Nord au Sud* en tournant *par l'Est*. Les trois suivans en forment une pareille *au Sud* de *l'autre côté de la Durence* ; Et les cinq derniers, *à l'Ouest*, en *deçà & le long du Rhône*. Celui de *Terme* n'est plus à présent qu'une masure. Bouche a inséré le même texte dans son livre, mais l'y a rendu in-intelligible, en y prenant (par une inepcie ou par une mauvaise foi sans exemple) le nom propre du lieu de *Terme* comme s'il n'y signifioit que *borne* ou *limite*, & en y substituant le mot *flumine* à celui de *flumen*, dans la vûe de faire entendre que *le terrein cédé n'alloit que jusqu'à la rive gauche du Rhône* ; Ce qui ne peut se concilier avec les paroles de l'acte prises dans le sens où elles doivent l'être.

([b]) Texte de l'acte : *Ceterùm nos dicta Regina certificata priùs legitimè quid sonant renunciationes sequentes & de effectu earum, renunciamus* DELIBERATE ET CONSULTE AC EXPRESSE *omni excepcioni &c* . . . . ; *Volentes & concedentes &c* . . . . , (SI, CUM, QUANDÒ ET QUOCIENS OPUS FUERIT), *nos ac heredes & successores nostros quos-cumque* COGI ET COMPELLI *ad observanciam omnium & singulorum premissorum*

Mêm. acte ; Et notice d'autres, Rayn. sous 1343, n° 81.

Procuration de ce jour, rélatée en entier dans l'acte de cession & annexée à la minutte.

Acte de vente ou cession, cy-dessus cité.

prix de la cession fut de *quatre-vingt mille florins d'or*, monnoie de *Florence* qui étoit de *cinq florins à l'once.* Quoique Clément VI résidât tous-jours à Avignon, ne pouvant traiter en personne avec Jeanne, le 6 Juin de l'an 1348 il donna *procuration* à un des *clercs de sa chambre* à l'effet *de recevoir les dispositions de Jeanne & d'en faire dresser un instrument public.* Il fut rédigé le 9 par deux notaires Apostoliques & Impériaux, natifs des diocèses de *Limoges* & de *Cahors*; Et Jeanne y reconnut que *l'argent lui avoit été précédemment compté par l'Evêque de St Pons* (en Languedoc) alors *Camérier de Clément VI & du St Siège* & en cette qualité Président de la Chambre Apostolique, & *qu'elle l'avoit employé à ses urgentes nécessités.* C'est ce qu'attestent formellement les deux notaires dont le témoignage doit valoir en cette occasion ce qu'il est de l'ordre public que vaille celui d'un officier de leur état, jusqu'à ce qu'un jugement régulier l'ait déclaré *faussaire.* Louis de Tarente n'y assista pas uniquement comme *mari de Jeanne.* Il y comparut *en son propre nom* en conséquence de l'intérêt qu'il avoit lui-même à la cession, & la ratifia tant *pour lui* que *pour ses héritiers & successeurs* QUELS-CONQUE (a) ; Ce que l'acte ne porteroit point, si Louis n'avoit agi que comme chef de la communauté ; Et l'on ne peut nier que son intérêt ne fût plus solidement appuyé que celui de Jeanne, quoique plusieurs actes de cette Princesse lui donnent la qualité de *Dame d'Avignon* avec celle de *Comtesse de Provence & de Forcalquier*, avant son second mariage comme depuis. Effectivement il avoit pour appui la loi que Rodolphe de Hapsbourg avoit imposée à Charles I en lui accordant l'investiture de ces deux Comtés au préjudice de Margueritte de Provence & des Roix ses héritiers, & le testament

Même acte.

Rescrit Impérial, cité plus haut pag. 68 & 97.

---

per Auditores, Vice-auditores, Locum-tenentes, Officiales & Commissarios curie Camere Domini nostri Pape & per quas-cumque alias ecclesiasticas personas, ECCLESIASTICA CENSURA *& per brachium seculare, strictiori & fortiori modo quo fieri poterit, conjunctim & divisim, semel & plurièes, uno & eodem tempore vel diversis, prò-ut meliùs visum fuerit expedire, & per solam exhibicionem seu ostensionem presencium litterarum.*

(a) Texte de l'acte : *Ceterùm nos Ludovicus de Tarento suprà-nominatus, Comes Provincie & maritus legitimus prefate Johanne Regine Comitisse-que, omnibus universis & singulis dùm (prò-ut superiùs scripta sunt) per eandem consortem nostram carissimam de & cum licenciâ & auctoritate, assensu paritèr & consensu nostris &c . . . . agerentur & fierent, ibidèm* IN PRESENCIA NOTARIORUM PUBLICORUM *&c . . .* PERSONALITER EXISTENTES *& ea audientes &c, ...* SPONTE, PROVIDE ET SCIENTER AC DELIBERATE ET CONSULTE AC EXPRESSE *in eisdem omnibus &c . . . nostrum liberum impertimur assensum paritèr & consensum ; Et nichilo-minùs, ad instanciam & requestam prefate Regine &c . . . . . .* QUANTUM IN NOBIS EST ET AD NOS PERTINET, *melioribus jure, modo & formâ quibus possumus, eadem omnia universa & singula, ex certâ scienciâ nostrâ laudamus, approbamus, emologamus, auctorisamus & ratificamus expressè* PRO NOBIS AC HEREDIBUS ET SUCCESSORIBUS NOSTRIS QUIBUS-CUMQUE, *& ea valere volumus & tenere &c. . . . .* Bouche a aussi rapporté cette partie de l'acte à la suite des précédentes, mais en la tronquant, & sans l'avoir entendue ou sans avoir voulu l'entendre.

teſtament de Charles II qui y appelloit *les fils de Philippe Prince de Tarente* au défaut *de la poſtérité maſculine de Robert & de la perſonne de Jean Duc de Durazzo*, au lieu que ces deux loix militoient l'une comme l'autre contre Jeanne, contenant une vraie *ſubſtitution graduelle & perpétuelle en faveur des mâles*, dont elle étoit exclue par ſon sèxe. Le teſtament de Robert qui étoit *perdu dès l'an* 1385 & qu'on n'a pas laiſſé de faire revivre depuis ce tems-là, *a dérogé* (dit-on) *à celui du Roi Charles II ſon père ;* Mais ce teſtament de Robert (quel qu'il ait été), n'étoit-il donc pas également contraire à la loi impoſée par Rodolphe de Hapsbourg ? Et pouvoit-il ſeulement en balancer l'autorité ? Pouvoit-il prévaloir ſur les diſpoſitions de Charles II, lorſqu'il eſt par-tout de principe certain qu'*une ſubſtitution conforme aux loix ne peut recevoir aucune atteinte de la part d'un des héritiers qui en ſont grevés ?* Jeanne avoit d'ailleurs pour moyen contr'elle, que depuis la mort de Rodolphe de Hapsbourg il *n'avoit été ſatis-fait à aucun devoir féodal pour les deux Comtés*, ni pour les porcions de leurs annèxes qui avoient le même dès-avantage d'être des mouvances Impériales ; Et il ne peut être douteux qu'un Empereur n'eût été en droit *de les confiſquer*, quoique le défaut de devoir eût pû être excuſé par les nouveaux troubles qui avoient agité l'Empire depuis la même époque. Auſſi immédiatement après la ceſſion, comme Clément VI ne pouvoit ni ignorer les diſpoſitions de Rodolphe & de Charles II, ni avoir oublié que *trois ans au par-avant* (en annullant les aliénations que Jeanne avoit faites) *il l'avoit privée de la liberté de diſſiper à l'avenir ſes domaines*, il eut ſoin de recourir à l'Empereur Charles IV pour aſſûrer au St Siège les effets de l'acquiſition qui venoit d'être faite *au profit & des deniers de la Chambre Apoſtolique*. Une bulle Impériale du 1 Novembre de la même année 1348 acquieſça au deſir du Pontife, & mit le dernier ſçeau à l'acte. Charles IV y déclara non ſeulement qu'*il confirmoit les diſpoſitions de Jeanne & de Louis* (AUTANT QU'ELLES POUVOIENT VALOIR), mais qu'*en vertu des ſiennes la ville d'Avignon & ſes dépendances demeureroient à perpétuité diſtraites de l'Empire & de ſa juris-diction*, *pour être poſſédées par le St Siège* à titre D'ALLEUD ECCLÉSIASTIQUE & ſous le privilège de l'IMMUNITÉ dont il n'a jamais ceſſé de frapper toutes ſes poſſeſſions ; Privilège de même nature que l'*exempcion de toute eſpèce d'hommage* que les couronnes indépendantes ont tous-jours regardée comme une de leurs principales prérogatives, dont nos Roix jouiſſoient dès-jà depuis longtems pour les *fonds de mouvance eccléſiaſtique* qui feſoient partie de leurs domaines, qu'ils avoient diſputée avec ſuccès *aux Roix d'Angleterre* lorſqu'ils commençoient à en affecter les acquiſitions qu'ils feſoient *dans les anciennes limites de l'Empire*, & qui a été la

Teſtament du 16 Mars 1308, dès-jà cité pag. 95.

Enquête faite de de l'ordre du Roi Charles VI par des Commiſſaires qu'il avoit envoyés en Provence, à citer plus bas.

Bulle du 20 Sept. 1345, citée plus haut pag. 103.

Notice de bulle Impériale de ce jour, au tom. XIV de Bzovius & au tom. XVI de Rayn. ſous 1258, n° 11 ; Et Bouche, hiſtoire de Provence, tom. II, pag. 375.

Exemple ; charte de Philippe aug. ſur le Comté d'Amiens de l'an 1185, au tréſ. des chartes ; Et hiſt. de St Louis par le Sire de Joinville, édit. de 1761, pag. 15.

première source de leur grandeur ; Et il résulte évidemment de ce concours de circonstances que Jeanne & Louis de Tarente ont eu *quatre-vingt mille florins d'or* du poids de *cinq florins à l'once* pour *une possession très susceptible de contradiction*, tandis que l'Empereur Charles IV cédoit au St Siège des droits fondés sur *un pouvoir qui ne peut être contesté par quiconque connoît & respecte l'autorité souveraine.* L'acte passé entre Clément VI & les deux époux, ne l'empêcha pas non plus de continuer d'agir en juge. Ils furent *cités tous deux devant lui*, avec assignation de *terme péremptoire* pour répondre *aux faits dont ils se trouveroient chargés* par les informations qu'il attendoit de Naples ; Mais aussi-tôt que l'ajournement leur eut été signifié, ils prétextèrent que le triste état du Royaume les y rappelloit, & partirent d'Avignon, *sans avoir pris congé du Pontife* & en se plaignant amèrement qu'*au lieu des secours que Jeanne avoit droit d'attendre de lui en sa qualité de feudataire du St Siège*, elle en éprouvoit un *délaissement dont elle avoit lieu d'être étonnée.* Des *avocats & procureurs* eurent seulement commission de se présenter en leur nom devant le Pontife au *terme de l'assignation & non plus-tôt*, pour excuser leur retraite par les raisons qui la rendoient indispensable.

Bref du 23 Mars 1349, à citer plus bas ; Et autre du 17 Août suivant, aussi à citer plus bas.

Mêmes brefs.

Mêmes brefs.

Irruption du Roi de Hongrie dans le Royaume de Naples, massacre du Duc de Durazzo, enlèvement du fils de Jeanne & des Princes, & prétensions du même Roi.

Il n'est que trop vrai qu'au moment de la citation faite à Jeanne & à Louis de Tarente par ordre du Pape Clément VI pour répondre devant lui à l'accusation dont ils étoient alors chargés par la voix publique, le Royaume de Naples & ses peuples étoient plongés dans la plus affreuse désolation. Jeanne & Louis de Tarente ne s'étoient pas encore rendus à Avignon, qu'un des clercs ou sécretaires du Monarque Hongrois (qui fut depuis élu Evêque de *Wesprinn* & Chancelier d'une des Reines de Hongrie), y étoit arrivé en ambassade de la part de son maître pour annoncer à Clément la vengeance que ce Prince méditoit d'exercer contre les assassins de son frère. Le Pontife n'épargna aucun moyen pour le détourner de son projet. Il fit lire à l'ambassadeur le *décret* rendu par Jean XXII *contre toute personne qui tenteroit d'envahir la totalité ou partie du Royaume*, addressa plusieurs brefs au Monarque dans la vûe de lui inspirer des sentimens plus modérés, & ne réussit pas même à retarder l'invasion qui étoit résolue. Tandis que ses brefs ou ses Nonces passoient les Alpes, le Monarque étoit dès-jà dans le Royaume de Naples à la tête d'une armée de *Hongrois* & de brigands de toutes les nations du monde, qui y fesoient la guerre *en vrais barbares*, & à qui il donnoit l'exemple de la férocité. Robert de Tarente qui portoit alors le titre d'*Empereur de Constantinople*, ayant été au devant de lui avec Philippe de Tarente le plus jeune de ses frères, Charles Duc *de Durazzo*, Louis &

Bref du 23 Mars 1349, à citer plus bas.

Même bref.

Même bref.

Bref du 7 Mai 1348, à citer plus bas.

Robert *de Durazzo* & quelques Seigneurs Napolitains qui les avoient suivis pour leur former une espèce de cour, il fit inhumainement *massacrer en sa présence* le Duc de *Durazzo*, sous prétexte de l'accusation dont étoit calomnieusement chargé ce Duc & sur l'imputation *d'un complot fait pour l'assassiner lui-même lorsqu'il entreroit dans Naples*; Et il n'épargna le sang des autres, que pour les envoyer en Hongrie avec le *fils post-hume d'André* que Jeanne n'avoit pû sauver avec elle en Provence. Ils y souffrirent une très longue prison. Pour le malheureux enfant, il y mourut presque aussi-tôt qu'il y fut arrivé. La barbarie avec laquelle le Monarque traitoit ces Princes, ayant répandu la terreur dans tout le Royaume, rien n'y résista à ses desirs. Il voulut que Bertrand de Baux lui remît les *procédures qu'il avoit faites en vertu de sa commission*. Bertrand obéit, & *survécut peu*. Le Monarque ne laissa pas d'envoyer à Clément une supplique où il demandoit que le Cardinal de St *Marc* qui exerçoit tous-jours les fonctions de Légat dans le Royaume ou tel Prélat qu'il plairoit à ce Pontife de choisir, eût commission de *procéder à son couronnement*, & que Jeanne fût *arrêtée & constituée prisonnière*. Cette double demande n'ayant été suivie de la part du Pontife que d'une réponse qui ne satis-fesoit point la passion du Monarque, l'Archevêque de *Colocza* & deux ecclésiastiques du second ordre, vinrent se plaindre en son nom du *peu d'égard que lui marquoit Clément*; Mais ce Pontife ne s'en écarta pas d'avantage de la conduite que lui prescrivoient sa dignité & la justice. Il remontra à l'Archevêque & à ses deux collègues combien les desirs du Monarque étoient inconsidérés, & son entreprise irrégulière. Ce Prince vouloit que le St Siège dispôsât du Royaume en sa faveur, lorsque *Jeanne en étoit légitimement en possession*, & que *loin d'en avoir été dépouillée par un jugement du seul tribunal qui pût valablement connoître de l'accusation intentée contre elle & contre son nouvel époux*, ils demandoient tous deux *justice de l'irrupcion qui y étoit faite*; Et il l'avoit envahi, lorsqu'il étoit encore incertain si (*en supposant Jeanne convaincue & condamnée*) la succession n'y seroit pas ouverte *au profit du jeune Duc de Calabre son fils* ou la *dévolution au profit du St Siège*, & lorsque le Prince ou *son Conseil* devoient sçavoir que (*selon toutes les loix civiles ou canoniques*) *si quelqu'un a des prétensions sur un fonds & s'en empare sans attendre la sentence du juge à qui il appartient d'en décider, il perd de droit celui qu'il pouvoit y avoir*. Toutes les marques de faveur que Clément avoit données à *André de Hongrie*, les diligences qu'il avoit faites *pour venger sa mort & pour faire confier son fils post-hume aux soins d'Elisabeth de Pologne*, l'enlèvement de ce jeune Prince *fait à l'insçû du Pontife, au mépris des droits du St Siège & peut-être contre le*

Bref du 23 Mars 1349, à citer plus bas.

Bref du 7 Mai 1348, à citer plus bas.

Même bref; Et autres des 23 Mars & 17 Août 1349, à citer plus bas.

Bref du 7 Mai 1348, à citer plus bas.

Même bref.

Même bref.

Même bref.

Même bref.

gré de la nation, l'emprisonnement de ceux qui avoient *été emmenés avec lui en Hongrie*, le choix de la personne de Bertrand de Baux pour commissaire parce qu'il étoit *beau coup plus dévoué au Monarque Hongrois qu'à Jeanne*, les moyens victorieux qui opéroient l'entière justification du *Duc de Durazzo* & celle du *Cardinal de St Pierre aux liens*, la préférence que le St Siége avoit procurée à Charles IV sur les détenteurs du Royaume de Hongrie & les cruautés qu'exerçoient dans celui de Naples le Monarque & ses troupes, étoient opposés à ses plaintes, de manière qu'il n'eut rien à y répliquer, quoiqu'en même tems le Pontife l'assûrât que *s'il avoit des droits sur la couronne, ils seroient pesés avec toute l'équité qu'il pouvoit desirer, dès qu'il les soumettroit au jugement du St Siége*. Une dépêche qui fut adressée au Cardinal de St Marc le 7 Mai de l'an 1348, lui fit part de ces réponses, en lui ordonnant d'insister auprès du Monarque pour une communication *des procédures faites par Bertrand de Baux*; Et un *officier de la garde du Pontife* lui fut envoyé pour solliciter *la liberté des Princes*, mais sans pouvoir obtenir autre chose qu'une promesse générale d'acquiescer à toutes les volontés du St Siége aussi-tôt que les prisonniers lui auroient fait *une soumission* sur laquelle il ne s'expliquoit pas encore.

Même bref.

Bref ou dépêche du 7 Mai 1348, Rayn. sous mêm. an, n° 3 & suiv.

Autre du 23 Mars 1349, à citer plus bas.

Retraite du Roi de Hongrie, retour de Jeanne à Naples avec Louis de Tarente son second mari à qui elle fait prendre le titre de Roi de Jérusalem, & premier projet de pacification.

Tandis que le Monarque Hongrois tenoit en suspens les desirs pacifiques de Clément VI & ceux des personnes à qui la tyrannie de ce Prince étoit odieuse, un évènement aussi heureux qu'imprévû servit tout-à coup Jeanne & Louis de Tarente beaucoup plus efficacement que n'avoient fait jusques-là les soins du Pontife & ses remontrances. Parmi les Seigneurs Hongrois ou d'autres nations qui avoient suivi leur maître en Italie ou qui l'y avoient joint, il y en avoit probablement plusieurs qui ne s'étoient engagés à son service que pour un tems limité, selon les mœurs alors générales dans toute l'Europe & jusqu'en Asie. Ils voulurent s'en retourner chez eux, ainsi qu'il étoit d'usage à l'expiration du terme de l'engagement qu'on avoit contracté. Le Monarque fut obligé de s'en aller avec eux, dans la crainte que quelques troubles domestiques ne le punissent de ceux qu'il avoit excités dans un Royaume étranger. Jeanne & Louis de Tarente profitèrent de cette circonstance pour repasser à Naples. Comme le Royaume de Jérusalem n'avoit jamais dépendu du Sr Siége, Jeanne étoit la maîtresse de disposer à son gré *du titre de décoration* qui lui en restoit. Pour donner plus de considération à Louis de Tarente dans un moment où il étoit essenciel pour elle qu'il en eût, elle consentit de *partager avec lui ce titre*; Et il commença pour lors à être *nommé avec elle dans les actes publics*, & même *le premier* comme chef de la communauté, mais seulement

Actes des mois d'Avril & Sept. 1349 & Mai 1350, aux archives

ſeulement en qualité de *Roi de Jéruſalem* & en dattant du jour de ſon aſſociation les années de ce règne fictice. Il paroît par quelques actes du mois d'Avril de l'an 1349 combinés avec d'autres poſtérieurs, que l'aſſociation s'étoit faite dans les premiers mois de cette année-là. Vers le même tems, l'Evêque de *Nitrach* & le Comte de *Témeſwar* vinrent encore de Hongrie à Avignon pour juſtifier la conduite de leur Prince & tenter de nouveau s'il ne lui ſeroit pas poſſible d'obtenir la couronne qu'il convoîtoit, mais avec auſſi peu de ſuccès qu'avoit fait auprès de lui l'officier de la garde du Pontife dans ſes ſollicitations pour la liberté des Princes. Ils dirent à Clément que l'irrupcion du Monarque Hongrois lui ſembloit n'avoir point bleſſé les droits du St Siège, parce que l'*entrée du Royaume ne lui avoit point été interditte*, & n'avoit eu pour objet que de venger l'aſſaſſinat de ſon frère dont les principaux auteurs étoient mis à couvert de la punition dûe à leur crime, *par l'excepcion qui avoit été faite de la perſonne de Jeanne & de celles des Princes dans la commiſſion donnée à Bertrand de Baux*. Le maſſacre du Duc de *Durazzo* n'étoit à ſes yeux qu'un *acte de juſtice* fondé ſur la double accuſation dont étoit chargé ce Duc. Néant-moins le Monarque ne changeoit point de diſpoſitions à l'égard des Princes, offrant de leur rendre leur liberté, pourvû qu'ils ſe ſoûmiſſent à la condition *de ne jamais rentrer dans le Royaume*, parce que ſans cela *ils lui causeroient tous-jours de l'inquiétude*. La déclaration du Pape Boniface VIII ſur l'article de l'in-féodation qui règloit l'ordre de la ſucceſſion à la couronne, lui paroiſſoit d'une *injuſtice révoltante*; Et il ne trouvoit pas moins étrange que Clément eût permis l'entrée de la ville d'Avignon à Jeanne que les deux ambaſſadeurs n'appelloient que *la meurtrière de ſon mari*. Perſonne ne ſeroit jamais *plus ſoûmis* ni *plus dévoué* que lui au St Siège; Et il étoit prêt à remplir *tous les devoirs impoſés à ſes ancêtres* par *la loi de l'in-féodation* & par *l'ancienne coûtume* du Royaume, *quand même il plairoit au Pontife d'en augmenter la meſure*. Si le Pontife étoit déterminé *à rejetter tout-à fait ſon deſir*, il ne demandoit qu'une promeſſe *de faire juſtice de la meurtrière & de ſaiſir ſur elle le Royaume*, pour *conſentir que le Pontife le donnât à qui il voudroit* ou *le ré-unît à la Chambre Apoſtolique*, *retirer ſes troupes des places qu'elles occupoient*, *remettre les places entre les mains du Pontife*, & *élargir les Princes*. Cette apparente ſoûmiſſion n'en impoſa point à Clément. Il montra aux ambaſſadeurs que les faits qu'ils alléguoient, s'accordoient auſſi mal avec la vérité que la conduite du Monarque avec l'équité & avec les loix. Le Prince n'étoit entré dans le Royaume que depuis que *le décret de Jean XXII avoit été publié* & que l'*Evêque de Weſprinn lui en avoit écrit*, & après *un grand*

archives de l'hôtel de Villeroi à Paris, armoire 7, boète I, 3e liaſſe des titres du Comté de Sault, n° 7 & ſuiv.

Inſtructions & mémoires, énoncés au bref du 23 Mars 1349 à citer plus bas.

Mêmes inſtructions & mémoires.

Mêmes inſtructions & mémoires.

Réponſes du Pape aux plaintes du Roi de Hongrie, deduites dans le bref du 23 Mars 1349 à citer plus bas.

nombre de brefs qui tendoient tous à le détourner de ce deſſein. Son entrepriſe étoit celle d'un *particulier qui ſe fait juſtice lui-même*, au lieu *de ſe pourvoir juridiquement* ; Et l'excepcion appoſée à la commiſſion de Bertrand de Baux, un *égard dû au rang de Jeanne & à celui de ſes parens.* Prétendoit-il que la déclaration de Boniface VIII lui feſoit tort, quoique ſon père ſe fût ſoûmis aux diſpoſitions de cette loi, n'ayant ceſſé (tant qu'il avoit vécu) de reconnoître Robert pour *Roi légitime* ? Il devoit l'attaquer *par les voies de droit*, & non *par la violence* que toutes les loix du monde *réprouvent & prohibent.* Le maſſacre du Duc de *Durazzo* ne pouvoit être excuſé (quoiqu'en dît le Monarque), parce que ce Duc avoit été mis à mort *contre toute juſtice*, par *la ſeule volonté d'un Prince qui n'avoit nulle ſorte de pouvoir ſur lui*, ſans avoir été ni *ouï*, ni *convaincu*, ni *inſtruit des cauſes de ſa mort*, ſur des prétextes *deſtitués de toute vraiſemblance*, & lorſqu'il alloit *paiſiblement avec ſes proches lui rendre un devoir d'honnêteté comme au chef de leur maiſon.* Il critiquoit à tort l'audience donnée à Jeanne. La conduite du Pontife *avant & depuis cette audience*, en feſoit l'apologie. Enfin Clément étoit étonné qu'un Prince *éclairé & environné de gens ſages*, inſiſtât ſur une *demande injuſte qui ne pouvoit jamais être écoutée*, puiſqu'en ſuppoſant que Jeanne méritât d'être dépouillée, elle ne pouvoit l'être que *par un jugement diffinitif qui ne devoit point être exécuté avant que d'être prononcé*, & qu'il ſeroit contraire à la raiſon de faire tomber la peine de ſon crime *ſur des héritiers qui en étoient innocens.* Le Pontife ne laiſſa pas de propoſer pour moyen de conciliation *un mariage entre Etienne de Hongrie* (frère du Monarque) & la Princeſſe *Marie* (veuve du Duc de *Durazzo*), ou *une de ſes filles.* Cette propoſition faite au Monarque tant par ſes deux ambaſſadeurs que par le Cardinal de *Ste Cécile* (qui étoit parti pour l'Allemagne & qu'une dépêche du 23 Mars 1349 avoit inſtruit de tout ce qui s'étoit paſſé), le Prince parut goûter beau-coup une idée dont l'exécution auroit été plus honnête qu'une invaſion, & l'auroit également rendu maître de la couronne. Il ſe montra même diſpoſé à accorder *une trève* aux ſujets du Royaume qui étoient reſtés fidèles à Jeanne, *pourvû que Marie eût la couronne pour dot, & que Jeanne fût arrêtée ou déclarée contumace* ; Mais Marie eut horreur de la main du frère d'un Prince qui avoit aſſaſſiné ſon époux ; Et le mariage ne ſe fit point. Quant au projet de *faire arrêter Jeanne*, Clément fit obſerver au Monarque qu'il ſeroit *difficile de l'exécuter à Naples lorſqu'elle étoit partie de Provence ſans avoir pris congé de perſonne*, qu'il *deſiroit autant que lui la fin du procès*, que pour le continuer on n'avoit beſoin que *des procédures faites par Bertrand de Baux*, qu'il lui *en ré-itéroit la demande*,

Propoſition & bref ou dépêche au Cardinal de Ste Cécile, énoncés au bref du 17 Août 1349 à citer plus bas.

Bref ou dépêche de ce jour, Rayn. ſous 1349, n° 2 & ſuiv.

Propoſition, énoncée au bref du 17 Août 1349 à citer plus bas.

Bref ou dépêche du 17 Août 1349, Rayn. ſous même an, n° 7 & ſuiv.

& qu'*aussi-tôt qu'il les auroit*, *l'affaire seroit suivie avec chaleur.*

L'instruction du procès se continuoit en effet dans toute l'exactitude des formes que les loix ont sagement prescrittes & dont ne s'écartent point des juges instruits & sans passion ; Et il est indubitable que s'il n'y a jamais eu de jugement diffinitif sur l'accusation capitale dont étoit prévenue Jeanne, ni sur la prétension que le Roi de Hongrie venoit d'élever contr'elle au préjudice des droits du St Siège & du repos public, le St Siège n'en doit point être inculpé de négligence dans ses poursuites non plus que de complaisance pour cette Princesse, ayant satis-fait à tout ce qu'on peut attendre d'un tribunal aussi vigilant qu'équitable. A l'expiration de l'ajournement qui avoit été notifié personnellement à *Jeanne par l'Archevêque d'Arles* alors Camérier de Clément VI & du St Siège & à *Louis de Tarente par le Pontife même*, il tint *un consistoire public*, (ainsi qu'il étoit & est peut être encore au jour-d'hui d'usage dans les affaires majeures). Les avocats & procureurs à qui Jeanne & Louis de Tarente avoient confié leur défense, s'y présentèrent pour eux, & proposèrent pour *excepcion* (contre un cri qui n'avoit été formé que par des bouches ennemies ou corrompues) l'invasion qui avoit forcé les deux époux de retourner à Naples aussi promptement qu'il leur avoit été possible, & qui les mettoit dans l'impuissance de *comparoître en personnes devant le St Siège.* Clément VI & le sacré collège doutèrent si Jeanne & Louis ne devoient pas être déclarés *contumaces* malgré cette *excepcion*, quoique les avocats l'appuyassent d'un grand étalage de loix & de toutes les ressources de leur éloquence ; Mais avant que de pouvoir statuer sur cet incident, il falloit peser la question ; Et d'un autre côté le Roi de Hongrie s'obstinoit tous-jours à retenir *les procédures faites par Bertrand de Baux.* Plusieurs délais suivirent nécessairement ces difficultés ; Et les deux époux en profitèrent encore pour fortifier le parti qu'ils avoient dans le Royaume. Le Monarque Hongrois y retourna dans le cours de l'année 1350, mais sans que cette seconde expédition le conduisît plus que la première au but de ses desirs. Tous ses armemens n'aboutirent qu'à un *projet de traité* dont les articles principaux étoient qu'il lui seroit donné *une somme d'argent pour la rançon des quatre Princes qui étoient prisonniers en Hongrie*, & que mis en liberté *ils auroient le gouvernement du Royaume jusqu'au jugement diffinitif des contestations mûes entre lui & Jeanne.* Le Pontife envoya copie de ce projet aux deux époux, & probablement fit des remontrances au Roi de Hongrie sur l'argent qui devoit être le prix de l'élargissement des Princes & sur la proposition de les admettre au gouvernement du Royaume qui étoit abso-

Incident de la procédure contre Jeanne dont elle profite, seconde irrupcion du Roi de Hongrie, & accord auquel il est forcé d'acquiescer.

Brefs des 23 Mars & 17 Août 1349, dès-jà cités plus haut.

Bref du 17 Août 1349, dès-jà cité cy-devant.

Même bref.

Même bref.

Traité, énoncé dans un bref du 1 Fév. 1352 à citer plus bas, & dans la consultation de 1375 ou 1376 aussi à citer plus bas.

lument contraire aux droits du St Siège & ne feroit qu'occasionner de nouveaux troubles dans le Royaume; Car bien-tôt après, il se montra aussi modéré sur ces deux articles que sur celui de sa vengeance, quoiqu'elle eût fait jusques-là tant d'éclat. Etienne de Hongrie son second frère l'avoit sans doute accompagné dans ses expéditions, & suivit tous ses mouvemens. Ils nommèrent conjointement deux ambassadeurs pour venir conclurre à Avignon un accord diffinitif; Et le 11 Octobre de l'an 1351, étant tous deux *à Bude* (qui étoit pour lors la capitale du Royaume de Hongrie & l'a été encore long-tems après), ils les chargèrent de leur commun intérêt par des lettres patentes données *au nom de l'un & de l'autre*, sçellées *de leurs sçeaux* & dans lesquelles Etienne se qualifie *Duc de Transilvanie*. Quatre articles composoient toute la substance de ces lettres. Le premier autorisoit les ambassadeurs à reconnoître au nom des deux Princes que *pour se conformer aux vœux du souverain Pontife & donner des preuves de leur condescendance à ses volontés,* (dans un tems qu'il règleroit de concert avec les ambassadeurs) les deux Princes feroient tenus de livrer à des commissaires chargés de ses ordres, toutes les *cités, bourgs, châteaux, forteresses & territoires qu'ils occupoient dans le Royaume* (après qu'ils en auroient *retiré les troupes qu'ils y avoient*), mais sous condition qu'il ne confieroit point ses ordres *à des gens qui leur fussent suspects*, & que dans la retraite des troupes, il leur feroit fourni des vivres *à un prix convenable*; Que Clément les feroit conduire avec leurs bagages *en des lieux sûrs*; Que les sujets qui étoient nés dans le Royaume ou qui avoient été *de la maison du feu Roi André leur frère*, auroient la liberté d'y rester, s'ils le vouloient; Et que le Pontife accorderoit aux uns & aux autres ou leur procureroit rémission *de tous les torts qu'ils avoient faits au St Siège ou à d'autres* (quels que fussent les *offensés* & les *délinquans*), sans que ceux-ci pûssent jamais être inquiettés pour ce sujet. Par le second, les deux Princes *résignoient* entre les mains du Pontife *l'action juridique* qu'ils avoient *de droit* pour raison de la mort de leur frère *contre qui-conque s'en trouveroit coupable*, dans l'espérance *qu'il en seroit fait justice par Clément* dont *la conscience demeureroit chargée de ce soin, & le jugement au St Siège*; Et par les deux autres, après avoir donné à leurs ambassadeurs tout pouvoir de faire l'accord qu'ils jugeroient à propos au sujet de l'élargissement des Princes détenus dans leurs prisons *pour cause*, ils leur imposoient l'obligation de demander *pour eux & pour tous ceux qui avoient eu part à leur entreprise*, l'absolution des censures qu'ils avoient encourues *en entrant dans le Royaume ou en y restant*, avec une rémission semblable à celle qui seroit accordée aux sujets régnicoles, & *confirmation des prélatures, dignités ou autres bénéfices* &

Acte public de ce jour, rélaté en une bulle du 1 Sept. 1376 à citer plus bas.

Même acte.

Même acte.

Même acte.

& des ordres sacrés qui avoient été conférés durant le nuage occasionné par leur expédition. Des conquêtes qui en avoient été le fruit, ils ne se réservoient que le titre de la *Principauté de Salerne* tel que le Roi Charles IV leur père l'avoit porté, avec celui de la seigneurie de *l'alleud du mont-St Ange* qui en étoit censée une annèxe; Et ils ne leur furent point contestés. Les ambassadeurs arrivés à Avignon, l'accord y fut conclu en peu de tems. On ne fit que rédiger en forme d'acte public les quatre articles du pouvoir donné par les deux Princes à leurs ambassadeurs qui étoient l'Evêque de *Nitrach* & le Comte de *Castroferreo* sur les frontières du Royaume de Servie & de la Transilvanie; Et en signant l'accord, ils déclarèrent que *par respect pour la personne du Pontife & pour le St Siège*, le Monarque fesoit grace *de l'argent qu'il avoit demandé ou qui lui avoit été offert pour l'élargissement des Princes*, que *dès ce moment ils étoient censés libres*, & Clément le maître absolu *de disposer à son gré des villes & places qui lui seroient remises.* Un auteur Italien du nombre de ceux qui sont communément traités de *contemporains*, dit que la somme qui devoit être payée au Roi de Hongrie, étoit de *trois cens mille florins d'or*, & qu'elle avoit autant pour objet d'*indamniser le Monarque des frais de ses deux expéditions* que *la liberté des Princes*; Mais les monumens certains qu'on a rassemblés, ne parlent ni du montant de la somme, ni du second objet pour lequel elle devoit être payée (selon l'historien); Et l'on est fondé à juger que cet auteur (soit vrai, soit supposé), a été aussi mal instruit de ces deux faits que de beaucoup d'autres. Nos généalogistes donnent à Etienne de Hongrie la qualité de *Duc d'Esclavonie*, & se trompent visiblement, comme le prouvent non seulement les lettres patentes du 11 Octobre 1351, mais des actes postérieurs à sa mort où il est également traité de *Duc de Transilvanie*; Marque certaine que dans l'intervalle il n'avoit point eu d'autre titre.

Même acte.

Même acte.

Bref du 1 Février 1352, à citer plus bas.

Chronique de Jean & Mathieu Villani, au livre cité par Rayn. sous 1350, n° 27.

Hist. généal. de la maison de Fr. & des grands offic. de la couronne, tom. I, pag. 404 & 415.

Il y a lieu de croire que c'est vers la fin du mois de Janvier de l'an 1352 que fut conclu l'accord diffinitif qui promettoit au Royaume de Naples le calme dont il avoit besoin, & aux quatre Princes détenus en Hongrie la liberté après laquelle ils soupiroient. Le Pontife hâta le plus qu'il put l'exécution des clauses qui dépendoient de lui, de peur que le traité ne fût privé de son principal effet par quelque suite de l'inconstance qui n'est que trop familière à l'esprit humain. Il commença par nommer *deux commissaires* pour aller prendre possession des villes & places qui devoient être déposées entre ses mains, & fixa *à trois mois* le tems de leur évacuation & de leur remise. Ses deux commissaires furent l'Archevêque de *Braga* en Portugal qu'un différend survenu entre le Roi Alphonse IV & le clergé de ce

Ordres donnés par le Pape en exécution de l'accord, couronnement de Jeanne & de Louis, élargissement des Princes, & ce qu'on peut penser du fonds de l'accusation.

Bref du 1 Février 1352, à citer plus bas.

Royaume avoit obligé de ſe retirer à Avignon, & un gentilhomme du diocèſe de *Limoges* qui ſe nommoit *Pierre de St Martial.* Le 1 de Février, il addreſſa à Jeanne & à Louis de Tarente un bref très affectueux où il les inſtruiſoit des clauſes de l'accord & des ordres dont il avoit été ſuivi de ſa part, en leur marquant combien il étoit joyeux de voir ſuccéder *une heureuſe paix* à tant de calamités qui avoient *ébranlé leur trône*, & à tant de ſoucis & de craintes que lui avoit occaſionné à lui-même l'*orage excité contr'eux par le Roi de Hongrie*; Et le même jour, une bulle addreſſée à l'Archevêque de *Braga*, commit cet Archevêque pour couronner Louis comme *Roi de Sicile* en même tems que Jeanne, ſous les conditions générales qui avoient été impoſées ſept ans au par-avant à André de Hongrie ſon premier mari, & avec cette clauſe expreſſe que la conceſſion qui lui étoit faite du titre de *Roi* par *pure grace*, ni ſon ſacre & couronnement en qualité de *Roi de Sicile*, ne lui conféreroient aucun droit de propriété ſur le Royaume au préjudice *des enfans nés ou à naître de ſon mariage avec Jeanne*, & que (cette Princeſſe mourant avant lui ſans poſtérité) la couronne paſſeroit ſur le champ *à ſa ſœur* la Princeſſe *Marie* veuve du Duc de *Durazzo* ou aux enfans qu'elle auroit laiſſés & qui *en ſeroient ſuſceptibles*, ſans que Louis pût *ſe mêler de l'adminiſtration du Royaume & de ſes dépendances*, ni *ſe qualifier* ou *ſouffrir que perſonne le qualifiât du titre de Roi de Sicile*, non plus que *s'il n'en avoit jamais été revêtu ni ſacré & couronné*; Ou *qu'il encourroit la cenſure majeure & la confiſcation de tous les biens qu'il poſſèderoit dans le Royaume.* Il avoit été dès-jà pourvû à la conſervation des droits de *Marie* par une bulle du 23 Janvier précédent qui contient les mêmes réſerves que celle du 1 Février; Et Louis s'y ſoûmit, en recevant la couronne avec Jeanne dans le cours de la même année. Raynaldi a appliqué à *Louis de Tarente* la bulle du 23 Janvier, mais par une bès-vûe qui choque autant la raiſon qu'une pareille diſpoſition auroit choqué la juſtice, en dépouillant Marie du droit de ſa naiſſance & en appellant Louis au trône avant Robert ſon frère aîné. Le Pontife ſatis-fit dans le même tems avec une égale exactitude aux autres articles du traité dont l'exécution le regardoit, en accordant au Roi de Hongrie l'*abſolution* qu'il avoit deſirée, avec une bulle qui lui conſervoit les titres de *Prince de Salerne* & de *Seigneur de l'alleud du Mont-St Ange.* Il lui écrivit même en faveur de Jeanne & de Louis, dans la vûe de lui inſpirer les ſentimens que des parens honnêtes ſe doivent réciproquement. Néant-moins les quatre Princes qu'il détenoit dans ſes priſons, ne recouvrèrent pas leur liberté auſſi promptement qu'ils avoient eu ſujet de l'eſpérer. Les troupes Hongroiſes qui étoient dans le Royaume, y ayant été *excitées à quelque émeute*

Bref de ce jour, Rayn. ſous 1352, n° 1.

Bulle du même jour, n° 3 & ſuiv.

Bulle de ce jour, ſous mêm. an, n° 5.

Raynaldi ſur cette bulle, mêm. n°.

Notice de bulle, ſous même an, n° 2; Et autre, n° 6.

Notice de bref, n° 2.

Notice d'autre, même n°.

contre Louis, il les en punit en leur refusant le passage ou des vivres; Et les Princes demeurèrent prisonniers. Ils ne furent élargis que sur la fin de l'année 1353. Le Pape Clément VI ne vivoit plus pour lors. Il étoit mort au mois de Décembre de l'an 1352, & avoit été remplacé dans le cours du même mois par Innocent VI qui manda à Louis par un bref du 22 Décembre 1353 qu'il avoit *des avis sûrs* que (*graces aux soins du St Siège*) les quatre Princes venoient de voir *la fin d'une détencion injuste* qu'ils souffroient depuis si long-tems *sans aucune cause raisonnable*, & que *dans peu ils seroient à Naples*. L'auteur Italien qu'on a dès-jà censuré, prétend que quand Jeanne & Louis de Tarente reçûrent la couronne, l'action criminelle intentée contr'eux avoit été *jugée diffinitivement*, & qu'il ne fut procédé à leur couronnement qu'en conséquence de ce jugement diffinitif & parce que le Roi de Hongrie *avoit renoncé à ses prétensions sur le Royaume*, en reconnoissant que Jeanne *n'étoit point coupable du crime dont elle avoit été chargée*; Mais ces propositions ne sont qu'un assemblage de mès-prises & d'erreurs; Car d'abord, outre que le Roi de Hongrie fit reparoître ses prétensions sur la couronne dès l'an 1368 & qu'elles ne tardèrent point à replonger le Royaume dans les calamités dont il étoit à peine sorti, on a preuve que vingt-deux ou vingt-trois ans après le tems où l'historien place sa prétendue renonciation à la couronne, il soutenoit *n'avoir renoncé qu'au procès contre Jeanne*, & qu'il ne put être produit contre lui *aucun acte qui détruisît son assercion*. En second lieu, il est certain qu'au moment de l'accord le procès criminel contre Jeanne & contre Louis de Tarente n'étoit pas encore jugé, & n'a pû l'être entre le même moment & la bulle qui commettoit l'Archevêque de *Braga* pour procéder à leur couronnement, l'intervalle ayant été trop court, (supposé même qu'il y en ait eu aucun). Que reste-t-il donc à conclurre ? Rien autre chose, sinon que le St Siège n'a jamais prononcé qu'en accordant la faculté de procéder au couronnement de Jeanne & de Louis; Ce qui supposoit tous-jours nécessairement que Jeanne & Louis n'étoient point coupables, puisqu'autrement le St Siège auroit *couronné le crime* au lieu de *le punir*. Le jugement auroit-il suivi le couronnement ? C'est une absurdité que le seul bon sens doit écarter, puisque le couronnement auroit préjugé l'action criminelle, & que le St Siège (en accordant la permission d'y procéder) se seroit exposé à être inculpé de *contradiction* ou de *précipitation* dans sa conduite; Mais au fonds, le Monarque Hongrois ayant été seul le véritable accusateur de Jeanne & ayant *résigné* au St Siège le droit qu'il croyoit avoir de *poursuivre lui-même la vengeance de l'assassinat de son frère*, comme c'étoit renoncer à l'accusation que de se désis-

Bref de ce jour, rapporté à tort par Rayn. sous 1352, n° 5.

Chronique de Jean & Mathieu Villani, aux livres cités par Rayn sous 1351, n° 32; Et sous 1352, n° 1.

Bref du 27 Août 1368, à citer plus bas.

Consultation & mémoires de 1375 & ans suivans, à citer plus bas.

ter de ce droit, il s'en-suit de-là qu'il n'y avoit plus de jugement à prononcer où il n'y avoit plus d'accusateur. Aussi ne fut-il plus question du crime, lors même que le Monarque travailla avec le plus de chaleur à faire valoir les prétensions qu'il avoit conservées sur la couronne; Et l'on ne peut guères douter que la *résignation* de ses poursuites entre les mains de Clément VI, n'a été qu'une issûe honnête dont il s'est servi pour sortir d'un pas où il s'étoit engagé, au moins très imprudemment. Selon nos généalogistes & les histoires qui leur servent de cautions, il y avoit dès-jà plusieurs années qu'il étoit devenu veuf de la fille de l'Empereur Charles IV qu'il avoit épousée en 1339. Cette Princesse étant morte sans enfans, il en épousa une autre qui étoit fille du Roi de Bosnie & se nommoit *Elisabeth* comme sa mère. Il n'en eut que trois filles qui furent nommées *Catherine*, *Marie* & *Advige* ou *Hedwige*. Son frère Etienne en laissa aussi quelques-unes, & nul fils.

Hist. généal. de la maison de Fr. & des grands offic. de la couronne, tom. I, pag. 405.

Acte du 10 Août 1374, à citer plus bas.

Enfans de Jeanne, mort de son second mari, autre mariage qu'elle contracte, & nouvelles prétensions du Roi de Hongrie sur la couronne de Sicile.

Le second mariage de la Reine Jeanne avec son cousin Louis de Tarente, fut encore plus malheureux que ceux des deux Princes Hongrois, relativement à l'objet qui est & doit être le premier but du lien civil que les deux sèxes contractent en s'unissant légitimement. Dans le tems de l'accord conclu à Avignon entre Clément VI & les ambassadeurs de Hongrie, Jeanne & Louis avoient une fille que les bulles du 23 Janvier & du 1 Février 1352 nomment *Françoise*, en assûrant solemnellement ses droits sur le trône, selon le rang où elle devoit y être appellée; Mais elle mourut en bas âge. Un ou deux autres enfans naquirent après elle, & eurent consécutivement le même sort. Louis mourut lui-même dans les premiers mois de l'année 1362. Cette mort fut pour Jeanne un des plus fâcheux évènemens qui pûssent lui arriver. Des quatre Princes qui avoient été prisonniers en Hongrie, il en restoit encore au moins trois, qui étoient *Robert & Philippe de Tarente* (beaux-frères de Jeanne), & *Louis de Durazzo* Comte de *Gravina* (père de *Charles de Duras*). Le troisième de ces Princes, probablement animé par les deux autres & par *François de Baux Duc d'Andrie* (qui avoit dès-lors épousé leur sœur), & peut-être séduit par des promesses du Monarque Hongrois qui n'étoit occupé qu'à fomenter la discorde du Royaume, entreprit de faire valoir contre Jeanne la clause du projet d'accord qui les mettoit à la tête du gouvernement au préjudice des droits du St Siège. Sa mort & celle de Robert de Tarente qui se suivirent d'assés près, délivrèrent Jeanne de la tyrannie de leur ambition; Mais Philippe de Tarente qui se trouvoit l'héritier de Robert, ne pardonna point à cette Princesse d'avoir fait échouer leur complot; Et il resta entr'eux un levain d'inimitié qu'il aigrit en épousant une des filles d'*Etienne de Hongrie*.

Bulles des mêmes jours, dès-jà citées plus haut.

Mémoire généal. & politique, à citer plus bas.

La

La haine sembla aussi être innée dans le cœur de Charles de Duras. Jeanne eut envain le mérite d'avoir pris soin de son éducation, & de l'avoir investi des biens de son père, aussitôt qu'il fut en âge de les posséder. Toutes ces faveurs ne servirent qu'à le mettre en état de s'élever contr'elle avec plus de succès. François de Baux Duc d'Andrie oublia lui-même que quoiqu'il fût le mari d'une des plus proches parentes de la Reine, il n'étoit né que son sujet. Le dernier des beaux-frères de ce Duc étant mort sans enfans, comme la Princesse sa femme étoit devenue par-là l'unique héritière de la branche, il porta si loin ses prétensions & ses entreprises, qu'il encourut la *confiscation de tous les biens qu'il possédoit dans le Royaume ou en Provence*, & que depuis cette époque Jeanne ne fit presque aucun traité de confédération sans y stipuler que *jamais il ne lui seroit demandé de pardon pour lui*. Par malheur, Jeanne avoit fait trop de fautes pour jouir du trône sans chagrin. Le Pape Innocent VI ayant sur-vécu peu à Louis de Tarente & ayant eu pour successeur Urbain V qui étoit *Abbé de St Victor de Marseille & Nonce en Italie* lorsque les suffrages du conclave le firent monter sur le siège Apostolique, comme Urbain voyoit que le Royaume seroit en combustion tant que les rênes du gouvernement ne seroient point entre les mains d'un Prince capable de les tenir & que les descendans mâles des Roix Charles I & Charles II y étoient réduits aux deux derniers Princes de la maison de Tarente & à Charles de Duras qui avoit à peine atteint l'âge de puberté, dès qu'il eut reçu la thiare, il conseilla à Jeanne de chercher *un troisième mari* en France *dans quelqu'une des branches de la maison royale*. Elles étoient nombreuses; Et il eût été facile à cette Princesse d'y rencontrer un époux tel que le bien public & son propre repos vouloient qu'elle le choisît. Sa destinée lui fit préférer *Jacques de Mayorque* qui n'étoit que *Roi titulaire* du Royaume de ce nom, enlevé & depuis restitué au Roi Jacques I son bis-ayeul, mais perdu sans retour par Jacques II son père. Le traité de ce mariage se fit dès le Mercrédi 14 Décembre de l'an 1362; Et il y fut stipulé que Jacques *ne porteroit point d'autre titre que celui de Roi de Mayorque* sans pouvoir *y joindre la qualité de Roi de Sicile*, ni *aspirer à l'honneur d'être sacré & couronné en cette qualité*, ni *à l'hommage lige des Comtes, Barons & autres sujets du Royaume*, ni *se mêler du gouvernement de l'Etat*, non plus que *de celui des Comtés de Provence & de Forcalquier* (ce qui n'avoit point été interdit à Louis de Tarente), ni occuper directement ou indirectement aucune forteresse ou place du Royaume sous aucun prétexte, quel qu'il pût être; Qu'en sa qualité de *mari de la Reine*, les sujets du Royaume ne lui feroient qu'un serment de

Acte du 7 Janvier 1379, aux archives de l'hôtel de Villeroy, liasse déjà citée, n° 7; Et autre du 11 Janv. 1380, en la collect. des titres de Jarente, pag. 541 & suiv.

Avis de mort du 14 Sept. 1362, Rayn. sous 1362, n° 4; Et bref de participation de l'élection d'Urbain V du 8 Nov suiv. n° 8.

Notice de bref à Jeanne, n° 10.

Acte de ce jour, n° 11.

sûreté (c'est-à dire *de ne jamais attenter à sa vie ou à sa liberté*); Que s'il avoit des enfans de Jeanne, ils *succèderoient à leur mère*; Mais que si elle n'en laissoit point, Jacques n'auroit nulle part dans sa succession qui seroit *dévolue à ses héritiers de droit*, conformément *aux loix fondamentales de la couronne, nonobstant tous actes contraires*. Une célébration légale suivit de près le contrat de ce mariage; Et Urbain V en confirma les clauses le 30 Avril de l'an 1363. Dans le cours de la même année, le Pontife employa ses bons offices auprès d'Alphonse IV Roi d'Aragon pour lui faire restituer son *Royaume de Mayorque* avec les *Comtés de Roussillon & de Cerdaigne* qui avoient subi le même joug; Mais s'étant témérairement engagé dans la guerre qui éleva sur le trône de Castille le fameux bâtard *Henri de Trastamare*, il y demeura prisonnier. Jeanne le racheta, & peu de tems après resta veuve pour la troisième fois, sans avoir aucun enfant de lui, ni de nul de ses maris. C'est alors que reparurent les prétensions du Roi de Hongrie sur la couronne qu'il convoîtoit depuis si long-tems. Il envoya une ambassade à Urbain V, avec commission de remontrer à ce Pontife que le *Royaume de Sicile lui appartenoit*, qu'*il trouveroit fort mauvais que Jeanne le fît passer à des étrangers*, que *tant qu'elle vivroit il ne la troubleroit point dans la possession qu'elle en avoit*, mais qu'il prioit Urbain de prévenir *par des mesures convenables* le danger qu'il couroit *de le perdre après elle*. Urbain répondit à ces demandes par un bref qui combloit d'éloges le Prince, ses ambassadeurs & un gentil-homme qu'ils avoient amené avec eux pour leur servir d'*interprète*. Il avoit vu le *Monarque & toute la majesté de sa personne dans celles de ses ministres*; Et leur interprète s'étoit exprimé *avec autant de sagesse que d'éloquence*. Le St Siège *devant la justice à tout le monde* sans distinction de rang ni d'état, le Monarque n'auroit jamais à se plaindre qu'elle lui fût *refusée*, non plus que les *graces & faveurs* qui pourroient *lui être accordées sans que l'équité & le droit d'autrui en souffrissent*; Mais le Monarque n'eut pas la patience qu'avoient annoncé les organes de sa cupidité; Et bien-tôt, la France elle-même, avec toutes ses lumières, se laissa embarquer dans une intrigue qui lui fut aussi funeste qu'à Jeanne. Sa sœur Marie étoit morte dès-lors sans autre postérité que les trois filles qu'elle avoit eues du malheureux Duc de *Durazzo* & qui n'eurent pas de meilleurs têtes que leur tante. L'aînée fut mariée à *Louis de Navarre* Comte de Beau-mont, Prince du sang royal de France & frère cadet du Roi de Navarre Charles II que nos historiens appellent *Charles le mauvais*; La seconde, à *Cane della Scala*, qui étoit ou se disoit Seigneur de la ville de *Véronne* en conséquence d'une in-féodation faite à un de ses ancêtres durant

Notice de bulle, même n°.

Bref du 1 Déc. 1363, sous 1363, n° 9.

Autre du 27 Déc. 1367, sous 1367, n° 18.

Remontrances; énoncées en un bref du 27 Août 1368 à citer plus bas.

Bref du 27 Août 1368, Rayn. sous 1368, n° 10.

Mémoire généalogique & politique & consultation de 1376, à citer plus bas.

Notice de bulle.

le schisme de Louis de Bavière avec mutation d'une *magistrature bourgeoise* en un droit de *seigneurie patrimoniale*; Et la troisième, à *Charles de Duras* qui étoit son cousin germain. Elles se nommoient *Jeanne, Agnès & Margueritte.*

Rayn. sous 1320, n° 13; Et bulle du 9 Avril 1323, sous 1323, n° 27.

C'étoit le Roi Charles V qui occupoit alors le trône de la Monarchie Françoise. Nos historiens lui donnent le sur-nom de *sage*. La fâcheuse affaire dans laquelle il engagea son Royaume, fera voir si toutes les actions de sa vie lui ont également mérité ce sur-nom. Il avoit deux fils. L'aîné fut le Roi Charles VI son successeur immédiat, auteur des Roix Charles VII, Louis XI & Charles VIII; Et le cadet, Louis d'abord Comte de Valois & Duc de Touraine, puis Duc d'Orléans & Comte de Blois, tige de la branche dont étoient les Roix Louis XII & François I & les successeurs de ce dernier jusqu'à Henri IV. Ils étoient nés (selon quelques notes qui se trouvent dans les *Mémoriaux* de la Chambre des comptes de Paris), l'un le Dimanche 3 Décembre de l'an 1368, & l'autre le Samedi 13 Mars de l'an 1371 (ancienne manière de compter), c'est à dire 1372 (suivant notre comput actuel). Des mès-contens du nombre desquels étoit le *Duc d'Andrie* ou qu'il avoit échauffés, allèrent en Hongrie inspirer au Monarque qu'il étoit de son honneur de songer à *assûrer l'exercice de ses droits sur la couronne de Sicile*, en fesant un traité de *confédération spéciale entre les Royaumes de France & de Hongrie*, & en proposant au Roi Charles V de *marier le Comte de Valois son second fils avec une des trois Princesses de Hongrie* dont l'aînée ne devoit avoir qu'un an ou deux plus que ce jeune Prince. Un projet de cette espèce ne pouvoit que réussir auprès du Monarque Hongrois. Bien loin d'avoir oublié qu'il étoit issu de la maison royale de France, il s'en glorifioit avec une vanité qui n'entre point dans la tête d'un homme de haut rang, quand elle est saine; Et son ambition seroit satis-faite, outre qu'il auroit l'avantage de règner sur une nation peut-être plus inconstante que ses Hongrois, mais moins éloignée du centre de l'Europe & moins féroce. Le plan qui lui étoit proposé, donnant une nouvelle activité à ses desirs & à ses espérances, il fit dresser un mémoire où *sa généalogie & celle de tous ses collatéraux* étoient sommairement déduites depuis Charles I Comte d'Anjou & de Provence son trisayeul, & le titre primordial de la possession du Royaume de Sicile énoncé avec *les principes de juris-prudence & les actes qui militoient pour lui & qui excluoient les autres*. Une partie des faits qu'exposoit ce mémoire, étoit conforme à la vérité; Mais il y en avoit plusieurs où elle étoit visiblement altérée, & l'auteur en contradiction avec lui-même. L'in-féodation du Royaume y étoit travestie en une *pure conquête* faite de l'autorité du St Siège (mais avec plus d'incertitude que de

Projet de confédération entre la France & le Roi de Hongrie, & d'un mariage entre une fille de ce Prince & Louis second fils du Roi Charles V, pour acquérir ses prétensions sur le Royaume de Sicile.

Mémoriaux, cités dans les observations de Denis Godefroy sur l'hist. de Charles VI, édit. de 1653, pag. 531.

Mémoire généalogique & politique, au trés. des chartes, layette étiquettée Hongrie, n° 7.

solidité dans ses droits), & la déclaration du Pape Boniface VIII rendue très suspecte de *supposition*. On y avançoit que malgré cette déclaration, la couronne avoit INCONTESTABLEMENT appartenu à Charles IV *par représentation de Charles III son père*, & qu'il n'en avoit été privé que *par une fraude de Robert* qui avoit sur lui la supériorité de l'âge, de l'expérience & du pouvoir, & qui en avoit habilement profité pour se défaire de lui, *en l'envoyant conquérir le Royaume de Hongrie de peur que Charles ne s'opposât à son usurpation*, lorsque (selon la loi constante du Royaume de Sicile qui y étoit appellée *la coûtume Françoise*), Charles IV ne devoit qu'un apanage à Robert & à ses autres oncles, comme frères cadets de son père ; Que Robert *n'avoit imaginé d'unir Jeanne & sa sœur Marie avec deux fils de Charles IV*, que *parce qu'il sentoit qu'il n'étoit pas légitime possesseur du trône*; Qu'il *l'avoit prouvé, en ordonnant par son testament que Marie ne pourroit épouser que le Roi de Hongrie*, & non un des fils de *Philippe Prince de Tarente* ou de *Jean Duc de Durazzo ses frères*, ou qu'elle perdroit le droit de lui succéder, avec une somme d'argent qu'il lui léguoit pour dot de mariage; Qu'elle avoit transgressé cette défense, en épousant *Charles Duc de Durazzo* fils aîné de Jean; Et qu'il sembloit que par ce mariage elle avoit *encouru l'incapacité de succéder*, & *ses filles avec elle*, comme nées sous la punition prononcée par la dernière volonté de son grand-père; Que d'ailleurs, l'aînée s'étoit *fermé par son propre fait toute voie à la succession*, en épousant Louis de Navarre *sans le consentement du Pontife & contre les dispositions de la bulle d'in-féodation* qui défendoit à toute Princesse appellée au trône de contracter aucun engagement conjugal sans y être autorisée par le St Siège; Que le Pontife leur avoit postérieurement accordé *une dispense du lien de consanguinité* qui mettoit obstacle à leur union, mais en y déclarant expressément que *si par ce mariage ou autrement elle avoit perdu son droit de vocation au trône*, il n'entendoit point *la relever de ce vice par une bulle de dispense qui ne tomboit que sur l'empêchement canonique*, *ni lui rendre la capacité de succéder dont elle pouvoit être déchûe*; Que la seconde avoit solemnellement *renoncé à la couronne*, au moment de son mariage avec *Cane della Scala*; Que long-tems avant celui de la troisième avec *Charles de Duras*, le Monarque Hongrois *l'avoit vivement desiré pour le faire Roi de Sicile*, parce qu'il *n'avoit point d'enfans alors* & que Charles étoit *de son lignage & de ses armes*; Mais que la Princesse étoit en ce tems-là *au pouvoir de Jeanne* qui ne vouloit point ce mariage, dans la crainte que si la Princesse se trouvoit *sa plus proche héritière*, Charles *appuyé des prétensions & des forces du Roi de Hongrie*, n'entreprît *de la dépouiller de son vivant*; Et que pour cette raison, avant

que

que d'y consentir, elle avoit exigé *du Monarque* une promesse formelle que s'il arrivoit que la Princesse devînt son héritière présomptive, (tant qu'elle vivroit) Charles *ne l'inquietteroit nullement dans sa possession*; Que *le mari & la femme étoient actuellement auprès du Monarque*; Et que comme le Monarque *avoit des enfans*, il lui seroit facile de *les contenter tous deux*; Que le Prince de Tarente jouissoit de très grands biens dans le Royaume; Qu'il en étoit même le seigneur le plus puissant, & *ne verroit pas de bon œil Louis de Navarre & Charles de Duras devenir ses maîtres*; Qu'ainsi la mort de Jeanne seroit infailliblement suivie de beau-coup de troubles nouveaux & de grandes calamités; Que toutes ces considérations jointes au motif de la puissance du Prince de Tarente & au danger de trouver en lui un contradicteur, détermineroient aisément Louis de Navarre & Charles de Duras à *traiter avec un Prince à qui le Monarque Hongrois auroit fait un transport de ses prétensions*; Et que d'un autre côté, comme le Prince de Tarente étoit marié avec une de ses nièces, ce Prince *feroit assés ce qu'il voudroit.* Cependant on avouoit à la fin du mémoire qu'il seroit important que *le projet fût goûté du St Siège*; Et en cas qu'il entrât dans les vûes du Monarque, on en garantissoit le succès, sans qu'il coûtât beau-coup de peine.

Traité entre le Roi Charles V & des ambassadeurs du Roi de Hongrie, & ambassades dont il est suivi.

Il eût été encore plus aisé d'éclaircir les points du mémoire qui pouvoient paroître douteux, comme par exemple de sçavoir si la déclaration du Pape Boniface VIII étoit véritablement émanée de ce Pape, ou si elle ne lui étoit attribuée que par *une supposition de part*. On avoit seulement à demander que les registres de son pontificat qui se sont conservés jusqu'au jourd'hui à Rome, fûssent ouverts & examinés; Mais on n'eut point cette idée: Ou l'on en rejetta l'impression. Comme les passions réflêchissent peu, on aima mieux exécuter que de discuter. Trois ambassadeurs eurent commission de venir en France pour y proposer le projet, & furent l'Evêque de *Zagrab* dans le Royaume de *Croacie*, le *Ban* de celui d'*Esclavonie* (qui en étoit comme le Séneschal & le Gouverneur), & un gentil-homme du diocèse de *Zara* en *Dalmacie.* Un pouvoir qui est datté de *Bude* le 16 Avril de l'an 1374, autorisa ces trois ambassadeurs à convenir avec le Roi Charles V d'une *ligue générale & spéciale* entre *les deux Royaumes* (à perpétuité ou pour un tems limité) à l'effet de *recouvrer & défendre celui de Sicile* avec toutes ses appendances & dépendances, la *Principauté de Salerne* avec son annèxe & les *Comtés de Provence, de Forcalquier & de Piémont* avec tous leurs droits, & en même tems à conclurre au nom du Monarque Hongrois le mariage d'*une de ses trois filles à son choix* avec le Comte de Valois, en assignant à la Princesse future épouse du Comte

Acte du 16 Avril 1374, à citer plus bas.

Acte de ce jour, relaté en d'autres des 16 Août 1374, 19 & 24 Déc. même an & 13 Décembre 1375 à citer plus bas.

(à titre de *dot* & de *fonds propres à leurs enfans & descendans légitimes*) le *Royaume* & *les autres pays qu'il revendiquoit*, & en stipulant que *s'il arrivoit que la Princesse accordée au Comte vînt à mourir avant la célébration du mariage*, le Monarque seroit tenu *de la remplacer par une autre à son choix, jusqu'à ce qu'il ne lui en restât aucune*; Et ils vinrent à Paris. Ils y furent reçûs avec l'enthousiasme que la nouveauté a tous-jours inspirée à la nation Françoise, parce qu'elle a tous-jours eu le défaut de ne voir les objets que d'un côté. La gloire du Roi fut le seul qui se montra aux yeux; Et l'on ne vit point les difficultés de l'entreprise. Il y en eut peu dans la négociation. Dès le 10 Août de la même année 1374, elle fut consommée par un accord dont la substance étoit la même que celle du pouvoir donné par le Roi de Hongrie à ses trois ambassadeurs. On y

Acte de ce jour, au trésor des chartes, layette étiquettée Hongrie, n° 1; Et par rélation, en autres actes des 19 & 24 Déc. 1374 & 13 Déc. 1375 à citer plus bas.

ajouta seulement ces clauses, que *Madame Catherine sa fille aînée*, seroit *la Princesse qu'épouseroit le Comte de Valois* (lorsqu'ils seroient *parvenus l'un & l'autre à l'âge nubile*), pourvû que les deux Roix réussissent *dans peu* à obtenir du St Siège une bulle qui déclarât que *le Royaume de Sicile & toutes ses annèxes appartenoient de droit au Roi de Hongrie & à ses héritiers*; Que *si l'expédition de cette bulle souffroit du délai*, dans ce cas le Comte de Valois n'épouseroit que *celle des trois Princesses qu'il plairoit au Roi leur père de lui accorder*, mais que la Princesse n'en seroit pas moins censée *dès-à présent* sa future épouse, & le Monarque tenu *de déclarer son choix devant des ambassadeurs qui lui seroient envoyés par le Roi de France*; Que soit que son choix tombât sur *Madame Catherine*, soit qu'une des cadettes fût l'épouse du Comte de Valois, le Royaume & *les autres pays* que réclamoit le Monarque, seroient *la dot de la Princesse*, & *possédés à perpétuité par les deux futurs époux & par leurs descendans légitimes*; Et que l'accord que fesoient les deux Roix, seroit inviolable de part & d'autre. Les trois ambassadeurs jurèrent

Même acte.

au nom de leur maître qu'il l'observeroit avec fidélité dans tous ses chefs, & promirent d'en faire jurer l'observation par ce Prince ainsi que par les deux Reines de Hongrie, par tous les Archevêques & Evêques du Royaume, par le premier officier de la couronne qu'on appelloit *le grand Comte*, par les Bans & par les autres principaux Barons. Charles V fit faire le même

Même acte.

serment pour lui par *divers membres de son Conseil* qui furent Enguerran Sire de Coucy, Pierre d'Orgemont (alors Chancelier de France), Simon de Roucy Comte de Braîne au diocèse de Soissons, Raoul Sire de Raineval en Picardie (Grand-Pannetier de France), Bureau Sire de la Rivière en Nivernois (premier Chambellan du Monarque), Pierre d'Avoir Seigneur de Château-fromond au diocèse de Nantes & de Courcillon dans le Maine (l'un de ses Chambellans ordinaires), Guillaume de Lailly (depuis pourvû d'une semblable charge), & Pierre de Bournasel Chevalier, tous gens de la première qualité. La Reine Jeanne de Bourbon mère du jeune Prince, le fit pareillement en son propre nom ; Et deux notaires Apostoliques & Impériaux natifs des diocèses d'*Amiens* & de *Toul*, dressèrent acte de ces sermens & des convencions qui en étoient le sujet. Milon Comte de Joigny, le Sire de Raineval, Guillaume de Lailly, Pierre de Bournasel & un Maître des requêtes appellé *Aleaume Boistel*, furent nommés le 12 Septembre pour aller en Hongrie réquerir & accepter *purement* & *simplement* la nomination de la Princesse qui devoit être destinée au Comte de Valois, & assister tant au serment du Monarque Hongrois qu'à ceux dont il seroit accompagné, en mettant à l'écart *la condition qui étoit apposée au traité.* Louis I Duc d'Anjou & Comte du Maine, (le premier des frères cadets de Charles V, qui étoit pour lors son Lieu-tenant général dans la province de Languedoc), eut en même tems commission d'aller avec *plusieurs membres du Conseil* solliciter la bulle du St Siège sans laquelle l'affaire ne pouvoit avoir le succès que desiroient les deux cours ; Et chacun se mit en chemin. Ce n'étoit plus le Pape Urbain V qui occupoit le trône Apostolique. Il étoit mort le 19 Décembre de l'an 1370, & avoit été remplacé avant la fin du même mois par Grégoire XI qui étoit fils d'un frère de Clément VI & conséquemment François comme tous ses prédécesseurs depuis Clément V. La ville d'Avignon étoit aussi tous-jours la résidence de la cour Romaine, comme elle n'avoit cessé de l'être depuis la même époque. Urbain V avoit projetté de la remener à Rome, ayant reconnu que le St Siège étoit déplacé hors de la capitale du Christianisme, & que son séjour en deçà des Alpes *dégradoit insensiblement sa dignité* ; Et il y étoit effectivement retourné dans les premiers mois de l'an 1367 ; Mais beau-coup de circonstances l'avoient contraint de revenir à Avignon trois ans après ; Et il y avoit fini ses jours. La gloire de terminer l'éclipse que les Italiens appellent *la captivité de Babylone*, étoit un avantage réservé à Grégoire XI. Casimir III Roi de Pologne mourut dans la même année qu'Urbain V ; Et le Hongrois recueillit alors sa couronne, sans cesser de vouloir encore celle de Sicile. Raynaldi croit que *Louis I Duc d'Anjou* fut le Prince qui devoit épouser *une des filles du Hongrois*, & probablement a ignoré qu'au moment de la négociation dont il s'agit, il y avoit dès-jà plusieurs années que ce Prince étoit *marié*, & qu'il étoit si éloigné d'être libre que la Duchesse sa femme *lui a sur-vécu plus de vingt-ans*. Elle se nommoit *Marie de Blois* ou *Marie de*

Même acte.

Même acte.

Lettres patentes de ce jour, relatées ès actes des 19 & 24 Déc. 1374 & 13 Déc. 1375 à citer plus bas.

Commission, énoncée en une résolution du Conseil du 11 Déc. 1375 à citer plus bas.

Avis de mort du mêm. jour, Rayn. sous 1370, n° 24 ; Et bref de participation d'élection du 30, n° 26.

Bref du 23 Mai 1363, sous 1363, n 7 ; It. Pétrarque, aux lettres citées par Rayn. sous 1365, n°8 ; Et sous 1366, n° 22 & suiv.

Rayn. sous 1374, n 26.

Hist. gén. de la maison de France & des grands offic. de la couronne, tom. I, pag. 229.

Bretagne, & étoit fille du malheureux Charles de Blois (de l'ancienne maiſon de *Chaſtillon-ſur Marne*) qui avoit perdu la vie quelques années au par-avant avec le Duché de Bretagne, en défendant ce Duché contre la maiſon de Montfort, comme mari d'une héritière qui avoit pour elle un droit de *repréſentation en ligne collatérale* & un jugement du Roi Philippe de Valois oncle maternel de Charles.

Mém. hiſt. & mém. tom., pag. 450 & ſuiv.; Et tom. III, pag. 40 & ſuiv.

Ratification du traité par le Roi de Hongrie, difficultés que le Pape trouve dans le projét, & quatrième mari de Jeanne.

Acte du 19 Déc. 1374, à citer plus bas.

Les cinq ambaſſadeurs François arrivés à Bude, le Monarque y montra que les propoſitions qu'ils étoient chargés de lui faire, ne contrarioient nullement ſon inclination & ſes vûes. Admis à ſon audience dès le 19 Décembre de la même année 1374 avec la ſolemnité qui eſt d'uſage en pareil cas, après qu'ils lui eurent fait la réquiſition qui étoit l'objet de leur ambaſſade, il leur déclara qu'*au moyen de la ligue* qui avoit été conclue entre le *ſéréniſſime Prince Charles Roi de France & LUI pour le recouvrement & pour la défenſe du Royaume & des autres pays qu'il réclamoit*, la Princeſſe qu'il accordoit en mariage au Comte de Valois, étoit *Madame Catherine ſa fille aînée*, en exigeant ſeulement pour condition de l'engagement qu'il en contractoit, que ſi la Princeſſe future épouſe décédoit avant ſon mari ſans enfans nés de leur mariage, *ſa dot lui reviendroit ſans aucune contradiction*, & que ſi au contraire le Comte de Valois mouroit le premier, il ſeroit pourvû au ſort de la veuve par la voie *de don nupcial* ou de *tout autre* (ſoit *de grace*, ſoit *de coûtume*), en proporcion *de l'état de décence & d'honneur que les Roix de France aſſignoient ordinairement aux veuves de leurs fils*. Il prêta enſuite le ſerment dont on étoit convenu. Toutes les perſonnes qui devoient le prêter avec lui, ſatis-firent à cette obligation. Les ambaſſadeurs acceptèrent la condition qu'il impoſoit, avec promeſſe *de la faire approuver par Charles V*. Deux notaires Apoſtoliques & Impériaux dont l'un étoit de la petite ville de l'*Aigle* au diocèſe d'Evreux & l'autre Chanoine d'une égliſe collégiale à *Bude*, dreſsèrent acte de tout ce dont ils venoient d'être témoins; Et le Monarque ratifia les diſpoſitions de l'acte, en le feſant inſérer tout entier (ſelon l'uſage de ces tems-là) dans des lettres patentes qui ſont dattées du 24 du même mois & encore au jour-d'hui munies d'un très-grand ſçeau où il eſt repréſenté aſſis ſur un trône, revêtu d'un manteau royal orné *de fleurs de lys* & la couronne ſur la tête. Il fut même ajoûté au traité par un écrit particulier qui ſi les trois Princeſſes mouroient conſécutivement avant la conſommation du mariage, le Monarque donneroit au Comte de Valois *celle de ſes nièces qui auroit le droit le plus prochain à ſa ſucceſſion*; Que pareillement au défaut du Comte, *un autre fils cadet de Charles V* (*s'il lui en naiſſoit*) ou *un de ſes neveux* ou *quelqu'autre de ſes plus proches*

Acte du 19 Déc. 1374, du tréſ. des chartes, layette étiquettée Hongrie, n° 2; Et double, relaté en des lettres pat. du 24 à citer plus bas.

Lettres pat. de ce jour, au tréſor des chartes, mêm. layette que cy-deſſus, n° 3.

Acte, énoncé en un mémoire du 11 Déc. 1375 à citer plus bas.

proches parens, épouſeroit la Princeſſe qui étoit deſtinée à ce jeune Prince ; Et que dans tous ces cas, les *Comtés de Provence, de Forcalquier & de Piémont appartiendroient au Prince & à ſes héritiers & ſucceſſeurs*, ſous condition *pour le Roi* comme *pour lui-même & pour leurs héritiers*, de *demeurer en confédération perpétuelle avec le Roi de Hongrie & avec ſes ſucceſſeurs pour recouvrer & défendre leur couronne de Sicile*. Pendant ce tems-là, le Duc d'Anjou & les membres du *Conſeil* qui avoient été nommés pour l'accompagner à Avignon, y ſollicitoient la bulle qui ſeule pouvoit conduire honnêtement les deux Roix au but de leur commun deſir, & n'y avoient pas le ſuccès dont ils s'étoient flattés en s'engageant dans cette affaire. Le Pontife rendit ou fit rendre au Duc tous les honneurs qui étoient dûs à ſa naiſſance, & reçut très gracieuſement ſa demande, mais lui déclara nettement que *les loix n'obéiſſoient point au caprice des paſſions humaines*, que le St Siège ne pouvoit connoître que celles de *la conſcience & de l'équité*, que Jeanne avoit un titre pour poſſéder *le Royaume de Sicile*, & que ſes effets devoient ſubſiſter juſqu'à ce qu'un titre plus puiſſant l'eût anéanti. D'un autre côté, des *gens de poids* qu'attendriſſoit ſans doute le ſort malheureux de Jeanne, dirent au Duc & à ſes co-opérateurs (vraiſemblament pour déconcerter leur confiance) que *Jeanne ſoutenoit que le Roi de Hongrie avoit renoncé à toutes prétensions ſur la couronne de Sicile & ſur ſes annèxes, moyennant une ſomme de trois cens mille florins d'or* qui devoit lui être payée *en vertu d'accord conſenti à Avignon par des Hongrois fondés de pouvoirs de ſa part ; Et ils lui firent voir la copie d'une bulle* dont ils diſoient que *cet accord avoit été ſuivi*. Le Duc eut pluſieurs audiences de Grégoire, & un grand nombre de conférences avec les principaux membres du ſacré collège, ſans que ſa négociation produiſît aucun fruit. A ſon ambaſſade, en ſuccédèrent d'autres qui ne réuſſirent pas mieux. Grégoire ne s'écarta point de ces réflexions, que le titre en vertu duquel Jeanne poſſédoit la couronne de Sicile, en aſſûroit l'hérédité après elle aux trois filles de ſa ſœur Marie ; Que l'aînée de ces trois Princeſſes n'avoit point d'enfans, & probablement n'en auroit point ; Que la ſeconde qui étoit *Madame de Véronne*, avoit renoncé au trône en ſe mariant, & étoit auſſi ſans enfans ; Mais qu'il n'en étoit pas de même de la troiſième qui étoit *mariée avec Charles de Duras* ; Que tôt ou tard, la ſucceſſion les regarderoit ; Que tout ce qu'on pouvoit faire *avec honnêteté*, étoit de *les engager l'un & l'autre à tranſporter au Roi de Hongrie leurs droits & prétensions en la meilleure forme que l'on imagineroit* ; Que ce Monarque qui avoit *fourni juſques-là à leur entretien*, les avoit *comblés de tant d'honneurs & de tant de bien-faits*, qu'il étoit impoſſible que par

Même mémoire, à citer plus bas.

Déclaration du Pape, énoncée au même mémoire.

Même mémoire, à citer plus bas.

Même mémoire.

Même mémoire ; Et inſtructions du 30 Mai 1376, auſſi à citer plus bas.

reconnoiſſance ils ne ſe prêtaſſent pas volontiers à ſes deſirs ; Que d'ailleurs il lui étoit facile de les *récompenſer du ſacrifice qu'ils lui feroient ;* Et qu'*alors le St Siège pourroit*, ſans bleſſer l'équité, *donner des preuves de ſes favorables diſpoſitions pour les deux Roix.* Il parut auſſi craindre que de leur accorder la dé-

Réponſe du Pape & des Cardinaux, énoncée au même mémoire.

claration qu'ils deſiroient, ce ne fût expoſer le Royaume à retomber *ſous la tyrannie qu'il avoit éprouvée de la part des Allemands* avant que le Roi Charles I les en chaſſât, & *fruſtrer le vœu du St Siège* dont l'intenſion *avoit tous-jours été* que *cette couronne ne ſortît jamais des mains d'un Prince du ſang royal de France* ; Ce que l'on verroit infailliblement, s'il arrivoit que le Comte de Valois mourût ſans enfans & que ſa veuve ſe remariât en Allemagne ou que ſes ſœurs y fûſſent établies, puisque (les prétensions du Monarque Hongrois une fois reconnues avec authenticité) les maris de ſes filles ou leurs deſcendans ne pourroient plus être exclus de la couronne ſans

Offre, énoncée aux inſtructions du 30 Mai 1376 à citer plus bas.

injuſtice & ſans effuſion de ſang. Cependant il offrit d'envoyer vers Jeanne pour la porter à acquieſcer au projet, & de donner cette commiſſion *à telle perſonne que voudroit le Roi Charles V, à l'exception des Cardinaux*, parce que leur dignité ne leur permettoit point de s'en charger ; Mais tandis qu'il craignoit que les Allemands ne redevinſſent les tyrans du Royaume,

Bref du 22 Janv. 1372, à citer plus bas ; Et diſſertation de Henri Meibomius l'ayeul, au tom. I Rerum Germanicarum, pag. 468 & ſuiv.

Jeanne le leur livra avec ſa propre perſonne, en épouſant *Othon de Brunſwick*, l'un des chefs de l'illuſtre maiſon de ce nom qui deſcend d'un frère cadet de l'Empereur Othon IV & qui a produit tant de braves capitaines. Dans ces tems-là, beau-coup de Princes Allemands n'avoient guères d'autre richeſſe que des corps de troupes qu'ils formoient dans leurs domaines ou dans les villes libres de l'Allemagne, & qu'ils louoient aux puiſſances belligérantes, lorſqu'elles étoient aſſés ſages pour préférer la perte de quelques florins de plus à la dépopulation qu'entraîne néceſſairement la gloire d'avoir des peuples entiers tous-jours armés. L'Italie, quoique ſouvent en feu pour lors, n'avoit presque point d'autres défenſeurs, & ſur-tout le St Siège, quand les armes ſpirituelles n'avoient point la vertu d'empêcher ou de ré-

Exemple, bulle du 22 Mars 1363 qui établit le Roi Jean Capitaine général des troupes chrétiennes en Paleſtine, Rayn. ſous 1363, n° 15.

primer les uſurpations ou les révoltes. Il conféroit aux chefs de ces troupes quelques titres d'honneur qui leur étoient de la même reſſource que ſont au jour-d'hui *nos commiſſions & lettres de ſervice* ſur terre & ſur mer ; Et elles ſervoient comme font encore les Suiſſes en quelques parties de l'Europe, mais avec moins de diſcipline, parce qu'il y en avoit peu alors parmi les gens de guerre qui croyoient que pour défendre un pays, ils

Actes des années 1355 & 1357, cités par Meibomius, pag. 477 & ſuiv.

avoient le droit de le ruiner. Othon de Brunſwick étoit ainſi en Italie depuis pluſieurs années avec deux ou trois frères qu'il avoit, & avoit ſervi alternativement divers partis, mais preſque tous-jours pour l'intérêt du St Siège. Un de ses frères avoit épousé la veuve d'un Roi de Chypre qui étoit *leur parent fort proche*, ainsi que *le Marquis de Mont-ferrat*; Et le Pape Grégoire XI qui connoissoit *son mérite*, travailloit à le marier lui-même avec une *héritière du Royaume d'Arménie* qui étoit *fille d'une sœur des Princes Robert, Louis & Philippe de Tarente*, lorsque Jeanne en fit son quatrième époux, vraisemblablement pour s'attacher avec lui les troupes Allemandes qu'il avoit sous ses ordres. Les conditions de son mariage furent les mêmes que celles du mariage de Jacques de Mayorque. Il ne devoit porter d'autres titres que ceux de *Duc de Brunswick* & de *mari de la Reine*; Mais peu après, Jeanne lui donna la Principauté de Tarente comme dévolue à sa couronne par la mort du dernier de ses beaux-frères, quoique le Duc d'Andrie la réclamât au nom de sa femme.

Bref du 22 Janvier 1372, à citer plus bas.

Bref au dernier Prince de Tarente du 22 Janv. 1372, Rayn. sous 1372, n° 30.

Lettres de don, à citer plus bas.

On a vû combien il s'en falloit que le Roi de Hongrie eût abandonné ses premières prétensions sur le Royaume de Sicile & sur les Comtés de Provence, de Forcalquier & de Piémont, puisqu'il les avoit reproduites aussi-tôt après la mort de Jacques de Mayorque & même avant que d'avoir des enfans. Néanmoins Charles V & son *Conseil* furent très allarmés du propos tenu au Duc d'Anjou, qui a été probablement l'unique fondement des faits allégués par l'auteur Italien qu'on a réfuté plus haut. Les ambassadeurs Hongrois qui étoient *retournés à Bude* avec ceux de France, étant revenus à Paris peu de tems après, les personnes du *Conseil* qui étoient à la tête des affaires, eurent avec eux plusieurs conférences sur le projet qui occasionnoit une si étroite union entre les deux cours, & commencèrent à y trouver des difficultés qui n'avoient point été vûes d'abord. Charles V vouloit qu'au défaut de la postérité de son fils, les Comtés de Provence, de Forcalquier & de Piémont lui fûssent réversibles pour récompense de la part qu'il prendroit à l'exécution du projet; Mais cet article n'étoit point exprimé assés clairement dans le pouvoir que le Roi de Hongrie avoit donné à ses ambassadeurs pour traiter avec lui. Pour que les dispositions de ce Prince pûssent tourner au profit de la couronne de France, il eût été nécessaire qu'elles fûssent faites en faveur du Comte de Valois & de *ses héritiers personnels*; Et le pouvoir des ambassadeurs les restreignoit à la ligne des enfans *à naître de son mariage avec la Princesse qu'il épouseroit*; Ce qui leur lioit les mains, de manière qu'ils ne pouvoient consentir à d'autres stipulations, sans s'exposer à encourir l'indignation de leur maître ou du moins à en être désavoués. Aussi y eut-il de l'altercation sur ce sujet entr'eux & les commissaires du *Conseil* avec qui ils traitoient. D'un autre côté, on n'avoit pas seulement imaginé

Difficultés que la France trouve dans l'entreprise après s'y être engagée, & moyens qu'elle propose pour lever ces difficultés.

Acte du 19 Déc. 1374, cité plus haut, pag. 132.

Conférences, énoncées au mémoire du 11 Déc. 1375 à citer plus bas.

Altercation, énoncée au même mémoire.

jusques-là de demander quel seroit le sort du Comte de Valois, si après avoir épousé la Princesse qui lui étoit destinée & porté le titre de *Roi de Sicile*, il restoit veuf de cette Princesse sans en avoir d'enfans. Conserveroit-il ce titre tant qu'il vivroit ? Ou seroit-il tenu de le déposer à l'instant de son veuvage, comme le St Siège l'avoit exigé de Louis de Tarente ? Le premier de ces deux partis étoit sujet à des inconvéniens par rapport aux droits du St Siège & au repos public ; Mais Charles V & *son*

Remarques du Conseil, énoncées au même mémoire.

Conseil trouvoient *de l'indécence* dans le second, & même *de l'injustice*, dès que la France s'engageoit à employer ses forces pour recouvrer & garder le Royaume & les autres pays qui étoient au pouvoir de Jeanne ; Et ils demandoient aux ambassadeurs Hongrois *si en pareil cas leur maître souffriroit que son fils subît une condition si humiliante, & s'il ne la regarderoit pas comme une tache.* A plus forte raison ne devoit-elle pas être envisagée d'un autre œil *par le Roi de France* qui étoit *le chef de toute la maison royale.* Les choses restant dans l'état où elles

Mêmes remarques du Conseil.

étoient, il n'y avoit point à douter qu'après la mort de Jeanne, Charles de Duras ne montât facilement sur le trône du chef de sa femme, & que le St Siège ne crût *le vœu de l'in-féodation rempli en leurs personnes*, puisqu'ils étoient tous deux *du sang royal de France.* En cas que le projet réussît, il n'y auroit aucune con-

Mêmes remarques du Conseil.

testation pour le droit de succéder au trône, si le Roi de Hongrie avoit un fils, parce que le Comte de Valois & la Princesse sa femme mourant sans enfans, l'héritier du Royaume de Hongrie seroit le leur ; Mais si ce Monarque n'avoit point de fils, après la mort de la Princesse le St Siège ne mettroit-il pas le Royaume de Sicile *sous la main de la Chambre Apostolique ?* Ou *n'en disposeroit-il pas à son gré ?* Cet évènement étoit d'autant

Mêmes remarques du Conseil.

plus à craindre, que Charles V & *son Conseil* avoient des *avis secrets* que l'intension du St Siège étoit telle. Toutes ces difficultés auroient dû être pesées, avant qu'on écoutât les premières propositions du Monarque Hongrois ; Et l'on n'y pensa, que lorsque l'engagement étoit contracté. Après une longue dis-

Résultat des conférences, énoncé au même mémoire.

cussion, il fut arrêté entre les commissaires du *Conseil* & les ambassadeurs, que ceux-ci retourneroient vers leur maître pour lui rendre compte des incidens dont il s'agissoit & prendre ses ordres ; Qu'il déclareroit d'abord *s'il étoit vrai qu'il eût renoncé à la couronne* (comme on le prétendoit) ou *si ce bruit étoit faux*, & emploieroit les moyens les plus efficaces pour lever les obstacles que les trois nièces de Jeanne pouvoient opposer à l'exécution du projet ; Qu'il en écriroit à cette Princesse même, & expliqueroit clairement ses intensions *au sujet des Comtés de Provence, de Forcalquier & de Piémont* ; Que des ambassadeurs de Charles V se joindroient aux siens pour aller ensemble à

Naples ;

Naples; Et qu'en attendant, Charles en envoieroit de nouveaux à Avignon pour entretenir au moins le Pontife & le sacré collège *dans les dispositions favorables où ils paroissoient être à l'égard des deux cours.* Ces résolutions prises, les ambassadeurs se préparèrent à retourner en Hongrie; Et le 11 Décembre de l'an 1375, il leur fut remis un mémoire où après quelques mots de remercîment sur les efforts que fesoit leur maître pour s'attacher le chef de sa famille & une protestation du desir sincère qu'avoit Charles de resserrer de plus en plus les nœuds d'une amitié qui pouvoit *seule opérer le succès du projet*, on traçoit un plan de la conduite que les circonstances paroissoient exiger. Le premier pas étoit de *vérifier soigneusement le fait de la renonciation*, soit par le témoignage des personnes qui avoient été *chargées des pouvoirs du Monarque* ou qui étoient alors de *son Conseil* (si elles vivoient encore), soit par quelque autre moyen qu'il imagineroit. De ce fait, dépendoient *les démarches qui seroient à faire.* Le transport à obtenir de Margueritte de Duras & de son mari, devoit être fait au profit *du Monarque & de ses héritiers*, & comprendre *tous droits échûs ou à écheoir sur le Royaume & sur les autres pays dont il étoit question.* Ce transport fait, l'exécution du projet souffriroit peu de difficultés. Les sœurs de Margueritte n'y pouvoient mettre obstacle que pour le tems de leur vie tout au plus; Et l'on avoit bien des voies pour les appaiser. Celle *d'une récompense* paroissoit la plus juste. Elle étoit *conseillée par le Pontife;* Et il importoit de s'appuyer de son suffrage, *puisqu'il n'y avoit de succès à espérer que par ce canal.* La contradiction que les ambassadeurs avoient opposée au desir du Roi *par rapport aux Comtés de Provence, de Forcalquier & de Piémont*, étoit une raison pour exiger qu'il n'y eût aucune ambiguité dans cet article. Il étoit aussi de la prudence de pourvoir à l'état du Comte de Valois (en cas qu'il sur-vécût à la Princesse qu'il épouseroit & qu'il n'en eût point d'enfans), *& au sort des autres filles du Roi de Hongrie.* Le grand nombre *de Royaumes & de pays que possédoit ce Monarque*, lui en fournissoit amplement les moyens. Il sembloit expédient qu'il écrivît à Jeanne *sur le ton de l'amitié*, mais en même tems que ce ton fût mêlé *de quelques mots piquans*, & que les lettres de créance qu'il donneroit à ses ambassadeurs, fûssent conçûes dans les mêmes termes, à fin qu'ils pûssent *user de l'éperon*, lorsqu'il seroit nécessaire d'en faire usage. Leur pouvoir devoit être des plus généraux pour servir selon l'occurrence des cas, & contenir non seulement faculté de faire *toutes dûes réquisitions & sommations à Jeanne & à tous autres* au sujet de sa succession & de prendre de justes mesures pour mettre *le Monarque & ses ayans cause* en état d'exercer librement ses droits

Mémoire politique & instructif du 11 Déc. 1375, au trés. des chartes, layette étiquettée Hongrie, n° 5.

après la mort de Jeanne, mais peut-être mencion *de la bulle qui étoit sollicitée auprès du Pontife & du dessein* où l'on étoit *de suivre juridiquement l'affaire devant lui.* A ce pouvoir général, en seroit joint *un secret de traiter & transiger avec Jeanne & avec toutes personnes qui prétendroient à présent ou dans la suite au Royaume & aux autres pays dont elle étoit actuellement la maîtresse*, avec d'amples instructions aux ambassadeurs sur tous les points de l'affaire, & toutes les facultés qu'il plairoit au Monarque de leur accorder. Le *rendez-vous* des ambassadeurs de l'une & de l'autre cour, seroit *à Bénevent dans le cours du mois de Mai suivant.* Ceux qui y arriveroient les premiers, attendroient les autres *jusqu'à la fin du mois.* On ne peut nier que ce plan de conduite ne fût rempli de vûes sages, de prudence & même d'adresse. Le seul défaut des réflexions qui avoient été faites, étoit d'avoir été trop tardives.

Déclarations opposées par le Roi de Hongrie à la renonciation qu'on lui objectoit, & réponse faite de sa part aux observations & demandes de la cour de France.

Quoique les ambassadeurs Hongrois n'eussent pas été d'accord avec les commissaires de Charles V sur l'article *des Comtés de Provence, de Forcalquier & de Piémont* qui étoit le plus intéressant de tous aux yeux de ce Prince, il n'avoit fait nulle difficulté de consentir à la ratification des lettres patentes du Roi de Hongrie & des actes qu'elles renfermoient; Mais au moment de l'expédition, il y en survint de la part d'un de ses sécretaires fesant les fonctions de ceux que nous appellons aujourd'hui *sécretaires d'état.* Il se nommoit *Maître Girart de Montagu*, & (selon nos généalogistes) fut le père du fameux Jean de Montagu qui devint *Grand-maître de France* sous Charles VI & que sa trop grande élevation fit périr par le plus ignominieux de tous les supplices dans le tems des troubles occasionnés par la querelle des maisons d'Orléans & de Bourgogne. Le Roi Charles V avoit commandé à Girart par *un billet signé de sa main*, de *copier les lettres* du Monarque Hongrois avec les pièces qui y étoient relatées. Il crut que cet ordre devoit être pris à la rigueur, & ne voulut expédier que ce qu'on appelloit alors des *lettres de vidimus*, dont la forme étoit d'y faire dire au Roi ou à l'officier public de qui elles étoient émanées, *qu'ils avoient vû l'acte qu'ils relatoient, sans l'approuver, ni l'improuver.* Bureau de la Rivière & Aleaume Boistel qui conduisoient la négociation, lui remontrèrent vainement que les ambassadeurs *refuseroient ces lettres, si elles n'étoient dans la même forme que celles du Roi leur maître.* Il s'obstina dans sa bès-vûe. Le Roi étoit allé en ce moment à *Senlis*, probablement pour y passer les fêtes de Noel dans la retraite (suivant l'ancien usage). Bureau de la Rivière & Aleaume Boistel lui dépêchèrent un *chevaucheur*, avec une lettre où ils l'informoient de l'obstination de Girart en lui expliquant *ce qu'il avoit fait & ce qu'il eût été à propos de faire*,

Hist. généalog. des grands offic. de la couronne, tom. VI, pag. 377 & suiv.; Et tom. VIII, pag. 344 & suiv.

Billet, énoncé en une lettre du Roi à citer plus bas; Et lettres pat. du 13 Déc. 1375, au trés. des chartes, layette étiquettée Hongrie, nº 4.

Représentations, énoncées en autre lettre au Roi aussi à citer plus bas.

Lettre au Roi du 17 Déc. 1375, au trés.

& le prioient de ne point faire attendre ses ordres, parce que les ambassadeurs *étoient dès-jà en chemin pour s'en retourner chez eux.* Charles manda sur le champ à Girart & à un de ses confrères qui se nommoit *Maître Jean Tabary*, de mettre les lettres *dans la forme que lui marquoient Bureau & Aleaume*, & signa encore *de sa main* l'ordre qui leur en étoit addressé, *pour montrer* (y dit-il) *que cet ordre n'étoit point donné à son insçû;* Et l'expédition fut telle qu'elle devoit être. Les ambassadeurs ne la reçûrent que dans leur route. Ils sçavoient avec quelle passion leur maître desiroit le succès de l'affaire, & avoient un égal empressement de lui rendre compte de l'état de la négociation. Aleaume Boistel fut en même tems renvoyé en Hongrie avec un *duplicata* du mémoire qui avoit été remis aux ambassadeurs, & commission de ne rien épargner pour obtenir du Monarque les dispositions que desiroit Charles V. Il eut pour second dans ce voyage un autre François qui n'est connu que par quelques actes où il est appellé *J. Genest*, & suivit de près les ambassadeurs. Dès que ceux-ci furent de retour à Bude, le premier soin du Monarque fut de se mettre en état de répondre avec solidité aux observations & aux demandes de la France. Il fit assembler les *trois ordres* de son Royaume, *Prélats, Barons & Chevaliers* (ou simples Gentils-hommes), & notamment *ceux qui n'avoient point quitté sa personne dans ses expéditions de Naples & en qui il avoit le plus de confiance;* Et après s'être *tous réciproquement interrogés*, ils assûrèrent par *un vœu uniforme* qu'ils n'avoient *aucune connoissance de la renonciation dont il s'agissoit.* Nul d'eux n'en avoit seulement ouï parler. Il protesta lui-même qu'*il n'en avoit aucune idée*; Et pour réponse au mémoire de la France, il en fut dressé un où après un court exposé de la déclaration des trois ordres de son Royaume & de la sienne propre, on établissoit que le fait de la renonciation, loin d'être vrai, n'étoit pas même *vraisemblable.* On y demandoit s'il y avoit quelque vraisemblance que le Royaume de Sicile & sur-tout *les Comtés de Provence, de Forcalquier & de Piémont* étant *le vrai patrimoine du Monarque*, il eût renoncé à un si bel héritage *sans l'avis de ses Barons, sans une nécessité urgente & indispensable, ou sans une évidente utilité;* Et l'on ajoutoit que quand il en auroit eu la volonté, il n'eût pû l'exécuter *sans le consentement de son frère* Etienne de Hongrie qui vivoit alors & qui avoit *plusieurs fils & filles.* L'argent qui lui avoit été proposé, n'étoit point le prix *d'une renonciation à ses droits*, mais celui de la liberté des quatre Princes qui étoient pour lors ses prisonniers; Et il en avoit fait *un don généreux au St Siège* en la personne & à la prière du Pape Clément VI, tant par considération & respect pour ce Pontife, que parce qu'il eût été *indécent*, & même *honteux, mal-honnête & barbare*,

des ch., layette étiq. Hongrie, n° 4.

Lettre de cachet du même jour, sous même n°.

Commission, énoncée en des instructions du 30 Mai 1376 à citer plus bas.

Mémoire en réponse à celui de la France, même liasse, n° 8 bis.

Déclaration, énoncée au même mémoire.

Autre déclaration, énoncée au même mémoire.

Même mémoire.

d'infliger une peine pécuniaire à des prisonniers qui étoient *de son sang & lignage*. Une marque certaine que jusqu'à ce moment il avoit entendu conserver tous ses droits sur la couronne de Sicile, c'est que les titres de *Prince de Salerne* & de *Seigneur de l'alleud du mont-St Ange* fesoient encore partie de ses qualités *dans son grand sceau & dans tous ses actes publics*, & que *depuis la mort de son père il n'y avoit eu aucun Pape à qui il n'eût envoyé des ambassadeurs pour réclamer en son nom cette couronne*. Quant à l'objection qui étoit faite que *le St Siège entendoit que nul n'y succédât qu'il ne fût issu de la maison de France*, on observoit que le Roi de Hongrie & ses ancêtres avoient cet honneur ; Et l'on répétoit ce qui étoit faussement allégué dans le premier projet de l'entreprise, que *son père Charles IV n'en avoit été privé que par une supercherie du Roi Robert ayeul de Jeanne*. On avançoit même que *Charles l'avoit revendiquée avant son fils*, & avoit (comme lui) sollicité le St Siège *de prononcer sur sa demande* ; Ce qui ne pouvoit pas être plus vrai, puisque vingt-sept ans au par-avant, lorsque le fils commençoit à se plaindre de la déclaration de Boniface VIII, le Pape Clément VI lui avoit répondu *que son père s'étoit soumis à cette loi tant qu'il avoit vécu, en ne cessant de reconnoître Robert pour légitime possesseur du trône* ; Mais le Monarque ne vouloit avoir *obligation qu'au Roi de France* ; Et tous ses desirs seroient satis-faits, s'il lui obtenoit du St Siège une déclaration qui reconnût le droit de succession *en sa personne & en celles de ses héritiers mâles & femelles*. Cette déclaration obtenue, *les Comtés de Provence, de Forcalquier & de Piémont seroient donnés à Charles V & au Comte de Valois son fils*, sous cette seule condition que si après la consommation du mariage le Comte survivoit à la Princesse sa femme sans en avoir d'enfans, le Royaume de Sicile retourneroit au Monarque Hongrois & à ses héritiers, mais que *les trois Comtés demeureroient au Prince pour gain de sur-vie*, & *passeroient après lui tant aux enfans nés des mariages qu'il auroit postérieument contractés, qu'à ceux du Roi Charles V & à tous ses descendans en droite ligne*, sans être assujettis à la clause de réversion au Monarque Hongrois & à ses héritiers, sinon *au défaut de la postérité de Charles V*. Du reste le Monarque persévéroit dans son desir de prouver son attachement à la maison dont il avoit l'honneur d'être issu & au Prince qui en étoit le chef, & acquiesçoit *de bon cœur* à toutes les propositions qui lui étoient faites au sujet du mariage & *à tous les moyens qui seroient employés pour réussir*. Il y consentoit que le lien concerté embrassât d'un côté ses filles, nièces & petites-nièces qui se trouveroient libres pour lors, avec leur postérité seulement, sans y comprendre *aucunes parentes collatérales* ; Et de l'autre, les fils de Charles V qui

Réponses du Pape aux griefs du Roi de Hongrie, citées plus haut pag. 117 & suiv.

INSCRIPTION

Apposée sur un Monument qui vient d'être érigé avec la permission DU ROI en l'Eglise de l'Abbaye royale de S. Denis, par les soins d'ANTOINE-PAUL-JACQUES DE QUÉLEN-DE STUER-DE CAUSSADE Comte de la Vauguion, Prince de Carency, Marquis de Saint-Mégrin, Lieutenant-général des armées de Sa Majesté & l'un des huit Seigneurs particulièrement attachés à la personne de MONSEIGNEUR LE DAUPHIN sous le titre de *Menins*,

A LA MEMOIRE

De JACQUES DE STUER-DE CAUSSADE Marquis de Saint-Mégrin son grand-oncle, Lieutenant-général des armées du feu Roi, Capitaine-Lieutenant des Chevaux-légers de sa garde & de ceux de la garde de la Reine sa mère, auparavant Viceroi & seul Général de l'armée en Catalogne, tué à Paris au combat du fauxbourg Saint-Antoine le 2 Juillet 1652 & honoré de la sépulture royale par ordre de ce Prince le 6 du même mois, ayant eu promesse expresse du bâton de Maréchal de France qui devoit lui être donné le lendemain de la bataille.

D. O. M.

Hîc regio jussu conditus est

JACOBUS DE STUER-DE CAUSSADE Marchio de Saint-Mégrin, regiorum exercituum necnon levis armaturæ è Regis Reginæ-que matris custodiâ equitum ipsis Rege & Reginâ ducibus Vicepræfectus, nupèr in Catalaniâ Prorex & solus belli dux &c, qui Parisiis in prælio ad suburbium Divi Antonii nuncupatum commisso, inspectante Ludovico XIV occubuit die 2ª Julii, anno salutis 1652, ætatis 38, maturum virtutis præmium immaturâ morte consecutus. Nimirùm nobilissimo apud Aremoricos Xantones-que ortus genere, regium Borbonidum sanguinem ab aviâ paternâ Dianâ DesCars ISABELLÆ DE BORBONIO quondàm unicæ Carenciacorum Principum hæredis ex unico filio nepti & hærede unicâ hauserat, matrem-que habuerat Mariam De Roquelaure Antonii Gallici Marescalli filiam; Et quem tanti natales undequaquè commendabant, ipsum egregiè de patriâ meritum summus jàm Gallici Marescalli gradus ultrò sibi à Rege promissus manebat; Cùm verò fata obstarent, acerrimum regiæ auctoritatis vindicem inter sacros Regum cineres regali apparatu sepeliri datis die 6ª eorumdem mensis & anni litteris Rex præcepit, & die 8ª solemnes exequias propriis sumptibus celebrari; Et iterùm die 22ª

Cette première feuille, imprimée en 1751, et la dernière, jaunie et déchirée, ne font point partie du livre de l'abbé Destrées, quoiqu'elles aient rapport à la matière traitée dans cet ouvrage. On ne peut y voir ici que des enveloppes.

L'exemplaire est d'ailleurs bien complet en tout ce qui a été imprimé.

Junii anni 1661, sepulto funereum ab amantissimo patre JACOBO DE STUER-DE CAUSSADE Comite de la Vauguion, Principe de Carency, Marchione de S. Mégrin, regiorum ordinum equite torquato &c, ægrè superstite, fivit erigi monumentum. Quod quidèm diu omissum illustrissimo proavunculo suo, unicæ sororis & hæredis unicus ex filio nepos & hæres, solus etiam regerminatæ Carenciacorum Borbonidum stirpis propagator regiique sanguinis particeps non degener, ANTONIUS-PAULUS-JACOBUS DE QUÉLEN-DE STUER-DE CAUSSADE Comes de la Vauguion, Princeps de Carency, Marchio de S. Mégrin, nobilissimis in Aremoricâ Dominis de Quélen Porrohetensium Vicecomitum junioribus satus, itidèm regiorum exercituum Vicepræfectus Serenissimo-que Delphino à latere (vulgò *Menin*), de licentiâ sibi ab optimo Rege LUDOVICO XV die 1ª Novembris anni 1748 concessâ cùm diuturnam ab annis trigintà in re militari operam impenderet, poni curavit

Anno M. DCC. LI.

Scripsit Jacobus D'Estrées Clericus Rhemus, Universitatis Parisiensis in artibus Magister & in utroque jure Licentiatus.

Invenit & sculpsit monumentum P. Slodtz Sculptor regius & in regiâ Parisiensi Academiâ Professor.

TRADUCTION

A LA GLOIRE DE DIEU.

Ici a été inhumé par ordre de Louis XIV

JACQUES DE STUER-DE CAUSSADE Marquis de S. Mégrin, Lieutenant-général de ses armées, Capitaine-Lieutenant des Chevaux-légers de sa garde & de ceux de la garde de la Reine sa mère, auparavant Viceroi & seul Général de l'armée en Catalogne &c, lequel fut tué à Paris au combat du fauxbourg S. Antoine sous les yeux du même Roi le 2 Juillet l'an de grace 1652 & le 38e de son âge, & a trouvé dans une mort prématurée le prix que sa vertu lui méritoit depuis longtems. Issu d'une race illustre en Bretagne & en Saintonge, le sang royal de Bourbon lui avoit été transmis par son ayeule paternelle Diane DesCars petite-fille & unique héritière d'ISABELLE DE BOURBON unique héritière des Princes de Bourbon-Carency; Et il avoit eu pour mère Marie DeRoquelaure fille d'Antoine Maréchal de France. Avec l'avantage d'une si haute extraction de tous côtés, les services les plus éclatans l'avoient conduit au moment d'obtenir lui même le bâton de Maréchal de France que Louis XIV lui avoit promis de son propre mouvement; Mais l'arrêt du ciel y ayant mis obstacle, ce Prince ordonna par ses lettres de cachet du 6 des mêmes mois & an, que celui qui avoit été un des plus zélés défenseurs de l'autorité royale, auroit l'honneur d'être enséveli parmi les Rois & avec la même pompe, & lui fit faire le 8 un service solemnel à ses propres frais; Et le 22 Juin 1661 il permit encore qu'un monument funèbre fût élevé à la mémoire de cet illustre défunt par son père JACQUES DE STUER-DE CAUSSADE Comte de la Vauguion, Prince de Carency, Marquis de S. Mégrin, Chevalier des Ordres &c, qui avoit eu la douleur de lui survivre. Le projet étant demeuré sans exécution jusqu'à présent, l'unique petit-fils de sa sœur & unique héritière, seul continuateur par représentation de la ligne des Princes de Bourbon-Carency & de leur chef participant d'un sang auguste dont l'éclat n'a point été terni par celui de sa propre race, ANTOINE-PAUL-JACQUES DE QUÉLEN-DE STUER-DE CAUSSADE Comte de la Vauguion, Prince de Carency, Marquis de S. Mégrin, descendu en ligne paternelle des Seigneurs de Quélen juveigneurs (ou cadets) des anciens Vicomtes de Porhoet en haute Bretagne, aussi Lieutenant-général des armées du ROI & l'un des Menins de MONSEIGNEUR le DAUPHIN, a obtenu de SA MAJESTÉ de nouvelles lettres qui lui ont été accordées le 1 Novembre 1748 en considération de trente ans de services continués sans interruption, & en vertu desquelles ce monument a été érigé par ses soins

L'an de grace 1751.

OBSERVATION

Sur l'Inscription précédente.

CETTE épitaphe n'est point conçue ni distribuée dans le goût ordinaire des inscriptions de même espèce, parce que le grand nombre de faits que l'on avoit à y renfermer, ne l'a point permis; Mais on a cru que le Marquis de S. Mégrin seroit plus dignement loué par un récit succint des honneurs que le feu Roi lui a fait rendre que par des éloges qui ne sont proprement que des lieux communs. On a été dans la nécessité d'user d'une circonlocution pour rendre en latin la qualité de *Capitaine-Lieutenant des Chevaux-légers de la garde du Roi & de ceux de la garde de la Reine mère*, parce que le latin n'a point de terme propre pour exprimer cette charge inconnue des anciens Romains; Et c'est pour en faire mieux sentir les prérogatives, que l'on y a encore ajouté l'équivalant de ces mots *sous les ordres directs de Leurs Majestés*, qui ne seroient point nécessaires en François; personne n'ignorant que le Capitaine-Lieutenant (ou Commandant) des Chevaux-légers de la garde du Roi, a pour Capitaine le Roi même, ainsi que les Capitaines-Lieutenans des Mousquetaires & des Gendarmes de la garde. Comme à la simple lecture de l'épitaphe, tout le monde pourroit ne pas sentir à quel degré le Marquis de S. Mégrin étoit descendu de l'héritière des Princes de Bourbon-Carency, on a jugé à propos de joindre ici un Tableau généalogique contenant la succession des héritiers & représentans de cette Princesse jusqu'à M. le Comte de la Vauguion qui seul jouit aujourd'hui de cet honneur à l'exclusion de tous autres. Le public y verra en même tems que quoique l'heritière des Princes de Bourbon-Carency ait épousé un Seigneur de la Maison DesCars (ou de Pérusse), tous ceux qui portent aujourd'hui ce nom, ne descendent point de cette Princesse, & n'ont par conséquent aucune part dans l'honneur de représenter cette branche de la Maison Royale. Les noms propres mis en caractère capital, désignent les personnes sur la tête desquelles la représentation a passé directement avec le droit d'hérédité.

Succession des héritiers & représentans d'Isabeau (ou Isabelle) de Bourbon Princesse du Sang & héritière de la branche de Carency.

ISABEAU (ou ISABELLE) DE BOURBON
héritière de Carency & dernière de la branche, morte en 1532,
avoit épousé le 22 Février 1516 (id est 1517)
FRANCOIS DESCARS Seigneur de la Vauguion, Sénéchal & Maréchal de Bourbonnois, depuis Chambellan du Roi François I, Chevalier-d'honneur de la Reine Eléonore d'Autriche seconde femme de ce Roi &c, & fils d'un frère cadet de l'auteur commun des Comtes & Marquis DesCars & du Marquis de Péruffe d'aujourd'hui.

JEAN DESCARS
Prince de Carency, Comte de la Vauguion, Chevalier des Ordres du Roi &c, unique fils, mourut 21 Septembre 1595.
Femme Anne De Clermont-Tonnerre fille d'Antoine Comte de Clermont en Dauphiné, Grand-Maître des Eaux & Forêts de France, quatrième ayeul de M. le Maréchal Comte de Clermont-Tonnerre.

Claude
Prince de Carency
mort sans postérité
6 Mars 1586.

Henri
Prince de Carency
après son aîné, aussi
mort sans post. en 1590.

DIANE
Princesse de Carency &c, héritière directe de son père en 1595 par le décès de ses frères, & morte en 1609,
avoit épousé
1°. 14 Février 1573, Charles Comte de Maure en Bretagne, mort 27 Janvier 1575.
2°. 24 Novembre 1579, LOUIS DE STUER-DE CAUSSADE Comte de S. Mégrin en Saintonge &c, mort 2 Juin 1634.

1. *Mari.* — 2 *Mari.*

Louise
Comtesse de Maure, fille unique,
ép.
1°. 20 Septembre 1587, Odet Goyon-De Matignon Comte de Thorigny, Chevalier des Ordres, fils aîné de Jacques Maréchal de France, mort sans postérité 7 Août 1595.
2°. 5 Août 1600, Gaspard De Rochechouart Marquis de Mortemart, trisayeul de M. le Duc de Mortemart d'aujourd'hui.

JACQUES DE STUER-DE CAUSSADE
Comte de la Vauguion, Prince de Carency, Marquis de Saint Mégrin, Chevalier des Ordres &c, UNIQUE FILS & en cette qualité unique héritier de tous les biens & titres de sa mère & des prérogatives du sang, mourut 18 Août 1671.
F. Marie De Roquelaure fille d'Antoine Seigneur de Roquelaure, Baron de Laverdenx & de Biran, Maréchal de France, Chevalier des Ordres &c, grand-père du dernier Maréchal Duc de Roquelaure.

Jacques
Marquis de S. Mégrin, Lieutenant-général des armées &c, tué à la bataille du fauxbourg S. Antoine 2 Juillet 1652.
F. Elisabeth Le Féron fille de Dreux Le Féron Conseiller au Parlement de Paris, remariée en secondes noces à Charles D'Albert-D'Ailly Duc de Chaulnes fils d'Honoré Seigneur de Cadenet Duc de Chaulnes Maréchal de France frère cadet du Connétable Duc de Luynes trisayeul de MM. les Ducs de Luynes & de Chaulnes.

Louise
morte en Avril 1662.
avoit ép. en 1658 Annet DesCars Marquis de la Motte appellé *le Marquis DesCars*, lequel n'en eut point d'enfans.

MARIE
Comtesse de la Vauguion, Princesse de Carency, Marquise de S. Mégrin, demeurée seule héritière de son père par le décès de son frère, de son neveu & de sa sœur aînée, & morte 13 Octobre 1693,
avoit ép.
1°. 29 Avril 1653, BARTHELEMY DE QUELEN Vicomte du Broutai en Bretagne, Maréchal de Camp &c, tué au Siège de Douay 13 Juillet 1667, étant fait Lieutenant-général.
2°. 15 Janvier 1668, André De Béthoulat Seigneur de Fromenteau, depuis appellé *Comte de la Vauguion*, Chevalier des Ordres &c, dont le mariage d'abord secret, ne fut déclaré qu'en 1671, & qui mourut sans post. 30 Nov. 1693.
1. *Mari.*

Jacques
né posthume 3 Septemb. 1652,
mourut 26 Octobre 1657.

NICOLAS DE QUELEN-DE STUER-DE CAUSSADE
Comte de la Vauguion, Prince de Carency, Marquis de S. Mégrin, fils unique, seul héritier de sa mère & institué héritier direct & universel de son ayeul maternel par testament du mois d'Octobre 1670, mourut 7 Janvier 1725.
F. Magdelène de Bourbon-Busset fille de Louis Comte de Busset & sœur du père du jeune Comte de ce nom.

ANTOINE-PAUL-JACQUES
Comte de la Vauguion, Prince de Carency, Marquis de S. Mégrin, Lieutenant général des armées DU ROI & l'un des Menins de MONSEIGNEUR LE DAUPHIN.
F. Marie-Françoise fille de Paul-François Duc de Béthune-Charost Pair de France, Chevalier des Ordres du Roi, Capitaine des Gardes du Corps de S. M, Chef du Conseil Royal des Finances &c.

Paul-François
fils unique né 30 Juillet 1746.

De l'Imprimerie de BALLARD, seul Imprimeur du Roi pour la Musique & Noteur de la Chapelle de Sa Majesté, rue Saint-Jean-de-Beauvais à Sainte Cécile, 1751.

sous le N°. I. » Extrait tiré du registre intitulé *armorum*, folio 4 d'icelui, » conservé aux archives de Sa Majesté en Provence dans l'armoire mar» quée A, & collationné &c. «

IV.

Autres lettres-patentes du même Prince adressées à Foulques d'Agout Marquis de Corfou, son Lieutenant & Sénéchal ès Comtés de Provence & de Forcalquier, & à ses autres officiers en ces Comtés, où il leur notifie que sur un exposé à lui fait par le même Guigonet Jarente Maître rationnal de sa cour de Provence & de Forcalquier & Vicaire (ou Lieutenant) général de toutes les terres que Jacques Arcusse possédoit en Provence, de divers prêts d'argent qu'il lui avoit faits avant sa prison & depuis, & de différentes sommes qu'il avoit avancées pour l'armement d'une galère ou pour la garde & défense de ses terres depuis que Jacques Arcusse l'y avoit établi son Vicaire (ou Lieutenant) général, il l'autorise à en percevoir tous les droits, cens & rentes jusqu'à ce qu'il soit remboursé de ses créances & dépenses, lui ayant accordé trois cens francs d'or par an pour gages comme Vicaire ou (Lieutenant) général du même Jacques Arcusse en ses terres, & révoquant toute disposition qui pourroit avoir été faite du château de Senas, défend aux officiers de Provence de troubler ou inquiéter Guigonet Jarente dans cette perception.

6 Août même année 1384. *Archives du château de Senas.*

» LUDOVICUS Dei graciâ Rex Jherusalem & Sicilie, Ducatûs » Apulie, Principatûs Capue, Dux Andegavie & Turonie, Comitatuum » Provincie & Forcalquerii, Cenomanie & Pedimontis Comes, magnifico viro Fulconi de Agotho Marchioni Corphiensi, Locum-tenenti atque Seneschallo, Judicibus, Thesaurariis, Magistris racionalibus & aliis offi» cialibus nostris quibuscumque in dictis Comitatibus Provincie & Forcal» querii ubilibet constitutis, quâcumque denominacione notentur, ac illis » vel illis cujus vel quorum interest & quos infrascriptum tangit negocium » vel tangere poterit quomodolibet in futurum, ad quem vel ad quos pre» sentes littere pervenerint, graciam & bonam voluntatem. Nupèr siqui» dèm prò parte GUIGONETI JARENTI DE SALLONE SEDENE, *de Comitatu* » *nostro Provincie*, MAGISTRI RACIONALIS CURIE NOSTRE *ac Vicarii gene-* » *ralis omnium terrarum & locorum existencium in Provinciâ, magnifici viri* » *Jacobi Arcucii de Capro Comitis Minerbini*, consiliarii & fidelis nostri di» lecti, Serenitati nostre humilitèr fuit expositum quod *dudùm per unum an-* » *num ante capcionem & detencionem personalem dicti Comitis de Minerbino,* » *tunc dicti Regni nostri Sicilie Camerarii*, nunc indebitè & injustè carce» ribus detenti cum uxore & filiis *per illum impiissimum parricidam & cru-* » *delem Carolum de Duracio hostem nostrum publicum & rebellem, ipse Gui-* » *gonetus exponens ad ipsius Comitis de Minerbino preces & requisicionem,* » *graciose & liberalitèr de ejus propriâ pecuniâ mutuavit eidem Comiti de Mi-* » *nerbino florenos auri de camerâ duo millia*, solutos in Avinione & receptos per » manus Andree de *Tisio*, mercatoris commorantis ibidem; Item *concessit &* » *mutuavit idem Guigonetus dicto Comiti de Minerbino florenos auri mille*, solutos » & receptos per manus Luqueti de *Girardinis*, de *Pistorio*; Item *idem Gui-* » *gonetus concessit & mutuavit similitèr dicto Comiti Minerbini francos bonos* » *auri sexcentos*, solutos & receptos per manus Ginolfi de *Passis*; Item » *idem Guigonetus mutuavit dicto Comiti florenos trecentos septuaginta*, solutos

& receptos per [illegible] Franconis de *Corrilhonis* Militis, tunc Vicarii in Provinciâ terrarum [illegible] Comitis Minerbini prefati; Item *prò armaturâ unius galeotte idem Guigonetus Vicarius similitèr mutuavit atque concessit florenos sexcentos*, prout de predictis quantitatibus omnibus & singulis constare asserit *legitimis* [illegible] *publicis documentis; Propter que memoratus Comes Minerbini considerans, ut eidem Guigoneto Vicario satisfieret de supràdictis summis pecuniarum sic graciosè sibi mutuatis, eundem Guigonetum* [illegible] *exponentem prefatum, Vicarium suum generalem in omnibus & singulis terris suis quas tunc habebat, tenebat & possidebat in Provinciâ ipse Comes prefatus, fecit & ordinavit, cum mero & mixto imperio ac gladii potestate, ac eciàm jurisdictione omnimodâ exigendi & recipiendi omnia & singula jura, fructus quoque, redditus & proventus terrarum suarum hujusmodi, donec & quousquè eidem Guigoneto Vicario de dicto mutuo ac summis & quantitatibus pecunie supràdictis sic predicto Comiti de Minerbino per eum mutuatis* (ut prefertur) *foret integrè & realitèr satisfactum*; Idemque *Guigonetus Vicarius, vigore constitucionis & ordinacionis Vicariatûs hujusmodi à tempore predicto citrà, tanquàm Vicarius generalis dicti Comitis Minerbini, terras ipsas & loca cum fortelliciis, juribus & jurisdictionibus tenuit & possedit, & prò majori parte adhuc tenet & possidet in Comitatibus Provincie & Forcalquerii supràdictis*; Verùm *propter guerrarum condiciones procellosas ac hostium & rebellium Serenitatis nostre incursus periculosè vigencium in Comitatibus predictis, jura, redditus & proventus terrarum hujusmodi à duobus annis citrà quibus guerra hujusmodi asperè viguit prout viget adhuc de presenti in Provinciâ ipsâ, per adherentes illi Carolo de Duracio prefato devastata sunt & ad nichilum reducta noscuntur, propter quod sepè dictus Guigonetus Vicarius non valuit prout nec valet assequi satisfactionem & solucionem debiti memorati, nec eciàm sumptuum & expensarum factorum per eum* [illegible] *tempore in & prò custodiâ terrarum hujusmodi Comitis supràdicti* [illegible] *exercicio Vicariatûs officii supràdicti*; Qui quidem sumptus & expense [illegible] ascendunt ad summam *francorum trecentorum* anno quolibet [illegible] quod *idem Guigonetus Vicarius eidem Serenitati nostre humilitèr supplicavit*, nè sibi imposterum oriantur questiones super [illegible] expensarum & debitorum hujusmodi, *quatinùs sibi ut* [illegible] valeat [illegible], recipere & levare jura, redditus & proventus, census & servicia castri & territorii de Senasio de dicto Comitatu Provincie & de Vicariâ Tarrasconensi quod est dicti Comitis de Minerbino, usquè ad debitam & condignam satisfaccionem tàm mutuorum & debitorum predictorum, quàm eciàm expensarum & gagiorum trecentorum francorum anno quolibet, quos francos trecentos sibi stabilivimus occasione Vicariatûs sui supràdicti, in quibus sibi (ut premittitur) dictus Comes de Minerbino racionabilitèr est astrictus, *plenam & liberam potestatem concedere dignaremur*, cùm ipse Guigonetus (ut asserit) paratus sit fructus & redditus dicti castri de Senasio (detractis & receptis dictis gagiis suis) in sortem dicti debiti excomputare suis loco & tempore opportunis; Nos verò attendentes *peticionem ac supplicacionem hujusmodi fore justam & consonam racioni*, ipsius-que Guigoneti Vicarii tanquàm justis precibus benigniùs inclinati, *prefato Guigoneto tanquàm Vicario generali Comitis supràdicti*, de certâ nostrâ sciencia & plenitudine regie potestatis, *ad petendum, exigendum, levandum, habendum & recipiendum quecumque jura, fructus quoque, redditus & proventus, census & servicia, spectantes & spectancia quocumque jure, causâ vel racione quâcumque ad dictum castrum & territorium de Senasio*, à quibuscumque, cujuscumque status, gradûs, condicionis vel preeminencie existant, harum serie *plenam & liberam concedimus facultatem, donec & quousquè sibi de gagiis & mutuo ac expensis in certis aliis nostris litteris pleniùs declaratis satisfactum fuerit realitèr & cum effectu; Donacione, concessione, ordinacione vel alienacione de dicto castro de Senasio, quibuscumque personis forsitàn factis jàm vel in futurum in contrarium faciendis, non obstantibus*

» quibuscumque; *quas* de dictâ certâ nostrâ sçienciâ & plenitudine regie po» testatis jàm dictâ *tollimus*, *irritamus*, *enervamus*, *cassamus*, *revocamus*, » *ac nullius esse volumus roboris vel momenti*. Quocircà vobis omnibus & » singulis supràdictis & vestrûm cuilibet, ac aliis quibuscumque quorum » interest aut intererit, harum serie de dictâ certâ nostrâ sçientiâ manda» mus expresè quatinùs prefatum Guigonetum Vicarium super recepcione, » habicione & percepcione reali omnium jurium, fructuum, reddituum & » proventuum dicti castri & territorii de Senasio (ut premittitur) ad satis» faccionem totalem ac solucionem debitam & condignam tàm debiti prin» cipalis & gagiorum quàm expensarum & aliorum supràdictorum, nullo un» quàm tempore molestetis vel perturbetis, ac molestari vel perturbari fa» ciatis, aut eidem Guigoneto impedimentum aliquod vel noxiam novita» tatem prestetis seu inferatis, aut prestari vel inferri faciatis quoquo modo, » quantùm graciam nostram habere desideratis & indignacionem per con» sequens evitare, cùm nostre firme intencionis & incommutabilis existat » propositi quòd presens nostra gracia eidem Guigoneto efficax, inviola» bilis & illibata permaneat, ac nullius oblique interpretacionis sensum, he» sitacionis dubium vel anfractum aliquatenùs pertimescat. In cujus r[ei] » fidem & dicti Guigoneti cauthelam presentes litteras fieri nostro-que ma» gno sigillo pendenti jussimus communiri. Datum in castro novo Barensi » per Petrum de Tholenteno legum doctorem ac locum tenentem viri ma» gnifici Nicolai Spinelli ejusdem Regni Sicilie Cancellarii, consiliarium & » fidelem nostrum dilectum, anno Domini millesimo trecentesimo octuage» simo quarto, die decimo octavo mensis Augusti, septime indictionis, re» gnorum nostrorum anno primo.

Cette pièce, originale; Sur un repli, est signé d'un côté RIQUINUS, & de l'autre écrit : *Registrata in Cancellariâ* ; Et au dos est en forme d'étiquette : » Prò *Guigoneto Jarenti* de Sallone, de *Senasio* ; Ut castrum de *Senacio* sit in » manibus *nobilis Guigoneti Jarente*, donec eidem fuerit satisfactum de sex » millibus florenis debitis per magnificum virum Jacobum de Crapi »; Le sçeau détruit.

V.

Lettres patentes de Marie de Châtillon surnommée de Bretagne ou de Blois, veuve du même Prince & tutrice de leur fils le Roi Louis II Duc d'Anjou & Comte de Provence & de Forcalquier, où elle notifie aux officiers de la jurisdiction royale de Seyne que le même Guigonet Jarente Seigneur de Gémenos & Maître rational de la grande cour royale de Provence, ayant nouvellement acquis le château & seigneurie de Montclar au Bailliage de Seyne, elle avoit approuvé l'acquisition; Que Guigonet Jarente lui en avoit fait l'hommage lige & le serment de féauté dûe, & qu'en conséquence elle donnoit commission à ces officiers de l'en mettre en possession, de lui faire prêter un pareil hommage & serment de féauté par tous les tenanciers de la terre tant nobles que roturiers, & de les contraindre à lui payer les droits & devoirs auxquels ils pouvoient être tenus envers lui.

» Prò nobili Guigoneto Jarente quòd immitatur in possessionem Montis-clari, » & fiant per homines homagia sibi.

14 Septembre 1390. *Archives du Roi à Aix.*

» MARIA Dei graciâ Regina Jherusalem & Sicilie, Ducatûs Apulie, » Ducissa Andegavie, Comitatuum Provincie & Forcalquerii, Cenomanie, » Pedimontis & Rouciaci Comitissa, bajula, tutrix & administratrix illustris

» cariſſimi nati noſtri Ludovici eâdem graciâ Regnorum Regis, Ducatuum » Ducis & Comitatuum Comitis predictorum, Bajulo & Judici curie regie » ville Sedene preſentibus & futuris, & cuilibet aut loca tenentibus eorum- » dem, graciam & bonam voluntatem. Cùm noviter VIR NOBILIS ET » EGREGIUS GUIGONETUS JARENTE DOMINUS DE GEMENIS, MAGNE CURIE » REGIE NOSTRE MAGISTER RACIONALIS, conſiliarius noſter & fidelis dilectus, » *emerit à nobili Ludovico Guiramandi caſtrum de Monte-claro, Bajulie Sedene,* » cum omnibus juribus, juriſdictionibus, hominibus, vaſſallis, redditibus, » cenſibus, privilegiis & aliis ad illud ſpectantibus & pertinentibus quoquo » modo, *precio videlicet mille octingentorum florenorum currencium* (prout de » ipsâ empcione conſtat *quâdam notâ ſumptâ manu Ludovici Molini de Se-* » *denâ & Petri Gevaudani de Aquis notariorum publicorum, ſub anno preſenti* » *& die ſeptimâ hujus menſis Septembris*), NOS IPSUM SIBI LAUDAVIMUS, » prout eſt moris. *Ipſe-que Guigonetus hâc die in manibus noſtris de pre-* » *dicto caſtro per eum empto, preſtitit homagium ligium & fidelitatis debite* » *juramentum*, ut conſtat *notâ ſumptâ per Antonellum Lorici Secretarium* » *noſtrum & Provincie racionalem.* Igitur prò parte jàm dicti Guigoneti Ja- » rente ejuſdem caſtri de Monte-claro Domini requiſita, volumus & vobis » per preſentes de certâ noſtrâ ſçienciâ committendo mandamus quatinùs » ſtatim viſis preſentibus, tu Bajulus & Judex predictus vel locum tenens, » ad dictum caſtrum de Monte-claro perſonalitèr te conferas, *ipſum-que* » *Guigonetum aut ejus procuratorem vel nuncium in poſſeſſionem dicti caſtri* » cum juribus, juriſdictionibus & juſticiis, in quibuſcumque rebus conſiſtant » in dominaturis, proprietatibus, juriſdictionibus omnibus, bannis, ſe- » viciis, venacionibus, rippagiis, corvatis, caricaturis & aliis quibuſcum- » que juriſdictionibus, quocumque nomine cenſeantur, *exceptis duntaxat* » *cavalcatis pecuniariis quas ibi curia noſtra percipere conſuevit & habere,* » *& excepto mero imperio in illis caſibus qui exigunt penam mortis vel detrunca-* » *cionem membrorum tantùm, ponas & inducas*, ſeu poni & induci facias » auctoritate preſenciùm corporalem, inductum-que & immiſſum manuteneas » & deffendas in illâ juris preſidiis & favoribus opportunis, & nichilominùs » omnes & quaſcumque perſonas tàm nobiles quàm plebeios dicti caſtri, » ad preſtandum ipſi Guigoneto Domino dicti caſtri homagium ligium & » fidelitatis debite juramentum & alia deveria ad que tenentur & ſunt ad- » ſtricti de jure & racionabilitèr, preſencium vigore compellas. In quo- » rum teſtimonium preſentibus litteris noſtrum magnum juſſimus apponi » ſigillum. Datum Aquis per virum nobilem & egregium Raymundum- » Bernardum Flamingi Militem, legum doctorem, magne curie regie Ma- » giſtrum racionalem, majorem & ſecundarum appellacionum Provincie » Judicem, conſiliarium & fidelem noſtrum dilectum, anno Domini mille- » ſimo trecenteſimo nonageſimo, die decimâ quartâ menſis Septembris, » decime quarte indictionis, regnorum verò dicti filii noſtri Regis anno ſexto. » Per Reginam in ſuo Conſilio *ANTONELLI.* «

A la ſuite de cette pièce, pareille note qu'à celles qui ſont rapportées ſous les N°. I & III : » Extrait tiré du regiſtre intitulé *armorum* fol. 16 d'i- » celui conſervé aux archives de Sa Majeſté en Provence dans l'armoire » marquée A, & collationné &c. «

VI.

Autres lettres patentes de la même Princeſſe où elle notifie aux Ar-chivaires royaux de la Chambre des comptes d'Aix & aux officiers de la juriſdiction royale de Seyne, que récemment il avoit été fait un échange entre le domaine royal & Guigonet Jarente Seigneur de Montclar,

www.ingramcontent.com/pod-product-compliance
Ingram Content Group UK Ltd.
Pitfield, Milton Keynes, MK11 3LW, UK
UKHW020152220726
13923UKWH00001B/481

9 782329 072258